教研智慧 200则

夏瑞芳　　毛永红　　高宏群◎著

郑州大学出版社

图书在版编目(CIP)数据

教研智慧 200 则 / 夏瑞芳, 毛永红, 高宏群著. —郑州：
郑州大学出版社, 2023.11(2024.6 重印)
ISBN 978-7-5645-9907-2

Ⅰ. ①教… Ⅱ.①夏… ②毛… ③高… Ⅲ.①中小学
教育-教学研究 Ⅳ. ①G632.0

中国国家版本馆 CIP 数据核字(2023)第 196505 号

教研智慧 200 则

JIAOYAN ZHIHUI 200 ZE

策划编辑	崔青峰	封面设计	苏永生
责任编辑	祁小冬	版式设计	苏永生
责任校对	李园芳	责任监制	李瑞卿

出版发行	郑州大学出版社	地　　址	郑州市大学路 40 号(450052)
出 版 人	孙保营	网　　址	http://www.zzup.cn
经　　销	全国新华书店	发行电话	0371-66966070
印　　刷	廊坊市印艺阁数字科技有限公司		
开　　本	710 mm×1 010 mm　1 / 16		
印　　张	19	字　　数	324 千字
版　　次	2023 年 11 月第 1 版	印　　次	2024 年 6 月第 2 次印刷

书　　号	ISBN 978-7-5645-9907-2	定　　价	88.00 元

本书如有印装质量问题,请与本社联系调换。

让教研之花在校园竞相绽放（代序）

张文娟

何谓教研？教研是关于教育、教学、教材、教师乃至学生、学法等方面的研究的统称。教研有狭义和广义之分。狭义的教研是指教师对教学工作的研究，广义的教研则是指教师对包括教育教学活动在内的所有教育教学实践的研究。具体地说，教研是一种有目的、有计划的教育教学科研活动，是一种探索教育教学规律的实践活动，也是一种对教育教学模式的创造性、创新性的建构活动。

教不研则浅，研不教则枯。开展教研工作，既是学校教育教学工作中不可或缺的重要一环，也是教育工作者提高个人专业能力的重要途径。第一，教研是一座桥。教研是一座先进教育理念通往实际教学行为的桥，国内外一些先进教育理念、教育思想、教改经验正是依靠教研这座桥传输给了每一位教师。第二，教研是一块阵地。问题就是课题，教室就是研究室。教师在教育教学过程中总会遇到这样或那样的困惑和问题，仅凭教师的一己之力是很难解决的，而教研就给教师提供了一块解决问题的阵地。第三，教研是一个摇篮。教研活动是教师成长的一个摇篮，教师以教研为平台，通过集体备课、说课、上课、听课、评课、经验交流等教研活动，既交流了思想和经验，也展示了自己的智慧和才华。教师参与的每一次教研活动都是一次很好的磨砺，都是一次涅槃的蜕变，都会收获竹子拔节式的提高。第四，教研是一条纽带。如果教师常年关门教育、闭门教书，这将大大限制其专业的发展，也会造成他们知识与智慧的枯竭。而教研能够很好地把教师之间、教师与领导、教师与教研人员联结在一起，这也是教研的魅力所在。

那么，如何才能读懂教研，让广大教师有智慧地开展教研工作呢？不少有远见的教育教学研究者，都在探究有效教研路径，寻求高效教研方法。《教研智慧200则》就是对这个问题深入思考的最新成果。纵观本书的七个篇章，我们欣喜地发现有众多亮点能为广大教师点亮教研智慧，其价值足以为这本书增色添彩。

一是在教研理念篇中作者着重在宏观上阐释了何谓教研。例如，在该篇《读懂教研：教师成长的云梯》一则中提出："读懂教研是教师成长的云梯。读懂教研，就要弄明白何谓教研、为何教研、如何教研三个问题。"这就为读者明确了教研的方向和目标。

二是在教研策略篇中作者侧重在微观上阐释了怎样做教研。例如，在该篇《做"三法一体"的教研》一则中建议："中小学教师要做自己的教研，即形成自己的想法，关注自己的做法，找到自己的说法。"这就为读者指点了教研的做法和路径。

三是在课题研究篇中作者详细阐释了如何做课题研究，包括如何选题、如何研究、如何搜集资料、如何撰写研究报告等。例如，在该篇《课题：紧盯"五要"，做真研究》一则中强调："中小学课题研究要做到'五要五真'，即选题要得真传，设计要见真迹，操作要守真心，呈现要有真知，管理要显真空。"这不仅为读者阐明了怎样做科研课题，而且提示广大教师要做真研究。

四是在教研写作篇中作者具体阐释了如何撰写教研论文、教研文章、教学反思、教育随笔、教学案例等。例如，在该篇《教师写作"三要素"》一则中指出："教师写作不是单纯的写作，它必然伴随着实践、阅读与思考。与实践相随，实践积累教师的底气；与阅读同行，阅读滋养教师的才气；与思考为伴，思考造就教师的灵气。"这不仅为读者总结了怎样撰写教研论文等的写作技巧，而且提高了中小学教师撰写教研成果的能力和信心。

五是在课堂教研篇中作者分别阐释了如何参加优质课赛讲，如何上好一堂公开课，如何说课、评课等。例如，在该篇《怎样在优质课赛讲中精彩发挥》一则中总结为："教学设计，独特新颖；课堂教学，精彩纷呈；教学风格，独树一帜；教学语言，精练丰富；教学礼仪，大方得体。"这就为读者提供了如何上好一堂好课的基本要求和基本素养。

六是在校本教研篇中作者着重阐释了如何做好校本教研、如何做一名好教研组长等。例如，在该篇《校本教研"六化"》一则中将校本教研提炼为："校本教研要做到'六化'，即校本化、大众化、生活化、专业化、规范化、科研化。"再如，在该篇《做个专业的教研组长》一则中生动地将教研组长的职责概括为："教研组长的'教'是根本，要着力优化学科教学；'研'是关键，要着力深化学科研究；'组'是保障，要着力强化学科团队；'长'是核心，要着力德化长者风范。"这就为教研组长怎样组织校本教研点明了立足点和着力点。

七是在教研杂谈篇中作者明晰阐释了教师与教学、教研的关系以及教师的专业发展智慧等。例如，在该篇《教师要做好五个研究》一则中倡导教师："研究自己，做到'知己'；研究学生，做到'知彼'；研究教材，做到'知书'；研究教学，做到'知法'；研究考试，做到'知考'。"这是对教研策略篇的进一步延伸与补充，对全书教研智慧起到拾遗补缺的功效。

《教研智慧200则》既是三位作者从事中小学教研的实践总结，也是他们潜心研究中小学教育教学实践的经验荟萃。该书既有深厚的理论功底，又有丰富的实践经验；既注重宏观教研的策略谋划，又注重微观教研实际问题的有效解决。对于那些欲在教育教学研究方面干一番大事而又力争取得巨大成效的一线教师、教研员以及学校管理者来说，这本书难能可贵的价值，就在于它能让在教育战线工作的研究者们智慧起来，且为我们众多校园营造浓厚的教研活动氛围起到助推作用。

应三位作者之约，笔者在拜读了《教研智慧200则》手稿后有所感悟，写就此文。谈不上序言，只是些许体会，谨与各位读者朋友分享。衷心地祝愿教育同行们都能成为教研型教师，衷心地希望教研之花在我们的校园竞相绽放！

（作者曾任河南省三门峡市外国语中学教育集团党委书记、校长，现任三门峡市教育局副县级干部，河南省特级教师，正高级教师，"全国五一劳动奖章"获得者，全国高中政治优质课大赛讲课、说课特等奖获得者。）

目录

教研理念篇

教研策略篇

课题研究篇

教研写作篇

课堂教研篇

校本教研篇

教研杂谈篇

教研理念篇

　　教育科研是以教育现象为研究对象的一种特殊的认识活动,是有目的、有计划、有系统地采用科学方法进行的探索教育过程、发现教育规律的创造性活动。依据研究的目的,教育科研可划分为基础性研究、应用性研究、发展性研究、评价性研究和预测性研究。教育研究有教研与科研之分。教研是创造性的实践活动,属于实践范畴;科研则是创造性的认识活动,属于理论范畴。

　　教育科研的目标是实现教师的自我超越,让知识超越教材,用教材教而不是教教材;让观念超越传统,继承传统而不是照搬传统;让教学超越课堂,立足课堂而又要走出课堂。教育科研是做出来的,而不是写出来的。

　　教师专业成长的关键和重点是研究,教师是教育科研的主体。教师应与创造为伍,充满发现的喜悦;与探究为伴,充溢探究的乐趣。教师应提升境界意识、反思意识、读书意识、积累意识、批判意识、课题意识、写作意识、理论意识。一线教师开展教育科研,要以教师的身份进入研究,教师要做自己的研究,要研究教师自己的问题。

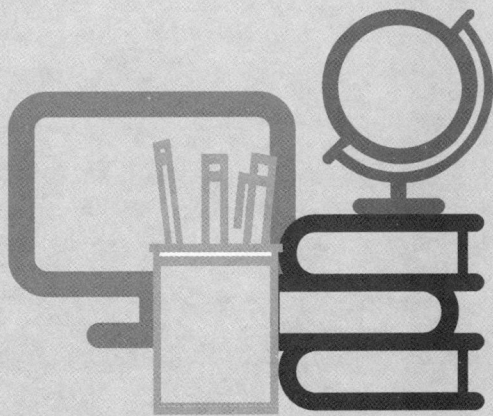

1 教育科研的特点

教育科研的特点主要有四：研究对象的复杂性、研究范围的广泛性、研究方法的综合性、研究原则的伦理性。

【诠释】

教育科研是以教育现象为研究对象的一种特殊的认识活动，是有目的、有计划、有系统地采用科学方法进行的探索教育过程、发现教育规律的创造性活动。具体地说，教育科研是一种有目的、有计划的科研活动，研究者要有设想和超前意识；教育科研是一种创新活动，它要解决前人未解决的问题，其研究成果是教育教学方面的新知识、新经验、新方法、新理论；教育科研是一种探索规律的活动，它要求研究者的研究结果要达到规律性或本质性的认识，并具有普遍推广和指导作用；教育科研既要借助一定的理论指导，又要选择恰当的科研方法。具体说来，教育科研具有以下特点：

（1）研究对象的复杂性。教育是一种复杂的社会现象，是人类特有的社会性活动。教育科研是以"人"为研究对象，同时涉及个体和群体两方面的行动，变量复杂。

（2）研究范围的广泛性。教育不仅与人的发展关系密切，而且与社会的进步有着密切的联系。教育科研既涉及教育内部的各种关系，又涉及教育与社会方方面面的外部联系。因此，教育科研不仅要研究教育现象，而且要研究发展教育的各种条件、影响以及教育者的素质等。

（3）研究方法的综合性。教育科研不仅要注重运用科学的方法进行观察和综合性描述，还需尽可能对量的因素加以关注，将定性与定量结合，以获得科学的结论。

（4）研究原则的伦理性。教育科研研究的对象是人，研究的目的是使教育更符合规律，从而促进人的全面发展，因而教育科研不能违背伦理性原则。

2 教育科研的分类

依据研究的目的,教育科研可划分为基础性研究、应用性研究、发展性研究、评价性研究和预测性研究。

【诠释】

(1)基础性研究。基础性研究是指通过阐明新理论或重新评价旧理论,从而发展完善理论知识体系的研究。基础性研究不仅具有发展理论的价值,而且具有"超前"性质和预测未来的功能。

(2)应用性研究。应用性研究是指解决某些特定的实际问题的研究。它具有直接的实际应用价值。在教育研究中绝大多数的研究是应用性研究。基础性研究和应用性研究既有区别又有联系。基础性研究提供解决教育问题的理论,应用性研究提供丰富材料支持和完善理论,或促进新理论的产生。应用性研究如果只限于解决当前的某些具体问题,而不从基础研究的角度探究其根本原因,那么得到的结论往往只限于解决局部问题,很难得到广泛的应用。

(3)发展性研究。发展性研究的主要目的在于研究怎样促进教育事业发展、怎样推动学校建设、怎样提高教育教学质量等方面的有效策略,回答的是"如何改进与发展"教育教学问题。

(4)评价性研究。评价性研究是对两个或两个以上教育教学活动的相关价值做出判断,回答的问题是"怎么样"。

(5)预测性研究。预测性研究的主要目的在于分析教育教学未来发展的前景和趋势,回答的是"将会怎么样"的问题。

3 教研≠科研

教育研究有教研与科研之分。教研是创造性的实践活动,属于实践范畴;科研则是创造性的认识活动,属于理论范畴。

【诠释】

教研有狭义和广义之分。狭义的教研是指教师对教学工作的研究,广义的教研则是指教师对包括教学活动在内的所有教育实践的研究。从教育实践的环节上说,教研的类型主要有四:一是对教育目标的研究;二是对教育内容的开发和组织研究;三是对教育过程的实施研究;四是对学生发展结果的评价研究。从水平上说,教研的类型主要有三:一是研究如何将教师自己的既有理论和经验灵活运用于新的教育情境;二是研究如何将他人的先进教育科研成果运用于自己的教育实践;三是教师超越已有理论进行新的实践探索。

在教育领域,科研是教育科学研究的简称,它是运用科学方法探求新的教育科学知识的活动。根据德国教育家布蕾津卡的思想,教育科研可以分为三类:一是狭义的教育科学研究,其任务是描述和解释教育的含义,提示教育规律,回答"教育是什么"的问题;二是教育哲学研究,其任务是提供教育价值取向和规范取向,回答"教育应该是什么"的问题;三是实践教育学研究,其任务是在教育科学研究和教育哲学研究的基础上为教育实践的具体实施提供理论指导,回答"教育应当怎么做"的问题。

教研与科研的区别主要有五:第一,范畴不同。教研是创造性的实践活动,属于实践范畴;科研是创造性的认识活动,属于理论范畴。实践关注的是具体的取决于背景的特定事例,而理论关注的是普遍的不受背景限制的概括;实践处理的是具体的事实,而理论处理的是抽象的概念。第二,直接目的不同。教育以问题为指向,直接目的是改进教育实践效果,提高实践质量,促进学生全面发展。而科研则以学术为指向,直接目的是揭示教育规律,发展教育理论,丰富教育科学知识,为教育决策和教育实践提供理论指导。第三,思维路线不同。教研的思维路线主要是从理论到实践的具体化,即在发现教育实践问题的基础上,运用相关理论创造性地解决实践问题。科研的思维路线有两条:一条是从实践到理论的归纳路线,即通过对大量教育实践的抽象和概括,得出普遍性的理性认识;另一条是从理论到理论的演绎路线,即从一般公理出发,推导出较为具体的一般结论。第四,操作过程不同。教研的一般操作过程是:发现实践问题—明确研究问题—制订解决方案—实施研究方案—撰写实践反思。科研的一般操作过程是:选择研究课题—查阅文献资料—进行研究设计—具体实施研究—撰写研究报告—总结研究成果。教研过程具有较强的即时性,常随着具体教育情境的变化而变化,科研则具有相对稳定性。第五,研究成果不同。教研成果是教育实践的改进和教育质量的提高,主要表现为学生的全面发展,其价值主要由教育管理部门、教师同行、学生及其家长来衡量。科研成果是具有创新性和普遍性的教育科学知识,一般以论文、著作为表现形式,其价值由学术界来衡量。

教研与科研又是紧密联系、不可分割的。首先,教研是科研的基础,没有教研作为基础,教育科研犹如无源之水、无本之木。其次,科研是教研的提升。教研成果往往是个别的、具体的、不具有普遍意义的经验。通过科研来对教研成果加以系统地、科学地提炼总结,进行思维加工和理论提升,使之成为具有普遍意义的教育规律,这无疑是教师提升教研成果的重要途径。再次,教研与科研是辩证统一的。从根本上来说,教研和科研都以教育教学实践为出发点,研究教育教学实践中存在的问题,从而提升教育教学质量,二者在本质上是一致的,是辩证统一的关系。

4 教学能力与教研能力,孰轻孰重

教不研则浅,研不教则枯。教学能力与教研能力不能截然分开,分不清孰轻孰重。学校要引导教师把教学与教研结合起来,在工作状态下研究,以研究的态度工作。

【诠释】

通俗地讲,教师的教学能力是指教师从事教学工作应当具备的专业能力,包括运用相关专业知识处理教材的能力、把握课程标准的能力、教学设计能力、课堂教学实施能力、考试评价能力以及新媒体使用能力等。在日常教育教学工作中,一个教师教学能力强不强,其显性衡量指标就是课是否上得好,学科成绩是否优异,学生是否得到全面发展。教师的教研能力,顾名思义是指教师研究教学的能力,包括常规教研能力和课题研究能力。常规教研能力是指教师研究课程标准、教材、教法、考试和评价的能力;课题研究能力通常是指教师把教育教学中遇到的问题变成课题,通过提出假设、收集资料、验证假设、得出结论等一系列探究过程,以解决教育教学过程中遇到的现实难题。

"教师即研究者"的倡导者布克汉姆认为,研究是教师能力的一个重要特征,"教师是否具有研究自身工作的能力,是区别专家型教师和教书匠型教师的标志"。同时他还强调,"教育研究不应该是专业人员专有的领域,它没有不同于教育自身的界限。实际上,研究不是一个领域,而是一种方式"。可见,对一个成功的教师而言,教学能力与教研能力绝不能截然分开,无所谓孰轻孰重。"教不研则浅,研不教则枯"。教师只有以反思和研究的态度对待常规的备课、上课、作业批改、考试和辅导等环节,才能避免教学工作程式化,从而逐步提高课堂教学效率,提升教育教学质量。同样,教学研究只有以课标、教材、课堂教学、作业和考试设计为研究对象,才能贴近实际,真正为教学服务,从而使研究充满生机和活力。如果强行将二者分出轻重,则会顾此失彼。

过分强调教学能力,忽视教师的教研能力,教师就会按照学校或教研部门规定的程序和模式开展教学,工作亦步亦趋,缺乏创造力,教学质量也会在低层次之间徘徊。久而久之,教师还会产生职业倦怠。过分强调教研能力,教学研究可能脱离实际,变成空中楼阁,一些教师可能会因此不安心教学工作,甚至投机取巧,以发表文章、搞课题研究为能事,为晋升职称、获得荣誉积累资本。

因此,学校应该要求教师把教学与教研结合起来,"在工作状态下研究,以研究的态度工作"——读书、思考、研究,用科学的理论指导教育教学实践,提升自身教研能力,并将研究成果运用于备课、课堂教学等常规教学,这样的教师才能常教常新。

5　研究教育还是研究教育学

> 中小学教师，别忙着去研究"教育学"，而应该多去研究"教育"。

【诠释】

"教育"与"教育学"虽有相似之处，但差别还是很明显的。前者更多的是指教育行为，后者则更多的是指关于教育的学问、学术。

我们的大学教授、专业研究员们原本更多的是研究关于教育的学问、学术，因此研究的是教育学。但随着时间的推移，教授、专家当中也有一些人纷纷走进中小学、走进课堂，或培训教师，或指导课改，这无疑丰富了教授专家们自身对一线教育教学的体验，也促进了他们自己的专业研究。

我们的中小学教师原本就是教育教学的实践者，在实践中总结经验、反思得失，研究自己的教育教学行为，以求改进教育教学，因此研究的是教育。但不知从何时起，我们的不少一线中小学教师开始由非专业走向专业，由非学术走向学术。久而久之，研究教育变成了研究教育学。

一个中小学教师是不能不把课上好的，是不能不把学生教好的，至于学术研究并非他们职业的必然要求。所以我们的中小学一线教师别忙着去研究教育学，而应该多去研究教育。否则我们真的是忙着种别人的地，却荒了自家的田。

6　教育科研是做出来的

> 教育科研是做出来的，而不是写出来的。没有做只有写的教育科研，是不折不扣的伪教育科研。

【诠释】

当今在一些人眼中，教育科研似乎就是写论文、做课题，所以谁的论文写得多,谁的课题做得多,谁的教育科研就搞得好。

一些学校搞教育科研实际上是这样操作的——先找一个比较时尚的"课题",然后写开题报告,再请教育专家来进行课题论证。一旦通过,便束之高阁,平时无人问津,也不会有人真研究。一年或两年之后,待结题时间快到的时候,赶紧集中精力写结题报告,参研人员也抓紧时间写课题论文。最后课题上报市里或省里教育科研部门审批,一旦审批合格,万事大吉,把课题证书陈列于校史馆,将有关论文汇集成煌煌大作摆放在学校图书馆的书架上……

这样的"教育科研"和学校发展一点关系都没有,因为真正有效的教育科研必须是源于本校实际的"做"。教育科研是做出来的,而不是写出来的。没有做只有写的教育科研,是不折不扣的伪教育科研。

7　坚持教书与教研相结合

> 只教书不教研,是不思进取的教师;只教研不教书,是不务正业的教师;既教书又教研,是不断创新的教师。

【诠释】

所谓教研,主要是指教育科学研究,也包括我们平常说的普通教研活动。在我们的教师队伍中,还有一些人没有摆正教学与教研的关系。有的教师误认为搞教研会影响正常的教学工作,因而不愿在教研上花费更多精力;也有个别教师为了做好教研,而不愿承担教学任务或者忽视教学工作,甚至想彻底放弃教学生涯。其实,教学与教研是紧密联系、不可分割的。作为一名教师,从走上讲台起,不论是否自愿,都不可避免地要参与教研活动。教研,无疑是教师提升业务能力的最佳途径。教师参加教研活动,就意味着不停地学习,不停地实践,不停地反思,不停地进步。

实践证明,只教学不搞教研的教师,其教学是肤浅的;只搞教研不搞教学的教师,其教研是空洞的;既教好学又善搞教研的教师,其教学效果是空前的。

8　教师是教育科研的主体

> 教师专业成长的关键和重点是研究，教师是教育科研的主体。教师应与创造为伍，充满发现的喜悦；与探究为伴，充溢探究的乐趣。

【诠释】

教育科学研究，是以教师为主体的教育科学研究。只有教师成为教育科研的主体，才能使教育科学研究与教育教学实践有机地结合起来。教师绝不应被平庸填塞，而应与高尚、创造、探究为伍；教师的劳动性质不是简单、枯燥、接受，它是复杂而有意义的劳动，应充满发现的喜悦和探究的乐趣。

传统的教育观念认为，教学和教研是彼此分离的，教师的任务是教书，教学研究是专家的"专利"。因此，有的教师平时很少问津教育科研活动，即使参加也是作为一种点缀做做样子而已。现代教育观念主张教师应投入教育科研之中，结出"原创性"的成果。教师应以主动的姿态，多反思自己的教学，多参与教研活动，多参加教学培训，用研究者的眼光审视和分析教育教学实践中的各种问题，学习新的理念，探究新的领域，总结新的经验。

9　教育科研重在解决教育教学实际问题

> 教师所从事的教育科研，如果仅为评职称做准备，为评先进打基础，而与教育教学的实践无关，与教学问题的解决无关，这样的研究从根本上讲是毫无意义的。

【诠释】

教师所从事的教育科研与专业研究者的教育科研最大的不同点在于，

教师的教研要着眼于教育教学实际问题的解决,要将研究成果运用于教育教学实际中去。教师之所以做研究,是为解决教育教学实践中面临的问题和矛盾的需要,教师研究的成果也必须运用于其问题的解决和矛盾的破解。因此,教育科研要从学校改革与发展的要求出发,从教师的教育教学实际出发,重新思考教育科研的定位,重新搭建教育科研的平台,重新衡量教育科研的标准,重新审视教育科研的价值。

当今社会的中小学教师,大多有自己的教育科研课题,大多有以论文形式表现出来的研究成果。但这些成果不能仅仅停留在纸质形态上和文字表达上,不能仅仅停留在课题研究的参与上,而是要应用到教育教学实际的问题解决上和教学方法的改进上。换句话说,我们的教育科研在多大程度上解决了教育教学的实际难题,在多大程度上改进了教育教学的方式方法,在多大程度上提升了教师的教育教学水平,才是衡量教师教育科研的最终标准。

10 教育科研是教师生命中的一部分

> 　　喜欢读书、喜欢思考的教师,随时会有有用的信息激活他的思想,到处都能发现研究不完的课题。这时他的教育科研愿望油然而生,教育科研已经成了他生命中的一部分。

【诠释】

教育科研不是为研究而研究,而是为教育教学而研究。对于广大教师来说,从事教育科研的主要目的就是解决教育教学实践中遇到的问题。如今,"教育要改革,科研须先行""向科研要质量,科研兴教,科研兴校"的思想已深入人心。教师成了教育科研的主力军,教育科研成了教师专业成长的必由之路。

如果教师把教育科研看作对自己教学的补充,是自己职业生活的一种方式,那么就会凭借自己的力量,把教育科研和自己的教学实践紧紧地联系在一起,就会成为教育教学研究的主人。一旦教育科研成为中小学教师的一种态度,成了其生命中的一部分,并且这种态度和职业生活方式是集教育、研究、学习和反思于一体的,那么,教师就会真正走进属于自己的教育教学研究,就会通过教育科研来检验自己对教育教学的看法是否正确,检验自己解决问题的假设和办法是否真正有效,而不会把教育科研当作幌子,也就不会去搞那些作秀式的课题了。

喜欢读书、喜欢思考的教师,随时会有有用的信息激活他的思想,到处都能发现研究不完的课题。这时他的教育科研愿望油然而生,教育科研已经成了他生命中的一部分。

11 教育科研的目标是实现教师的自我超越 ///

教育科研的目标是实现教师的自我超越。让知识超越教材,用教材教而不是教教材;让观念超越传统,继承传统而不是照搬传统;让教学超越课堂,立足课堂而又要走出课堂。

【诠释】

(1)超越教材就是基于教材但不囿于教材。超越教材不能仅仅停留在量的积累上,就教材来说,引导学生学教材不是告诉、分析、肢解教材,而是唤醒、体验、感悟教材;引导学生去真正领悟教材的精华,就教材的一些内容进行延伸、修改、重组、再创造,让教材成为学生积极发展的广阔策源地。

(2)超越传统就是继承而不照抄照搬中国古代教育思想。中国古代教育思想丰富多彩,流派众多,几乎每个时代的教育思想都有自己的时代特色。但从总体上来说,其基本特征可以概括为:重视教育的社会作用,强调教育的必要性,主张德育和智育相结合。中国古代教育的总体目标是格物、致知、诚意、正心、修身、齐家、治国、平天下。中国古代教育家的教学方法和原则有因材施教、启发诱导、学思结合、教学相长等。

(3)超越课堂不仅是把课堂延伸到生活中去,也不仅是开辟课外更广阔的天地,更要把课堂延伸到学生的心灵中去。让教学更加充满活力,让课堂变得更加精彩。

12 名师的教研追求

> 名师要具有不凡的学术勇气，强烈的课题意识，执着的探究精神，丰硕的研究成果。

【诠释】

真正的学术勇气，是在自己的教育教学理论和权威相悖时，能够冷静地加以判断，既不盲从，也不盲目否定。课题意识，就是问题意识、研究意识。教师具有的学术勇气和具备的科研意识，是实现由"工匠型"教师向"科研型"教师、"专家型"教师转变的重要条件。教师如果没有学术勇气和科研意识，就没有了教师的专业发展。教师一旦具有了学术勇气和科研意识，就具有了研究的眼光和开阔的视野，就具有了自己的思想和丰富的智慧，就具有了教育教学的特色和成就，就能履行好教师的职责，就能真正感悟教育之道，就能促进教师的专业发展，就能体验到教师职业的幸福感。

教师的科研意识，首先表现为教师对教育事业的一种执着精神。教师只有以献身教育的热情和信念作为支撑物，才有可能具备探究精神。对学生传授知识、开发心智、启迪心灵是一项最富有创造性的极其复杂的实践活动，也是一项极其艰辛和极具牺牲精神的平凡工作，热情、执着、富有信念是从事这一职业所需要的最可贵的品质。教师只有具有了这些高尚品质，才有可能自觉地、有意识地去追求和探索教育活动的底蕴，从而才有可能取得丰硕的研究成果。

13 教师的教育科研意识

> 教师应提升境界意识、反思意识、读书意识、积累意识、批判意识、课题意识、写作意识、理论意识。

【诠释】

教师从事教育科研,关键在于是否具有科研意识,具有科研意识是具有科研精神和行动的前提。教师的教育科研意识至少应包括以下八个方面。

(1)境界意识。教师的境界应该有别于一般人,因为教师应该为人师表,是接受过高等教育的一类人群,是知识与文明的传承者。所以教师更多的是看重一种理性的精神追求,这种精神体现了一种追求成功人生、追求生命质量的价值取向。有许多教师不重视教育科研,或者有教育科研的愿望而无教育科研的行动,总是以各种客观原因来安慰自己,觉得不做科研也照样能够胜任教学,总是认为有那么多与自己一样的教师,自己也就心安理得、高枕无忧了。这些教师终究只是"经验型"教师、"糊口型"教师,最后成为"倦怠型"教师甚至庸师。可以说,只有高境界的教师才能教育出高境界的学生。而高境界的教师一定是"科研型"教师,即使不能成为名师、大师,也应用教师特有的职业良知感、责任感和使命感从事教育科研。因为教育科研有助于教师专业不断发展,有助于教师的境界不断提升。说到底,教师的科研意识是一种境界意识。教师要从事教育科研,首先要具备从事教育科研的境界。

(2)反思意识。一个人最为可贵的品格是能对自己的行为进行反思。反思就是不断地自我回顾、总结、分析和研究,寻求更好的行动策略。同样,一个教师最为可贵的品格和提高教育教学水平、提升教育科研能力的做法就是对自己的教育教学实践进行反思,在反思中不断地自我回顾、总结、分析和研究,寻求更好的教育教学策略。所以,教师的科研意识应包括反思意识。长期以来,不少教师把教育科研人为地神秘化,认为教育科研是专家学者们的专利,自己无能力从事教育科研,这是教师思想认识上的误区。事实上,教师在对自己的教育教学实践进行反思的时候,也是在对教育科研进行思考的时候,反思的过程就是研究的过程,反思的结果就是研究的结果,反思的成效就是研究的成效。反思就是研究,没有研究的反思是无意义的反思,也就无所谓反思。教师最重要的一项反思就是教学反思,而最能体现教学反思的是课后反思。教师与其自觉或不自觉地、发自内在需求或出于检查需要写出每一课时的教学设计,倒不如在每一课时教案后面写出自己的课后反思。教案是一种课前预设和期望,反思则是一种通过课堂教学实践之后的自我评价和感悟。教师将这些课后反思日积月累,就会逐渐感悟出教育之道、教学之道和为师之道。正如叶澜教授所说："一个教师写一辈子教案，不一定成为名师，如果一个教师写三年反思，有可能成为名师。"还可以这样说：一个教师不立足教育实践，很难有科研成果；一个教师写三年反思，有可能创造成果。因此，"科研型"教师必须是"反思型"教师。

(3)读书意识。读书是一种最常见、最有效的学习方式。读书不仅使人聪慧、成熟，更使人心灵净化。每个人都应该读书，都需要读书，读有用之书，读智慧之书。教师从事着立德树人的工作，应该爱读书、会读书、读好书，是读书的楷模。教师的教育科研更离不开读书，而且要博览群书，要将在书中学习和吸纳精华的、经典的、先进的东西为我所用。闭门造车、一孔之见的教育科研是没有价值的。因此，教师必须要有读书意识。具有科研意识的教师和没有科研意识的教师，对读书的内在需求是不一样的，由读书所带来的快乐是有差异的，所得到的感悟是不能相比的。具有科研意识的教师，其读书的方式不是走马观花式的，而是专心致志的，是用心在读、用脑在想、用手在记，在产生共鸣的时候需要反思。当经典的案例出现时需要储存，当受某一思路启发时需要联系，遇到有争议的问题时需要分析，发现有不当的问题时需要批判，闪现出精彩的理论时需要吸纳。总之，要读有所思、读有所悟、读有所得。教师要从事教育科研，就要跟书籍结下终身的友谊，如潺潺流水，每日不断，注入思想的大河，丰富自己的教育思想。读书是一种文化，是一种智力生活，如果教师的这种文化和智力生活是停滞的、贫乏的，那么教师的教育科研将受到很大的局限。

(4)积累意识。不少教师之所以感到教育科研是一件头痛的事情，不知道从何做起，或者做起来觉得空空荡荡、言之无物、平淡无味，一个重要的原因就是缺乏平时的积累。如果注重平时的素材积累，那么这些素材就能促使教师不得不做点教学研究。而且，积累的素材越丰富，选择与整合素材的空间就越大，研究起来就越容易。从这个角度说，积累是为研究而准备，积累即研究。故科研意识须包括积累意识。积累需要有心。教育科研需要有心人，从事教育科研的教师不同于其他教师的一个显著特点，就是有心和无意。从事教育科研的教师时时处处都在用研究的眼光和思考的大脑来分析教材、课堂、学生和周围所发生的一切，并且将其记录在案，这就是有心。一般教师是做不到这一点的，因为他们无意。有心者是在用心做事情，用心看世界，用心做人，当然就能够有所积累；无意者是机械地甚至是敷衍地做事情、看世界、做人，对身边发生的事情和现象麻木不仁、无动于衷，自然就无所谓积累。有心者是教师生活中的主动者,向教育奉献的是真诚与智慧,会一步步走向成功;无意者是教师生活中的被动者,对待教育得过且过,基本上是在原地踏步。积累还须广泛。首先是教师自身在教育教学实践中的积累,教学反思就是一种积累,这是对自身体验的积累;其次是对有关周围的人和事的经验的积累,这是值得借鉴、学习、总结和扬弃的素材积累;再次是对各种方式的学习经验的积累,读书就是一种积累。此外,还包括多种渠道的经验积累,如与专家接触、网络交流等。

(5)批判意识。教师应该是思想者,"科研型"教师更应该成为思想者。有批判才有思想,有思想才有进步。从事教育科研的教师需要有自我批判和对他人批判的精神,这种自我批判是对自我的修正、提高和超越,这种对他人的批判是自身能力和人格的体现。每个人会在批判中走向成熟、走向成功。故科研意识须包括批判意识。批判总是与思想紧密相连的。教育科研揭示的就是一种教育思想,一种属于自己的比较独到的思想,这种思想在很大程度上是在继承与批判的基础上产生的。教学反思就是一种自我批判,读书学习也需要批判性意识,这种批判意识也是"科研型"教师与一般教师的区别之一。"科研型"教师在学习中是在交换思想,"你一种思想,我一种思想,交换之后就是两种思想",既拥有自己的思想,还吸纳了别人的思想。在我们的教师队伍中,缺乏思想和缺乏批判的人不在少数,他们盲目崇拜,人云亦云,照本宣科。如果这部分教师能够强化科研意识,就会拥有一种理性的教育生活:不要总是重复别人的思想,应当创造自己的思想。这样的信念一经形成,批判意识也就随之树立。

(6)课题意识。课题研究本身就是教育科研的一种形式,也是校本研修的重要方式。教育科研的内涵相当广泛,教师的观察、分析、思考、反思、组织教学等是科研,写论文、做课题也是科研。教师的课题研究多数是校本研究,是以自己或学校发展过程中所遇到的各种具体问题为研究对象,是以行动研究为主要方式、以发展为根本目的所开展的教育研究。"科研型"教师应该成为课题研究的生力军,科研意识应该包含课题意识。课题研究以问题为研究对象,因此更广泛地说,科研意识就是问题意识。课题研究有级别之分,如县级课题、市级课题、省级课题、国家级课题,"科研型"教师应该主动地参与其中。各个学校还有校级课题,有更多的教师参与其中,这种校本研究的形式更适合广大教师参与,是一种"小课题研究",突出课题的小、实、新、活。这种"小课题研究"的形式,对学校而言,在加强教师队伍建设、促进教师专业化发展的同时,也在推进学校的发展;对"科研型"教师而言,正是一种加强科研意识、提高科研能力的机会。应该看到,一些教师课题意识淡薄,参与意识不足,除了上课以外什么都不愿意做,什么都怕做,或者跟在别人后面做做样子。作为"科研型"教师,应该义不容辞地给予他们及时的帮助和指导。"科研型"教师的素质和境界不仅仅在于做科研,其实帮助和指导他人也是科研的内容之一。

(7)写作意识。写作应该是教师的一项基本功,教师的教育科研更是离不开写作。写作不同于日记和记录,它是对某一问题或现象、对某一教育思想或方法的深刻认识、系统整理、科学总结、透彻分析。所以,教师要努力把自己平日对教育教学的感悟上升到一个理性的高度,把那些零碎的、杂乱的素材进行有效的整合,给人以启迪和启示。这也是教育科研的意义所在。而要实现这种意义,就需要以文本的形式呈现出来。因此,教师的科研意识离不开写作意识。写作要靠素材的积累,教学反思是积累,读书学习是积累,批判借鉴是积累,课题研究也是积累,还有多种形式的积累。这些积累一旦使教师对某一问题或现象、某一思想或方法有了清晰的认识和深刻的理解,教师就会产生写作的愿望。写作要善于捕捉灵感,因为在构思和写作过程中,会闪现出一些亮点或顿悟,这些亮点或顿悟可能会稍纵即逝,必须即时截留下来。写作还要讲究文笔,文笔是练出来的。我们许多教师尤其是一些理科教师害怕写作,甚至谈写色变,宁可多做点其他事情也不愿承担写作任务。这些教师缺乏写作的信心,其实是缺乏写作的意识。缺乏写作意识,也就缺乏积累、缺乏灵感、缺乏文笔,归根到底是缺乏科研意识,缺乏一种精神。要成为"科研型"教师,就得有写作意识,而且要热爱写作、善于写作。

(8)理论意识。任何一位优秀教师都有这样切身的感悟:教育理论指导教育实践,教育实践丰富教育理论。这就是说,教育理论与教育实践是和谐统一的,离开教育理论的教育实践是盲目的,离开教育实践的教育理论是空泛的。什么时候能使教育理论与教育实践达到和谐统一,什么时候就能使教师进入一个较高的层次和较高的境界。"科研型"教师就是要追求教育理论与教育实践的和谐统一,并愿意为此付出辛劳。从事教育科研的教师必须具有较强的理论意识。教育教学离不开教育理论,是因为教育理论要指导教育教学实践。教育有着自身的规律性,我们必须认识规律、发现规律和运用规律,这本身就是教育科研的指向。教学反思离不开教育理论,是因为教学反思是在反思教师的教学理念和教学行为是否符合教学的真正需求，是在探索真理，这一切都自觉或不自觉地与教育理论相联系。批判借鉴离不开教育理论，是因为教育理论能帮助教师鉴别真伪，能指导教师进行理性思考。课题研究离不开教育理论，是因为研究本身需要理论的支撑，研究成果还要丰富和发展理论。有理论才有高度，才有深度，才有广度，才有研究价值和应用价值。

14　读懂教研：教师成长的云梯

> 读懂教研是教师成长的云梯。读懂教研，就要弄明白何谓教研、为何教研、如何教研三个问题。

【诠释】

（1）何谓教研？从构成上看，教研是由"教"＋"研"组成。在字义上，"教"有教育、教学、教材、教师、教具等之义，"研"有研究、研讨、研修、研学、研发等意思。所以，"教研"不是教育研究的简称，也不是教学研究或教育教学研究的简称，而是关于教育、教学、教材、教师乃至课程、学生、学习和作业等方面的研究（或研讨、研修、研学或研发）的统称。这就意味着，在方式或内容上，教研不能被窄化为做课题、写论文。做课题只是教研的一种方式，而写论文是教研成果的一种提炼、表述和交流的形式。教师日常的集体备课、上课、听课或观课、评课、议课、命题等，或者参加课题研究、主题研修、专题研讨、课程研发，或者考察学习、培训等研学活动，或者开展调查研究、教育访谈等都属于教研的范畴。此外，对教育政策的解读、对学校发展的诊断、对课程标准的研读、对学情的分析、对学习的探讨、对评价的反馈等，也可说是教研活动。华东师范大学教授李政涛说："教研绝对不是高深的难以理解的工作，而是每个一线教师日常工作中的修行。"可见，教研的天空比想象的要辽阔得多，教师无不在教研之中，教研应成为教师生活的常态。而教师则应以"研究"的姿态成长和构筑自己的教育教学大厦，为学生的全面发展和个性成长创造更好的教育。

（2）为何教研？从关系上言，教研中的"教"是"研"的对象，是承载"研"之种子萌发、生长、开花和结果的土壤；而"研"是行走在"教"之田野的心态、姿态和状态，犹如洒向土壤的阳光和雨露。显然，有了"研"的阳光才能照亮"教"的方向，有了"研"的雨露才能涵养"教"的土壤。故而有云："教而不研则浅，研而不教则空。""研"由"石+开"组成，意思是指"把石头打开，求真事物的本质"。打开"教"之"石头"，教师能看见"教"之"五脏六腑"或"五光十色"，甚至发现"教"之"化石"或"玉石"。于教师成长而言，"教研"是教师胜任教育教学工作的重要支撑，是教师找到教育制高点的通道，是教师发现教育规律、教学原理以及师生生命成长的节律和优势的眼睛，是教师精耕细作课堂教学的利器，是教师职业倦怠的"消除器"，是教师收获专业成长和职业幸福的田园。就集体研讨来说，根据"乔哈里窗"原理，教师既可以通过陈述和回答让自己知道和他人不知道的"隐蔽区"转化为自己和他人都知道的"公开区"，又可以通过倾听和回应走出自己不知道但他人知道的"盲点区"而抵达"公开区"，还可以通过观点碰撞让自己和他人都不知道的"未知区"也变成"公开区"。也就是说，集体研讨能不断扩大教师群体的"公开区"，从而为教师的生命持续赋能和增值，进而产生专业成长的群体效应。这就是集体研讨等教研活动对教师成长的重要价值。

（3）如何教研？从策略上说，如果说教研就是"把石头打开"，那么如何教研就是要解决"怎样把石头打开"的问题。"把石头打开"不是"把石头打碎"，也不能"打而不开"。要顺利地做到"把石头打开"，首先，要明确谁来打开；其次，要清楚打开什么样的"石头"；再次，要选择科学的方法、合适的工具，并从恰当的位置着手、着力。换言之，教研的开展应做到"五要"：一是目标要明确；二是主体要主动；三是内容要系统；四是方法要科学；五是问题要解决。有些教师之所以没有收获教研带来的硕果，主要原因可归纳为："思而不考、研而不究、知而不行、做而不思、述而不作。"因此，教师在开展教研时应做到思考同行、研究合体、知行合一、做思融合、述作同步，即从"研而不究"走向"既研又究"，从"知而不行"走向"既知又行"，从"做而不思"走向"既做又思"，从"述而不作"走向"既述又作"。倘若想啜饮教研的甘泉，教师就要不断强化自身的问题意识，提升发现问题、分析问题和解决问题的能力，尤其是要锤炼思维的条理性、逻辑性、思辨性和系统性，从而用"研究"的姿态成长自己，用"研究"的思维成就学生。

15 教育科研，一个并不神秘的领域

中小学教师每天都在研究怎样备好课、上好课、批改好作业，这本身就是教育科研活动，关键在于脑海里是否有教育科研意识。我们只有具备了教育科研意识，才会有教育科研的成果。

【诠释】

对于教育科学研究，很多教师认为这是教育专家们的事。其实，这是一种误解。教育活动是一种人与人之间的活动，是最讲究科学性的，只有按科学规律进行教学，才能提高教学质量。因此，作为教育活动的主导——广大中小学教师，最应该具备教育科研能力。

有人说，我整天忙于备课、上课、批改作业，哪有时间搞教育科研呢？其实，怎样备好课、上好课、批改好作业，这本身就是教育科研活动，关键在于脑海里是否有教育科研意识。我们只有具备了教育科研意识，才会有教育科研的成果。就拿学生抄写生字这项简单的教学活动来说，有的教师见学生写错了字，动不动就罚学生写10遍、20遍甚至50遍、100遍。为什么不探索一下学生的抄写规律，思考一下预防学生写错的窍门儿？

也有人说，我们学校地处农村，设备不全，信息不灵……殊不知教育研究的内容和形式是多方面的。有宏观研究，也有微观研究；有实验性研究，也有个案研究。教师教育科研素质的提高，完全可以弥补某些教学条件的不足。有不少特级教师，就是在乡村小学任教而成为教学尖兵的；也有不少教学名家，就是在改变学校师资力量薄弱、学生基础差的落后面貌中，激发起教育教学研究的。

还有人说，我本来不想做教师，后来由于阴差阳错才走上了讲台，上大学学的专业不对口，根本不具有教育科研的能力和水平。其实，在倡导通才教育的当今，半路出家往往具有知识结构的合理性。不同专业的组合，本身就是一种科学的创造，更是一种教育科研的优势。

早在20世纪20年代，陶行知先生就提出了著名的创造性教育理论，明确提出人人都有创造的才能，处处都有创造的机遇。从教育发展史的实际

来看,我国的叶圣陶、魏书生,外国的马卡连柯、苏霍姆林斯基等教育名家,原本都没有经过正规师范院校的系统学习,但他们最终却创造了一流的教研成就。

教育科学研究并不难。我们广大中小学教师几乎天天在进行教学实践活动,从事教育科研比理论工作者具有更方便的条件,只要我们把眼前的学生当作教育科研的对象,只要我们具备"事事有规律、处处有规律"的哲学理念,在日常的教育教学活动中努力养成寻找规律的良好习惯,就容易不断发现教育教学规律。

16　"教"与"研"本为一体

> "教"与"研"本为一体。研源于教才有活力,教基于研才有生命力;无教之研空洞乏味,无研之教坐井观天;能教者必能研,善研者才善教。

【诠释】

有些中小学教师的教研文章经常见诸于专业报刊,但课堂教学却传统沉闷,效率低下,教学成绩平平。与之相反,有些教师的教学成绩多年来一直名列前茅,却从来没有一篇像样的文章发表。乍一看,似乎能研者不能教,能教者不能研,这种现象在很多学校都存在。那么,为什么有的教师善研而不善教,而有的教师只会教不会研呢?

(1)透过"教"与"研"的表象。当今一些"研究成果"丰硕而教学成绩平平的教师,其所谓的"研究成果"大抵为些许"论文"或几张课题证书。再翻看他们的论文,又大致可以分为如下两类:一类是脱离教学实际的理论文章,概念、名词满天飞;另一类是点滴技法,就事说事,就题说题。在这些教师的"研究成果"中,缺乏对教学经验的提升,缺乏对教学中生成问题的反思,更缺乏对问题解决策略的寻求即缺乏用理论的视角审视自己的教学工作,更不必说提出有推广价值的理论性成果。总的来说,这类教师的"研"绝大部分不源于"教","研"的目的也不明确。通常大多是为"研"而"研",随"研"而"研"。由于忙于"研",追求"研"的数量,常常无暇思"教"。因此,这类教师的教研行为实际上属于假性教研,教学成绩当然也不会好。同时,我们的中小学存在着一批教学成绩好但没有"研究成果"的教师。谈起对教学内容的处理,他们都能娓娓道来,方法多多。而对于为什么这样处理最好,却说不上道理来。当被问起为什么不进行梳理、总结、研讨并撰写论文时,他们的回答大多为"研"不是本职工作,或者不知道怎么"研",有想法写不出来,抑或是认为"研"见效慢,对提高教学成绩作用不大,等等。可见,问题的症结在于,这一部分教师不具备"研"的意识与基本能力。没有"研"的意识,只能周而复始地教;没有"研"的能力,教学经验得不到及时总结提升。"教"而不"研",只能成为熟练的"教书匠",却不能成为专家型教师,教学成绩提升的空间也会越来越小。

(2)不教、不研不是真教研。真正的教研不是教师一个人闭门造车,更不仅仅等同于写论文。教育案例、教育叙事、教育日志、评课交流、教育课件、反思记录等,都是教师教研的隐性工作。"教"者不会"研","研"者不善"教",这在很大程度上折射出了一些学校校本教研存在的问题。归纳起来,其教学研究活动存在以下问题:一是教研无序性。学校没有长期的教学研究规划,只是在学期初由教研组制订一个具体的活动计划,至于为什么安排这些教研活动则不得而知。集体教研活动的无序导致了个体教研的无序、随意。二是教研形式单一。多数教研活动仅仅限于盲目的听评课,缺乏深入的专题研讨、课题研究。即使是理论学习也只是念念记记,真正内化为教师专业素养的内容少之又少。三是教研管理松散。一方面体现在过程性管理松散。一些学校仅限于对教师的教研活动进行考勤,计入量化考核;一些教师也仅满足于被动地参与教研活动,至于效果如何,无从得知。另一方面是对教研成果的评价不够科学合理。部分教研管理部门对学校或教师个体教研成果的考核只关注数量,不关注质量,这在一定程度上导致部分教师盲目追求论文数量而忽略其跟教学实际的结合。四是教研针对性不强。研究的内容不是立足于教学为解决问题而研究,为活动而活动,对教学的指导作用不强。教研活动不能针对不同层次教师的需求,千篇一律,"一刀切"。五是教研层次不高。只是就某些具体的教学内容进行研讨,对教学方法、学习方法的研讨较少,从经验中进行提升或用理论的视角剖析教学则更少。

(3)"教"与"研"本为一体。研源于教才有活力,教基于研才有生命力。无教之研空洞乏味,无研之教坐井观天。能教者必能研,善研者才善教,教与研本为一体。而之所以出现"教而不研"或"研而不教"的怪现象,主要源自学校对校本教研管理的疏失。针对以上问题,学校要想使教者会研,研者善教,要想培育出专家型教师,抓好校本教研是关键。这就要求学校要有中长期的教学研究规划方案,要有源于教学实践的研究课题,要有丰富多彩的教研活动形式,要有系统、科学的管理措施和评价手段,要逐步培养教师进行科学研究的意识和能力,要关注不同层次教师的专业能力提高。

17 教育研究的五大误区

当前中小学教师的教育研究,存在着研究功利化、无效化、个别化、虚假化和抄袭化的误区。

【诠释】

教师是教育科研的核心力量。应该说中小学教师进行有效的教育研究,不但能够促进教师教育教学水平和专业素养水平的提高,还能解决教师在教育教学过程中所遇到的具体问题,从而整体推进我国教育事业的向前发展。然而当前中小学教师的教育研究却陷入了一些误区,导致与原本提倡的教育研究的初衷背道而驰。

误区一:教育研究功利化。在市场经济发展的今天,一切东西都和利益联系在了一起。不少教师进行教育研究,目的就是获得利益。一是为了方便评职晋级,二是为了获取科研奖励。这种功利性极强的教育研究,完全背离了教育研究的初衷,使得教育研究成了谋取名利的又一途径,而不是真正地为了提高自己的素质和水平,为了促进教育教学发展和进步。

误区二:教育研究无效化。在很多学校,不少教师在申报科研课题的时候,根本不管这个课题是否具有实用价值,是否真正能促进教育教学水平的提高。他们喜欢搞一些很大的很空的很不切实际的课题,这些课题根本谈不上有实际的意义和价值。尤其是一些教师在进行教育研究选题时,基本上不关注教育教学实际,往往是课题已结题了,但对于教师的教育教学却毫无价值可言,徒废了心血和精力。

误区三:教育研究个别化。虽然学校要求教师要积极进行教育研究,但很多教师根本就不愿意参加。不少年轻教师认为搞教育研究是骨干教师的事情,不少年龄稍大的教师则认为自己年纪大了,没有精力搞研究。这就造成教育研究其实只是学校几个骨干教师的舞台。使得教育研究变得个别化,难以达到通过教研提高全体教师整体水平之目的。

误区四:教育研究虚假化。不少教师在参加一些大的省市级课题时,最开始申请课题时很有热情,等到这个课题正式立项后,便将其搁置一旁。然后到了要结题的时间,便匆匆忙忙地编造虚假资料来应付结题。这些教师所进行的所谓教育研究,完全成了造假工程。这样弄虚作假的教育研究,使得教育研究完全变味,成了一件极其虚假而荒谬的事情。

误区五:教育研究抄袭化。不少教师在进行教育研究时,根本不愿一步一个脚印从事创造性地研究,而是选择走抄袭模仿路线。这种情况不仅在大学有之,而且在中小学有过之而无不及。教育研究的抄袭化,使得教师在教育研究中缺乏求真务实和创新精神,也使得教育研究对于推动学校教育教学工作的开展显得毫无价值和意义。

18 一线教师对待教研的态度

一线教师开展教育科研,要以教师的身份进入研究,教师要做自己的研究,要研究教师自己的问题。

【诠释】

一线教师开展教育科研,是促进个人成长的重要途径,是提升教育理念的重要手段,也是享受职业幸福的重要环节。然而,大部分中小学教师在教育科研的态度上有这样三种趋向:一是认为与自己无关,教育科研是科研人员、教育专家的事,不是我们一线教师的工作。二是认为于工作无用,我们的任务是教学而非教研,将"教学"与"教研"截然分开。三是认为与生活无益,搞教研是吃力不讨好,费时、费力、费心,但却出不了大成果,甚至会徒劳无功。

正因为如此,教师的教育科研就出现了三大状况:第一,教师的无奈。

一是搞教研是评职称的需要。现今中小学教师晋升职称,教研成果是一大砝码,迫于无奈,教师只好参与课题研究或写论文。二是搞教研是评先的需要,评选先进其表格上总有"成果"一栏,没有"成果"评先的竞争力就会大打折扣。三是搞教研是考评的需要,时下学校对教师进行考评,教研成果与论文是一大内容,教师要想不低人三分,只有去搞课题、写论文。在这种功利、被动情况下的教育科研,只会是空有其名,成效甚微。第二,教师的困惑。中小学教师搞教研确实存在不少困难,最明显的是三个没有:一是没有时间搞。中小学教师课时多,教学负担重,从早到晚忙于备课、上课、辅导、批改作业,搞教研的时间确实不多。二是没有精力搞。中小学教师的压力大、竞争性强,搞教研的精力不足。三是没有能力搞。中小学教师参加工作前没专门学过,参加工作后没接受系统培训,搞教研的能力不够。第三,教师的无助。中小学教师做课题大多没有研究团队,往往一人闭门造车,孤军作战,缺乏引领。其实,要想让研究有生命力,离不开各方面的支持,也离不开专家的引领,更离不开同伴的合作。

那么,一线教师开展教育科研应该持什么态度? 第一,要以教师的身份进入研究,不要把自己当成专业研究者。教师的身份决定研究的方式,最好的研究方式是行动研究,研究的目的是要解决日常教育教学中的问题。第二,教师要做自己的研究。一线教师研究的问题不是研究他人的问题,而是研究自己在工作中遇到的真实的具体的问题;不是完成学校规定的教研任务,而是教师自己发自内心的实实在在的需要。第三,研究教师自己的问题。对教师而言,不断地思考、琢磨就是研究。对那些司空见惯、熟视无睹的问题用心去发现,对那些理所当然、天经地义的常规和说辞反复去琢磨,试图去改变貌似合理的历来如此的大多数的想法与做法,这其实就是研究。

教研策略篇

　　中小学教师要做自己的教研:形成自己的想法,关注自己的做法,找到自己的说法。教育科研的真谛是:研究的对象是"做",对自己的"做"进行研究;研究的过程在于"做",在自己"做"的过程中进行研究;研究的目的是"做",通过研究让自己"做"得更好。高效教研,主题提炼是关键:围绕教学重点提炼教研主题,围绕教学难点提炼教研主题,围绕教学热点提炼教研主题,围绕教学方法提炼教研主题。

　　中小学教师的教育研究要有"沉"下去的精神,要埋头"沉"进去,实在"做"出来;教研要做到"六勤":眼勤多读书,耳勤多听讲,嘴勤多交流,腿勤多调研,脑勤多思考,手勤多动笔;教研贵在一个"做"字,即:做细、做实、做新、做深;要用"实"字来进行研究:研究目标讲实际,研究过程重实践,研究效果求实用。

　　作为一名成功教师,应该打造好两张"名片":一张是做好教育教学本职工作,成为教育教学艺术的行家;一张是做好教育教学研究工作,成为教育教学科研的专家。教育研究一半在教,一半在研,是教和研的融合体。教师,既是教学的研究者,又是研究的教学者。中小学教育科研的魅力,并不在于验证某种既定理论,也不在于诠释某个专家论断,而在于对日常教育教学实践的研究;中小学教育科研的智慧,并不在于"贪大求全",也不在于"一鹤冲天",而在于对教育教学微观问题的脚踏实地的研究。

19 教师成为研究者"三问"

教师成为研究者"三问":怎样的教师成为研究者？教师成为怎样的研究者？教师怎样成为研究者？

【诠释】

教师能否成为研究者,需要研究三个问题,即:怎样的教师成为研究者、教师成为怎样的研究者和教师怎样成为研究者。

（1）怎样的教师成为研究者。第一,从教师工作的性质看,并不是每个教师都能成为研究者。这是因为:教育研究的性质决定了不是每个教师都能成为研究者。教育科研能力是一种高级的来源于实践而又有所超越和升华的创新能力,开展教育科研,需要教师具有扎实的教育学、心理学理论知识,具有收集利用文献资料、开发和处理信息的能力,具有较好的文字表达能力,具有开拓精神、理论勇气、严谨的治学作风以及执着的奉献精神等,这显然不是每一名教师都能够具备的。同时,教师队伍的现状决定了不是每个教师都能成为研究者。一方面,教师科研素养发展不均衡现象极为明显。另一方面,中小学教师普遍呈现教育理论基础薄弱、教育研究能力缺失的状况。第二,从教师工作的性质看,并不是每个教师都应该成为研究者。这是因为,教师最主要也是最基本的工作是教书育人,思考如何更好地开展教育教学工作应该是教师的首要任务;现代教育的发展,对教师的专业能力提出了更加多元化的要求,教师应该把精力主要用在自身的专业发展上;伴随着我国教育科研事业的繁荣发展,教师即使没有很好的研究能力,也能够通过学习及时掌握先进的教育理论,领会最新的教育理念,把握有效的教育方法以改进自己的教育教学,促进专业的发展。第三,从教师成为研究者的条件看,究竟怎样的教师能够成为研究者？一是具有从事教育科研活动的内在动机;二是具备从事教育科研活动的时间和精力;三是具备从事教育科研活动的基本能力。一般来说,教师参与教育科研,首先应该是学科教学和学生管理领域中的佼佼者,同时还应该较为系统地掌握教育理论、教学理论以及教育研究方法方面的知识,掌握常用的教育研究方法,这些都是教师成为研究者的必要条件。

（2）教师成为怎样的研究者。第一，作为研究者的实践属性。教育研究本质上是一种实践性的社会活动。教师成为研究者，从根本上说就是要研究怎么使得自己的教育行为更有意义，怎样在自己的学生身上实现教育的意义。因而针对工作、基于现实的实践属性是教师作为研究者的本质属性。第二，作为研究者的微观属性。教育研究的内容指向大致可以划分为宏观和微观两个层面。对于一线教师来说，一方面从总体上看，他们难以具备教育研究专家那样的理论功底和研究能力；另一方面他们需要从事繁重的课堂教学和班级管理工作，也难以保证开展宏观研究的时间和精力。由此，教师的教育科研活动应该注重从细节入手，从小课题入手，体现研究的微观属性，第三，作为研究者的的行动属性。中小学教师的科研活动是贯穿于日常教育教学工作之中的，他们的研究更多的是立足于自然状态下的课堂教学和管理，所采用的研究方法也更多地指向于行动研究。教师是在不断地行动和反思之中发现问题、分析问题和解决问题的，行动属性是教师作为研究者的重要属性。第四，作为研究者的平民属性。其平民属性，也可称为"草根"属性，主要体现在三个方面：其一，教师教育科研逐步呈现出一种群众性活动的特征；其二，中小学教师所从事的研究，很大程度上并非一种严格意义上的学术研究；其三，教师的教育研究成果呈现出丰富的表达形式，除了传统意义上的论文和专著，案例分析、教育叙事、心得体会等都可能会成为其研究的成果形式，这虽然与规范的教育研究成果表达体系有悖，但却恰到好处地体现了教师教育研究的独特品质。

（3）教师怎样成为研究者。第一，要学会借鉴和模仿。在阅读、借鉴和模仿的过程中注意做到：一要学会选择。与学科教学密切结合、实践性较强的刊物应成为教师阅读的最主要素材。二要学会迁移。通过阅读他人的研究内容寻找自己课题研究的方向和灵感。三要学会创造。要学会在借鉴基础之上的创造，可以在借鉴他人研究框架的基础上，对研究的内容进行创新，也可在借鉴前人研究内容的基础上在框架和思路上进行创新。第二，要掌握成果发表的技巧。一要掌握确定题目的技巧，二要选择适合的期刊。当前教育类期刊大体分为理论型、理论与实践兼顾型、实践型三类，后两类特别是第三类应是教师发表成果的主要渠道。三要注意研究内容。要多发现研究的空白地带，对前人不曾涉及的问题开展研究，对已研究过的问题从新的视角进行重新地解读。第三，要形成从事科研的心境。对于教师来说，把研究视作教育实践中的一种应然态度十分重要，而这种态度的树立，首先应该从培养良好的心境开始。

20 做"三法一体"的教研

> 中小学教师要做自己的教研：形成自己的想法，关注自己的做法，找到自己的说法。

【诠释】

中小学教师做教研，就是教师给自己的"想法""做法"找一个"说法"而已。

(1)所谓想法，即面对自己在教育教学工作中碰到的问题进行思考，评估问题对教育教学造成的危害，分析问题产生的原因，提出问题解决的具体对策。在这个过程中，教师需要自己去问一问别人，或者查一查资料，看看别人有没有碰到类似的问题，问问别人在这类问题上是如何处理的。这在教育科研理论中被称为"文献综述"。有时我们也从自己读过的名家大腕的书籍或者文章中，找一找解决问题的灵感，这就是所谓的"运用教育理论"了。

(2)所谓做法，只是"想法"的自然延续而已。想好了解决问题的办法，接下去自然就是付诸实践了。按照自己的设想，一步一步、一点一点地去做，并在这个过程中不断地看看问题有没有得到解决。如果解决了，那就说明自己想出来的解决问题的办法是可行的。如果还没有解决，或者没有完全解决，我们又要回到"想"的阶段上去，对原来想的办法作一些调整、改变、补充，然后再拿着这个新的办法去实践。这样不断地尝试，直到问题最终解决为止。当然也有些问题我们可能解决不了，所以试了几次之后只好放弃了。这些"做法"我们一线教师最为熟悉，或者说我们基本上每天都在经历着。

(3)所谓"说法"，即把自己碰到问题后的想法、做法，用一定的形式表达出来，这一点或许正是我们许多一线教师自认的薄弱之处。我们身边，不乏在学科教学、学生德育等方面做得比较出色的教师，但遗憾的是其中一部分教师却没有把他们的经验与方法表达出来，与更多的教师分享。经常听到教师说："叫我上课是可以的，叫我当班主任也是没有问题的，但要我写论文、做课题，真的不行"。其实，教研成果的表达形式是多种多样的，除了课题研究报告、研究论文，还可以是教育日志、教育叙事、教育案例、教学课例、教育随笔、教育反思，等等。我们仔细看看中小学教育教学类杂志，就会发现，其实在这些杂志中所刊发的文章，严格意义上的论文并不多，更多的是经验总结、实践反思类文章。因此，作为一线教师，我们要去尝试和寻找适合自己的表达方法，而非一定要纠结在"论文"或者"课题报告"上。

21 中小学教师需要有梯次的教育科研

> 教育科研的梯次大致可以分为四个层次：100%的教师以对具体事件反思为主的教育叙事研究；80%的教师以论文、案例撰写为主的经验提升；50%的教师以解决现实问题为主的小课题研究；20%的教师以各级规划课题为主的重点课题研究。

【诠释】

中小学教师的教育科研，很像是一件奢侈品，特别是高级别的课题，不仅稀缺而且难以普及。教师只有对教育科研进行有梯次的研究，教育科研才具有针对性和时效性。

教育科研的梯次，可以表现为三个方面：一是表现在研究内容上。在研究的问题取向上，我们既要有教育理论的科学构建，也要有具体问题的深入探究；既要有对前瞻性问题的眺望，也要有对既有经验的总结提升。二是表现在研究形式上。我们既需要结构严谨、表达理性的论文，也需要充满人文、启人深思的叙事研究；既需要组织庞大、严格规范的规划课题，也需要小巧灵动、着眼实际的草根课题。三是表现在研究主体上。教育科研的研究主体可以划分为普通教师、有科研意识的教师、科研型教师和专门的研究人员。校长要为他们量身定制不同类型的研究，促进学校进一步提高教研能力和提高教师教研积极性。

教育科研的梯次大致可以分为四个层次：100%的教师以对具体事件反

思为主的教育叙事研究；80%的教师以论文、案例撰写为主的经验提升；50%的教师以解决现实问题为主的小课题研究；20%的教师以各级规划课题为主的重点课题研究。为此，教师务必要找到适合自己的教研之路。

22 中小学教师教育科研的真谛

> 研究的对象是"做"——对自己的"做"进行研究；研究的过程在于"做"——在自己"做"的过程中进行研究；研究的目的是"做"——通过研究让自己"做"得更好。

【诠释】

在当前的基础教育课程改革中，很多人都提出了教师要成为研究者的主张，但教师成为研究者并不是要教师以专业研究者的身份去做专业人员的研究。相反，教师应以教师的职业角色和身份，对自己遇到的问题进行研究，也就是要做自己的研究，要研究自己。

做自己的研究是相对于做"他人"研究而言的。做自己的研究意味着研究的问题不是"他人"的，而是自己面对的、提出的、真实具体的问题；意味着研究不是完成一种外在的规定性任务，而是教师自己发自内心的实实在在的需要。研究自己意味着教师的研究对象不是"他人"，不是宏观的、普遍的教育问题，而是以自己为研究对象，不断改进和追求卓越的自我反思。研究自己才是做真研究。现在中小学教育科研之所以不断受到人们的质疑和批评，"研究成果"在通过检查验收之后就变成封存的历史，轰轰烈烈的一项科研课题结束之后又可悲地回到习俗化的教育教学水平，就是因为在教育科研中教师不是做自己的研究，不是在研究自己，没有把握好教育科研的方向。

对中小学教师来说，开展教育科研的根本动力是对更好的更有效的教育的追求，是对他人成长学问的"迷恋"，是一种教育使命的召唤。中小学教育科研应该是学校和教师在教育教学活动中觉得有问题或出现困惑，为了解决问题和困惑而进行的有意识有目的积极主动的探究和实践活动。这些问题和困惑有的也许具有普遍性,但更多的是特殊的或个案的。这些问题不是一个个抽象的高度概括的问题,而是一个个教师自己真实面对的具体的实实在在的问题。他们在研究中也不是为了发现或贡献原理性的知识和理论,而是为了找出解决具体问题和困惑的策略和方法,在实践中增强教育智慧,使自己获得成长和发展。对中小学教师来说,搞教研不是在另外的时间和空间做另外的事情,而是在教育教学活动中为着教育教学进行的研究。一句话,教师的主要任务是教书育人,搞教研不是为了成为专业研究者,而是为了"更好的教学",为了成为一个能"教好书"的更好的教师。

教师要做自己的研究,并不排斥专业人员的专业指导,相反它更需要专业人员真正的专业指导。这种专业指导不是专家"引领"教师做专家的课题或子课题,更不是商业化的炒作,而是出于对基础教育真正关心的责任和情怀,向学校和教师提供高水平的咨询意见和建议,利用专家的专业知识和经验为教师做自己的研究提供有效的帮助。教师与专家的关系是一种"需要—服务"的"市场供求关系"。教师的研究需要专家的专业指导,但专家不能包办教师的研究,不能替代教师的研究,更不能指挥教师的研究,而是立足于开阔教师的视野,启迪教师的智慧,提升教师的能力,促进教师进行深入的思考,引领教师成为他"自己"——一个有独特个性和智慧的好教师。

教师做自己的研究也需要教师间的合作研究,但对合作研究我们不能做狭隘的理解,认为许多教师做同一个课题、完成同一项任务才叫合作研究。这与其说是合作,不如说是分工更合适。有很多学校总是想搞一个覆盖全校的大课题来组织全体教师进行所谓的合作研究,如果没有教师做自己研究的主动性和积极性,这样的合作研究其实是"貌合神离"。合作实质上更多的是一种精神上的沟通,一种心灵上的默契,是在沟通目标的鼓舞下,彼此间相互的激励和支持、宽容和理解、碰撞和交流。教师做自己的研究,并不是教师一个人单枪匹马、孤独地奋斗,其他教师的态度、意见都不可避免地对教师的研究方向、进度和结果产生着影响,合作研究与教师自己的研究就这样彼此交流、密不可分。

由于习惯和定势,说到搞教育科研,有很多教师不自觉地把自己当成专业研究者,忘记了自己是谁。现在有些学者主张教师要做"行动研究""叙事研究",讲"我的教育故事",就是要让中小学教师重新发现自己、认识自己,回到做自己的研究、研究自己的本来状态,以自己为研究对象,以自己为研究工具,创造一个"新我",这就是中小学教师教育科研的真谛。

23 把自己当作研究的对象

> 研究自己，就是教师把自己当作研究对象，琢磨、体验、品味、反思自己的教育行为；同时也通过别人来反思自己，关注、研究、审视别人的教育思想和教学实践，从而不断提升自己的教学水平。

【诠释】

教师要具有独具个性的思考精神并贯穿于教育教学的每一个环节和整个过程。这里的思考首先是指对自己的"研究"，即把自己当作研究的对象，揣摩、琢磨、体验、品味自己的教育思想和教学实践；同时，"研究"也包括关注、研究、审视别人的教育思想和教学实践。"研究"就是既直接反思自己的教育行为，也通过别人来反思自己，从而不断提升自己的教育教学水平。

教师研究自己，首先要进行深刻的自我反思。自己的教育理念到底是什么？有没有前瞻性？自己有没有更高的教育追求？自己的教育责任感、使命感是否到位？自己的学识积累是否能满足学生的求知欲望？自己的专业知识、技能水平是否与时俱进？自己的教学模式、教学方法能否适应学生？自己是否做到了及时总结教学得失、不断充实和完善自己？自己的教学意识是否已形成独特的风格？自己的教育智慧能否最终引导学生面向未来？在新时代自己能否做到率先垂范、为人师表？在学生与同事心中自己是否值得他们尊敬和爱戴？等等。

教师研究自己，就是要看清自己所处的环境，明白自己的优势，发现自己的不足，从而向最好处努力，在曲折中不断成长。反思的过程是发现的过程，也是弥补的过程，更是研究的过程、提升的过程。理论在反思中学习，品质在反思中提升，知识在反思中丰富，技能在反思中产生，不足在反思中补充，形象在反思中树立，地位在反思中奠定。一线教师如果离开了研究自己，忘记了反思自己，自己也将平庸一生。

24　教学研究要"沉"得下去，"实"着出来

> 中小学教师的教育研究要有"沉"下去的精神，要埋头"沉"进去，实在"做"出来。

【诠释】

教师从事教育科研，就不再仅仅是别人研究成果的"消费者"，而直接一跃成为一名研究者，为自身的专业成长，更为教育的可持续发展注入了不竭的动力与活力，可以说这是教书匠与教师之间的分水岭。在教育科研的道路上一路攀升，劳顿和艰辛自不必说，背后更需要具备的是一种淡泊名利、脚踏实地、真正"沉"下去的精神。

在没有取得成果时，教育科研本身就是一件远离喧嚣、甘于寂寞的事。苏霍姆林斯基如果没有三十多年如一日在乡下中学默默无闻的教育探索，就不可能成为杰出的教育家。我国著名教育家陶行知先生在20世纪20年代末，放弃了东南大学教育科主任一个月几百大洋的高薪，拒绝了出任东南大学校长和河南省教育厅长的邀请，创办了晓庄乡村师范，他脱下西装，穿上草鞋，身体力行，从而形成了"生活教育"和"人格教育"理论，创出了一条中国教育的新路。所以，教育科研应该是我们站在教育实践的土地上，埋着头辛勤耕耘出来的，来不得半点浮躁和虚伪。投身一项事业，必然要有所付出，教学实践与科学研究的有机统一，成就了我们做教师的智慧与幸福。正因为如此，我们才更应该用睿智的头脑、沉下去的心性，去思考，去行走。

课题研究的最终目的是解决教育教学中的实际问题。研究成果有理论的，也有实践的，倘或课题的研究没有成果，也是允许的。本来，既然是科学研究，就必然存在成功和失败的双重可能，对真正的科学研究来说，失败也是有意义的。但无论是哪一种结果都必须是实实在在的。在这个"实"的基础上，作为理论的研究成果——论文或研究报告，就更应该"实"，因为它不仅凝聚着研究者的心血，更承载着普遍推广的重大意义。然而，我们不止一次看到这样的研究成果——论文、开题报告或结题报告，新名词、新概念层出不穷，这个"原则"那个"性"的一套一套，真是晦涩难懂，不知所云。读来

读去,心生自卑与惭愧,只能作罢。笔者认为,既然源于实践,基于思考,就该有"原气息"和"新思想",莫要刻意地戴上"某某理论""某某主义"的帽子,看看孔子的对话,读读孙子的兵法,就会明白大哲学、大课题也可以这样朴实无华地表达出来,以极为平易朴素的语言来表达深刻的哲理,这才是真正的大家。

"锋从砺中来",笔者相信只要我们埋头"沉"进去,实在"做"出来,在教育科研中定会感受到一种独沉霁月,实至而归的美好境界。

25 教研要做到"六勤"

> 眼勤——多读书;耳勤——多听讲;嘴勤——多交流;腿勤——多调研;脑勤——多思考;手勤——多动笔。

【诠释】

(1)读书是教研的前提和基础,也是教研的起点。教师不仅要多读书、爱读书,还要读书广、读好书;不仅读专业知识的书,还要读教育理论的书,读教育实践的书。

(2)多听讲是教师提高业务水平的有效路径。一是要多听专家讲座。专家在某个领域具有一定权威,多听专家讲座,会给我们的教研有益启迪。二是多听课。教师既要听同门课教师的课,也要听相近学科教师的课,还可听其他学段教师的课。

(3)加强教研交流是提高教师教研能力的重要手段。教师与教师加强沟通与交流,可以起到同行互助、专业引领、共同提高的教研效果,千万不可故步自封、闭门教研。

(4)调查研究是获得教研一手资料的关键。教师要多深入教学第一线,深入课堂、深入学生,多做调查研究,避免犯主观主义错误。

(5)阅读决定高度,思考决定深度,思考是教师教研的必备条件。教师在工作上要勤于思考和善于思考,以形成自己的特色,做一个有批判精神的思想者。如果教师没有独立的思考精神,他的教研工作就很难开展。

（6）教师写作是教研的动力。教师应多注重自己的学识积累和生活积累，多拿起笔来写自己的成功之处和不足之处；多在自己有感而发和有感而写之时，以教育故事、教学日记、教学反思、教研随笔等方式去动笔。这样天长日久，就能成为一名有教研理念、教研能力、教研成果的教师。一些优秀教师的成功经验表明，善于"以写促学""以写促思""以写促研"，往往是教师快速成长的奥秘所在。

26 教育科研的魅力在于对教学实践的研究

> 中小学教育科研的魅力，并不在于验证某种既定理论，也不在于诠释某个专家论断，而在于对日常教育教学实践的研究；中小学教育科研的智慧，并不在于贪大求全，也不在于一鹤冲天，而在于对教育教学微观问题的脚踏实地的研究。

【诠释】

一些中小学教师开展教育科研，有时会不自觉地向专业研究者看齐，铺天盖地地引用大量的理论文献，先介绍国外权威有哪些论述，后介绍国内专家有哪些观点，最后再谈自己的见解。似乎只有和精深的理论携手，才能彰显研究的力量和源泉。殊不知，中小学教育科研的魅力并不在于验证某种既定理论，其鲜活的生命力并不在于诠释专家学者的这样或那样的论断，它在教育科研之林中之所以有存在的意义和价值，恰恰是对一线教育教学现场的把握，恰恰是对日常教学实践的研究，这样的研究也恰恰是职业研究者难为或不能为的。

有些中小学教育科研选择的研究课题常常比较宽泛，涉及的因素复杂众多，动辄就是我国中小学教育的整体性变革或学校的综合性改革。选择这样的课题后，即使是真的从事了研究，其对问题的探讨也多为浅尝辄止、有欠深入。真正的研究并非"大题小做"，而多为"小题大做"；教师的智慧也并非"一鹤冲天"，而多为"积小智而成大智"。对教育教学微观的局部的关键性的问题进行脚踏实地的研究，所产生的辐射、互动及连带作用，有时远胜于浮于表面的面面俱到的研究。

27 教师要打造两张"名片"

作为一名成功教师,应该打造好两张"名片":一张是做好教育教学本职工作,成为教育教学艺术的行家;一张是做好教育教学研究工作,成为教育教学科研的专家。

【诠释】

教师的专业职责是教书育人。从传统意义上说,一位教师只要教育教学工作做得好,作为班主任班级工作带得顺,学生成绩好、进步大,他就是一位成功的教师。当今社会,教师教书育人的专业职责尽管并没有改变,但新时代显然对教师提出了更高的要求。

一位现代意义上的成功教师,应该打造好两张"名片"。第一张名片是在教育教学本职工作上,要做一名教育教学艺术的行家;第二张名片则要重视读书、反思、研究、写作和交流,做一名教育教学科研的专家。而有一定数量的教研论文和教育教学文章见诸报刊,则是当代教师成名成家的必经之路,也是教师的研究成果获得社会认可的最佳途径。

28 不可忽视学科专业知识的研究

教师的专业知识水平决定教学的深度。因此,教育教学方法研究和学科专业知识研究应该并重,不能偏废任何一方。

【诠释】

教师的专业知识水平决定教学的深度,也可以说是教师的教研高度决定教学的深度。教师要想站位高远、追求卓越，就必须坚持用教研促教学，用教学促教研。从我国目前中小学教师的研究现状来看，对学科教育教学方法的研究较多，对专业知识的研究则较少。这就容易使教师的专业知识陈旧肤浅，从长远看必然会影响教师的教学能力和教学水平。我们大部分青年教师在成长过程中的最大问题，就是在大学毕业之后中断了系统的专业学习和知识的更新，随着教学年头的增长，知识日益陈旧，知识面日益狭窄，其专业知识只停留在与中小学学科教材相关的知识层面上。

教育教学方法研究和学科知识研究应该并重，不能偏废任何一方。只有从事学科的学术研究，才有可能出现相应学科的专家型教师。如果中小学教师中能有一批专家型教师，那么中小学教育教学的面貌肯定会大为改观，制约素质教育的"瓶颈"也会随之被打破。教师的专业知识如果缺少及时更新的话，所谓素质教育，所谓新课程理念，最后难免都会大打折扣。

29　教学研究：一半在教，一半在研

> 教学研究一半在教，一半在研，是教和研的融合体。教师，既是教学的研究者，又是研究的教学者。

【诠释】

教学是一项专业性的工作，教师是专业工作者。而"一个专业者认真地履行他的职责，循着科学的方法去思考，他就是一个研究者"（雅斯贝尔斯）。因此，教学研究是教师教学生活的应有之义。社会上有不少人对教学研究存在种种误解甚至非议，根源往往在于对教和研之间关系的认识和处理上存在不同看法。

教师应该是研究者，研究能力是教师的核心能力。教师，既是教学的研究者，要坚持以教立研，研究教学中的真问题，探索教学中的新方法，提出教学中的新观点；又是研究的教学者，在研究中教学，以研促教，让研究反哺教学，不断优化学科教学，提升教学质量。

教学研究一半在教，一半在研，是教和研的融合体。作为教师，融研于

教是理所当然的。首要是要研究教学内容,大到教材课程建设,中到课堂教学改进,小到作业设计、命题创新等。这些是教师相对重视、也比较熟悉的研究领域。研究教学当然也离不开对教学对象学生的研究,这需要我们在观察、关注学生的同时,不断审视自己的学生观,不断追问我们心目中的学生究竟是怎样的,想让我们的学生成为怎样的人,我们的教学能不能让学生成为那样的人。这些追问需要我们不断更新和优化我们的学习观,把握学习心理,研究学习发生机制,了解最新的脑科学研究进展,熟练掌握并灵活运用学科学习方法,等等。对学生的研究是我们教师比较忽视也比较薄弱的研究领域。最后,教学研究还须回到教学的实施者即教师身上,我们既要研究教师个体的成长规律,也要探寻教师团队的建设之道;既要勤于总结优秀教师的发展路径与经验,又要善于发现影响教师成长的障碍及其破解之策;既要为青年教师站稳讲台、站好讲台用心,又要为资深教师突破瓶颈、更上层楼助力。总之,只有教师好,才会教育优;而要教师好,必须教研强。

研而不教则虚,研因教而有根、有魂;教而不研则浅,教因研而见深、见高。教研相融,教研一体,这是教学研究的理想境界,也是高质量教研论文形成的关键所在。

30 以科研指导教研,以教研推动科研

中小学教师必须将教研与科研有机结合起来,一是以科研成果指导教研活动开展;二是以科研来提升教研成果;三是通过教研推广和应用科研成果;四是以课题为载体将教研与科研有机结合。

【诠释】

中小学教师必须将教研与科研有机结合起来,以科研指导教研,以教研推动科研,使教研与科研形成相互促进的良性互动。具体来说,中小学教师可以从以下四个方面将教研和科研有机结合起来,营造良好的教研和科研氛围。

（1）以科研成果指导教研活动开展。我国当前中小学教研活动开展得如火如荼，但真正对改进教师的教学实践工作有帮助的其实并不多，很重要的一个原因就是教研活动忽略或不重视运用教育理论进行指导，在教研活动中不注重对先进教育科研成果的学习与应用。例如，我们的中小学教师经常会开展课堂有效教学方面的主题教研，每次都是先让某一位教师上一节展示课，然后大家围绕这节课开展有效教学研讨，研讨的内容基本上都是就课论课的一些课堂表面现象，而看不到有效教学的内在实质，这样的教研活动肯定达不到预期的效果。因此，好的、有效的教研活动必定需要先进的教育科研理论作为指导，这也是将教研与科研有机结合的重要途径之一。

（2）以科研来提升教研成果。有很多中小学优秀教师，他们积极参加各种教研活动，也积累了丰富的教研成果，如优秀课例、优秀教学设计、先进教学经验等，但是这些教师却无法将自己的优秀成果推广给其他教师。其中一个重要原因就是这些教师的教研成果是零散的、个别的、特殊性的，不具备普遍性的推广应用价值。如何将这些存在于教师头脑中的教研成果进行总结、提炼和系统化，从而突破无法推广应用的局限，这就必须借助教育科研。通过开展教育科研活动，运用科学的研究方法，以教育理论为指导，从教研成果积累的大量经验素材中，发现事物的本质与规律，运用科学的逻辑思维，对其进一步提炼和升华，从而使教研成果提升为具有普遍性和推广应用价值的科研成果。从而使经验型教师逐渐成长为专家型、研究型教师，在"照亮自己"的同时也能"照亮别人"。

（3）通过教研推广和应用科研成果。在"科研兴校，科研先导"的理念影响下，我国中小学教师日益重视教育科学研究，也取得了丰硕的科研成果。但这些科研成果还无法真正成为推动教育发展的"第一生产力"，也无法直接促进学校教育教学质量的提升。其实，这些科研成果在被推广应用教育教学实践之前，都只是一种潜在的价值，只有将教研与科研结合起来，才能通过教研来推广和应用科研成果。也就是通过教研活动，让更多的教师将科研成果应用到教育教学实践当中去，科研成果才能真正体现其价值，教育科研也才能真正实现其最终目的——改进课堂教学，提高教学质量。

（4）以课题为载体将教研与科研有机结合。教研与科研的有机结合不只是在课题研究结束之后的成果推广与应用阶段，而是贯穿课题研究的整个过程。在课题选题阶段，中小学教师可以将教研中发现的问题进行归纳和提炼，找出最基本的、最关键的和最普遍的问题，上升为课题研究的选题。

在组建课题组或研究团队时,课题负责人应该优先考虑与研究内容相关的学科教研组成员、学科一线教师和相关教育教学专家。在课题研究的过程中,可以围绕研究课题的内容设计一系列的主题教研活动,在教研中开展课题研究,收集研究素材和资料。在课题结题阶段,将研究成果通过教研活动充分应用到教育教学实践当中,一方面通过教育教学实践来检验科研成果,另一方面通过教育教学实践来发挥科研成果的真正价值。

31 教研:做细、做实、做新、做深

> 中小学教师做研究,贵在一个"做"字,即:做细、做实、做新、做深。

【诠释】

对很多中小学教师来说,做研究似乎是个高不可攀甚至无从下手的问题。笔者以为,我们中小学教师做研究,贵在一个"做"字,即:做细、做实、做新、做深。

(1)做细。所谓做细指我们中小学教师做研究要走出"贪大求全"的误区,善于从细节入手,树立关注细节、小题大做的严谨态度;提升跳出细节、小中见大的研究智慧;培养积累细节、积少成多的良好习惯。第一,关注细节。关注细节不仅需要我们具有一双善于发现细节的慧眼,具备化大为小的能力,能从日常工作中敏锐地捕捉到细节,更需要我们中小学教师有一种对细节进行"小题大做"的严谨态度。例如,做一名好教师是我们每一位教师的追求,但如果我们以此为题开展研究,就会很难进行。若我们对这个问题作如下处理:如何做一名好教师→如何上好课→如何上好某一堂课→如何设计某一个环节,等等,我们会发现,随着研究问题的细化,不但我们可思考和分析的内容越来越多,而且我们的研究也越来越具有可操作性。第二,跳出细节。我们关注细节,并不是简单地记录细节,更不能纠缠于细节。关注细节要求我们跳出细节看细节,要能够挖掘出细节所蕴含的指导意义或教育教学价值。我们中小学教师身处教育教学第一线,最不缺细节,只要提升跳出细节的研究意识、修炼小中见大的研究智慧,相信教研之花定会绽放

在我们每一位教师面前。第三，积累细节。积累细节对我们中小学教师做研究是非常基础但又是非常重要的，千万不要忽视细节的积累。我们平时所积累的任何一个细节，都有可能成为我们研究某个问题的"引子"，也有可能成为我们撰写某篇文章的重要素材。

（2）做实。所谓做实指我们中小学教师做研究要走出"为研而研"的误区，善于虚功实做，立足实践，使自己的研究更具底气；结合实际，使自己的研究更具灵气；讲求实效，使自己的研究更具生气。第一，立足实践。我们中小学教师做研究，研究的对象是做，即对自己的做进行研究，研究的过程是做，即在做的过程中进行研究。换言之，我们的研究一定要立足实践。具体而言，主要可从两个方面入手，一是研究实践中的问题，要对教育教学实践开展自觉的分析和思考；二是反思实践中的得失，要对自己在教育教学实践中碰到的问题与困难进行深入的追问并作出自己的回答。第二，结合实际。我们中小学教师做研究，还要考虑实际情况，扬长避短。主要需考虑两方面的实际。一是教师的自身实际，每个人都有自己的优势与特长，劣势与弱点；二是每个人都有自己做得比较成功的地方，也有做得相对不足的地方。如果我们从自己的长处与成功之处入手进行研究，往往更容易出成绩。第三，讲求实效。我们中小学教师不能为了研究而做研究，我们的研究要服务于教育教学，讲求实效。为此，我们的研究要始终围绕两个靶点：一是研究教师的教，重点是教法的改进；二是研究学生的学，重点是学法的指导。对我们中小学教师来说，只有围绕"教"与"学"这两大核心开展的并能服务于教与学的研究，才是真正有实效的研究。只有真正有实效的研究，才是有出路的研究，才是有生命力的研究，才是我们中小学教师应该做而且能够做又必须做的研究。

（3）做新。所谓做新指我们中小学教师做研究要走出"人云亦云"的误区，善于在"新"字上做文章，敢于研究新问题，敏于寻找新角度，善于提出新观点，而不只是盲目地"赶潮流"或"随大流"。第一，研究新问题。中小学教师做研究要敢于把在教育教学实践中新碰到或出现的、还没有人或很少有人研究的新问题纳入自己的研究视野。当然，我们研究的新问题可以是宏观的，也可以是中观的，也可以是微观的。我们要敢于研究新问题，因为新，还没人或很少有人进行研究，所以我们投入精力进行研究显得更有价值，也更容易出成绩。第二，寻找新角度。研究新问题，但并不是只研究新问题。毕竟，我们中小学教师日常面临、需要解决的更多问题还是一些具有共性的、已有很多教师做了研究或正在研究的问题。对此类问题的研究,更需要我们中小学教师开动脑筋,运用自己的一双慧眼,去寻找新的研究角度。其实,从不同的角度去审视老的问题,往往能发现一些别人所发现不了的问题,看到一片别人所看不到的新天地。第三,提出新观点。如果我们在研究中发现不了新问题,寻找不到新角度,那么,提出新观点也不失为我们做"新"的一条重要途径。在具体的研究过程中,提出新观点主要包括三种情形:一是"填补空白型",即就某个尚未有明确结论与观点的问题进行分析与探讨,形成相对明确的观点,以填补空白;二是"补充说明型",即某个问题虽已有一定的结论,但你觉得尚不够完整、仍有话要说,便可对此进行研究,加以补充和完善;三是"纠正批驳型",即某个问题虽已形成了结论,或有人已提出了观点,但你觉得这个结论或观点不对,便可以此为"靶子"进行批驳,进而提出自己的见解与观点。

(4)做深。所谓做深是指中小学教师做研究要走出"浅尝辄止"的误区,善于在"深"字上求突破,树立"进一步,海阔天空"的研究理念,做到工作问题化,关注持续化,研究主题化。第一,工作问题化。问题是研究的起点,中小学教师做研究,首先要对自己工作中碰到的问题进行深入思考。但这仅仅是最基本的要求,对做研究来说显然是不够的。我们还应练就发现问题的能力,即要能把自己所从事的工作问题化。以一堂课为例,教师一堂课下来,从宏观来讲,无非是两种感觉,一是上得好,一是上得不好。但就研究而言,需要我们对此作进一步思考:这堂课上得好或不好,好或不好在哪里、表现在哪些方面? 好或不好的原因是什么? 对自己有何启示? 第二,关注持续化。中小学教师做研究,有必要对自己的关注点作一梳理与分析,选定一个或几个自己较感兴趣或平常有较多思考的问题作为重点关注的对象,在自己的教育教学实践中加以持续地关注,积累与之相关的各种材料,进行不断地思考、分析与研究。我们对某一个问题的关注,只要持续到一定的阶段,一定会有令人满意的收获。第三,研究主题化。研究需要积累,研究的过程也是一个积累的过程。为此,中小学教师做研究一定要确定一至三个最适合自己研究的主题,在一定的时期内重点围绕确定的主题,不断深入自己的研究。中小学教师做研究一定要强调主题化,这样一方面有利于保证我们研究过程上的延续性,克服"东一榔头,西一棒子"式的研究,避免陷入经常性的"推倒重来""另起炉灶"的尴尬和"只见投入、不见产出"的无奈;另一方面也能使我们的研究围绕主题,以横向拓展、纵向深化的方式不断推进，突显研究内容上的承接性和启发性，更好地成为我们后续研究的条件和基础，或让我们能从以前的研究中生发出新的研究灵感，做到研究内容上的前后承接、不断深化。

32　三问中小学教师如何做教研

一问研究是什么？中小学教师要偏重解决问题的研究；二问研究做什么？学校教研的指向，就是解决学校实际问题，提升教师教育教学水平；三问研究怎么做？最适合教师在学校中的研究，应当是实践加反思型的研究。

【诠释】

一问：研究是什么？教师要做研究，首先必须搞清研究的概念。研究从广义上来讲，包括三个方面：一指大学学者偏重学科体系的研究；二指实践工作者偏重解决问题的研究；三指专业工作者偏重专门的研究。研究具有综合性、复杂性、应用性等特点。那么，对于教师而言，研究究竟有什么功能呢？首先，研究是教育工作的一部分，教育工作需要决策、执行和参谋，而教研恰恰扮演了参谋这一角色，为如何更好地开展工作做好了铺垫；其次，教育研究是科学研究的一部分，既不能神秘化，也不能庸俗化，科学研究有一个很缜密和慎重的定义，即持久而系统地观察一件事情；第三，教育科研就是要将自身和所从事的工作作为研究对象，不断研究、批判、总结经验，从而得以不断发展。

二问：研究做什么？长期以来，许多教师或者像自然科学研究者那样"严谨""精密"地开展教育研究，数据分析、图表说明、实验观察等手段统统上阵，试图寻找教育领域的新规律，发展教育科学的知识内容；或者像教育专业研究者那样，实施教育研究的"专门化"活动。然而，这些研究思路和定位却似乎收效甚微，甚至事与愿违。有些学校的教育科研活动由于指导思想、操作方式等存在偏差，正在步入泥潭，教育科研正在成为学校运行中的"鸡肋"。那么，中小学教师究竟该研究一些什么问题呢？当前学校教研存在的误区分为求新求异、贪大求全、跟风追潮、课题至上、论文情结、穿凿附会六种。其走出这种困境的方案，就是必须明确学校教研的指向——解决学校实际问题，提升教师教育教学水平，促进学校可持续发展。在如何选题的问题上，首先要从实际出发，不要过多地考虑国家的大政方针，因为这些方针的制定实施都经历了一系列科学的调研，所以教师的能力相对有限；不要过多考虑未来的事情，因为未来的一些事情是无法预知的。中小学教师作研究要以我们的事情为中心，以我们现实做的事情为中心，研究一个与自己相关、与实际情况相符的课题。一线教师也可以通过与他人的交流、从他人的研究中寻找亮点等方法去挖掘自己感兴趣的教研选题。

三问：研究怎么做？选准合适的研究课题只是一个成功的开头，要完成一次成功的研究，运用科学的研究方法才是关键。当今社会，可以动用的研究手段有很多种，譬如去图书馆、书店或者在网络上查找资料，作一些调查，或者听取一些名人专家的讲座等。教师站在教育教学工作的最前线，这是一个优势条件，因为教师可以在实践中得到一些有价值的教研选题。以听课、评课为例，教师就可以利用观察来完成自己的研究。通常这样的观察包括以下步骤：首先是对观察对象进行有意识、有目的地选择；然后确定具体的观察目标，制定观察提纲，准备观察记录；最后依据一定的理论对观察作出评价和结论。研究类型主要有四种，即理论研究、应用研究、经验概括和实践加反思。最适合教师在学校中的研究，应当是实践加反思型的。教师的教育研究成果主要有五种表达形式：教育日志、教育叙事、教育案例、教育反思和教学课例。此外还有一些辅助性的成果形式，譬如学习交流的网站、书籍等。无论研究成果以哪种形式表现出来，只要有利于改进教育教学工作，都是有意义、有成效的研究。

33 教师教研的三个层次

教师的教研分为三个层次：第一层次研究教材，第二层次研究教学，第三层次研究教育。

【诠释】

一个优秀教师的成长过程一般经历三个阶段,即研究教材的起步阶段、研究教学的发展阶段、研究教育的成熟阶段。由此,我们可以把教师的教育教学研究工作分为三个层次:

(1)教师成长的起步阶段——研究教材。首先,教师要认真研读课程标准和学科指导意见。每位教师,特别是刚参加工作的新教师必须经常对课程标准和学科指导意见认真研读,反复思考,熟练掌握课程标准的教学目的及对各知识点的要求。总的说来,教师钻研课程标准要做到以下四个明确:一要明确本科目的教学目的和要求,学生必须掌握的最重要的理论和技能是什么,教学体系的结构、主要的思路和逻辑主线是什么。二要明确教材各部分在整个学科体系中处于什么地位,它们之间是怎样联系的。三要明确哪些是教材中的基本现象、基本理论、基本技能。四要明确每个部分具体的教学目的、要求是什么,并据此确定内容的教学档次。教学档次一般分为了解、理解、掌握。其次,教师要认真钻研教材。一要把教材读厚——微观备课。把教材读厚,就是要求教师要在课程标准和指导意见的指导下,对教材精读细研,作深入细致地分析。把教材读厚,就是要求教师在钻研教材时多思考,多发问,对一些重点知识反复思考,将心得体会、疑问或评论和有关的参考资料放在一起,就会感到把书读厚了。把教材读厚,目的是把教材的内涵充分挖掘出来。挖掘地越细、越深越好。这种由薄到厚的过程,是不断思考的过程,是不断提出问题的过程,也是对教材不断理解加工的过程。二要把教材读薄——宏观备课。把教材读厚可以把细节搞清楚,但是也容易只见树木不见森林。因此,教师还必须在精读细研的基础上,借助提要笔记、心得笔记,不断地对教材进行概括归纳,把握教材的要点,掌握其精神实质。只有这样对教材吃透吃深,我们的教学才有明确的方向性。我们才能确定教材的重点和难点,才可以制订出可行的教学计划,才能更有利于学生的学习。掌握了全书的精神实质以后,就会感到书本变薄了。这并不是学的知识少了,而是把知识消化了。

(2)教师成长的发展阶段——研究教学。课堂教学是实施素质教育的主阵地,提高教学质量的关键是改进教学方法。可以说,课堂教学的研究深入与否在很大程度上决定了课堂教学质量的高低。因此,有一定实践经验的教师必须认真研究各个教学细节,不断完善教学过程,才能提高教学质量。教学过程的研究内容有很多,包括教法研究、学法研究和教学手段研究等。教法研究主要包括研究教材的处理方法、教学思路设计、课堂结构安排、教学语言设计、提问设计、板书设计、难点突破的方法等。学法研究主要包括研究学生学习的方式、方法,介绍学习经验,揭示学习的规律,预习、复习和考试的方法等。教学手段研究的重点是研究如何利用教学辅助手段激发学生兴趣,提高教学质量。教学的辅助手段包括挂图、投影、录像、电视等。特别是计算机辅助课堂教学方面有好多问题值得研究探讨。

(3)教师成长的成熟阶段——研究教育。一方面,中小学教师在教学第一线,实践经验丰富,对教育中的许多问题体会深刻,每个教师都有好多经验需要总结,还有许多问题和困难需要解决,所以说,中小学教师需要研究的问题很多。但另一方面,中小学教师存在信息闭塞、资料不足、时间少而散等不利因素。因此,中小学教师的教育研究应侧重以下三个方面:第一,以应用研究为主。中小学教师各方面的条件决定了他们的教研课题应以应用性为主,教师要不断从备课中、从教学中、从学习研究中发现问题,认真思考研究这些问题,从中确定自己的研究课题。这些课题与本职工作结合起来,干什么,研究什么,相互促进。第二,以微观研究为主。所谓微观研究,就是要求教师研究的课题题目要小,把问题讲深讲透。例如,我们可以就一节课的导语设计、课堂小结的方法、词汇的学习等进行研究。由于课题比较小,便于集中精力,容易组织资料,也容易取得立竿见影的效果。第三,以引入研究为主。引入研究就是要从自己的工作需要出发,引入和借鉴他人的研究成果,经过自己的消化和改造,创造性地运用到教育教学工作中去。这种方法比较适合大多数教师的工作情况。

34 如何让研究"接地气"

> 教育研究者"接地气",实质上是研究的思想方法问题。通俗地说,"接地气"就是要讲述学校的故事。

【诠释】

现在大家都在讲要"接地气","接地气"主要是指了解具体情况,参与和接触实践,能够做到理论与实践相结合。教育研究者当然需要"接地气"。要知道"地气"在哪里。"地气"在教育一线,主要在学校。要多了解学校的运行、学校的课程、学校的学生和教师的日常活动,还要了解学校的问题、困难等。总之,要讲述出学校的故事。具体地说,"接地气"有七种途径:

(1)对教育一线要有感情。做教育研究一定要有教育感情。对教育一线的事业充满敬意,对学生和教师满怀亲切,增加对教育中的人和事的情感,这同读书一样会令人充实,会使研究者自觉"接地气"。

(2)向教育实践者学习。研究者首先是学习者,一般来说,研究者读了许多书,有不少的知识,这只是"半截子"的学问。只有在实践中学习,向教育实践者学习,才能形成"站立"的学问。书里的知识是别人的,实践中形成的知识才是自己的。

(3)接触教育一线必须亲力亲为。即研究者本人亲自参与教育一线的具体事务和活动,获得亲身感受。偶尔一两次不行,更不能道听途说,亲力亲为应该成为一种研究习惯。

(4)发现教育智慧而不是记录教育事实。在教育一线进行教育观察,面对人见人有的教育事实,教育研究者不能满足于选择案例和记录事实,而是要发现教育一线中体现的教育智慧,发现教育发展中存在的真实问题。

(5)讨论教育问题要有针对性。教育研究者与教育一线同仁接触,总要就一线情况讨论问题,研究者要明白对方关注的问题,知晓焦点问题,靠拢共同话题,切不可不着边际的夸夸其谈,或者只讨论自己熟悉的话题,回避教育一线的核心话题。

(6)说教师听得懂的话。教育研究者虽然是做研究与学术工作的,但要注意用学术性、研究性思路讨论教育具体问题,说教师听得懂的话,不要以为自己具有话语权,一味用单纯的"学术"概念及语言自说自话。

(7)提供切实的专业服务。这是"接地气"的根本体现,教育研究不是写论文评职称的工作,主要任务是研究教育教学问题,为解决教育教学问题提供专业服务。如果难以提供切实可用的咨询建议、解决方案等专业服务,那就真成了名副其实的脱离实际的"假、大、空"理论。

35　高效教研，主题提炼是关键

高效教研，主题提炼是关键。要围绕教学重点、教学难点、教学热点、教学方法提炼教研主题。

【诠释】

目前很多学校的教研活动没有收到预期的理想效果，仔细观察不难发现，不少教研活动看似发言踊跃，事实上却徒有其表，教师仅针对一些教学的细枝末节反复讨论，浪费时间，更难有实质性的收获。有的教研讨论漫无边际，不分主次，缺乏中心，结果也收效甚微。笔者认为，要想提高教研活动的质量，教研组长要学会提炼教研主题，引导教师去探究解决问题的关键环节和有效方法。

（1）围绕教学重点提炼教研主题。在学科教师深入学习、领会课程标准后，教研组长或者学科带头人要把研究小组成员的思想统一到教材的教学重点上来。一些教师提出的琐碎问题，教研组长要认真记录、归类，留出专门时间解决，以免冲淡此次教研活动的主题。教研活动开展前，应引导相关教师关注本章节或本单元的核心话题，明晰教学重点元素，分类划分主题，逐一研究解决。在讨论问题时，要善于甄别，注意分清主次，要敢于取舍，以便抓住重点，从而形成本次教学研究的主题。

（2）围绕教学难点提炼教研主题。教学难点通常是学生不易理解的问题或不易掌握的技能技巧，有时可能是由于新授课内容与学生已有的认知水平存在较大落差。难与易是相对的，也是因人而异的。教师必须了解"学情"，即要提前对本班学生的实际水平和能力进行深入的调研，然后，做出相对准确的判断，并以此为根据去预测教材中的"难点"，进而努力寻求破解之道——运用恰当的教学方法，选择合适的教学形式，使用得体的教学艺术。

（3）围绕教学热点提炼教研主题。在同一学科教学中，同一篇课文会有不同的教法，同一个例题会有不同的解法，同一个知识点会有不同的说法。同时，不同学科也会出现不同的教学热点。此时，教研组长、学科带头人、学科教师要认真汇总当前人们关注的教学新理念，理清新思路，提出与本学科紧密相关的有研究价值的核心问题。

（4）围绕教学方法提炼教研主题。优秀教师与普通教师的本质区别在于理念的差异和方法的优劣。优秀教师方法灵活多样，会依据学生实际情况不断寻求适当的教学方式，而不是生硬照搬——他们会批判地借鉴他人的好方法促进自己教学质量的提升。教学方法是教师的课堂谋略和策略，有助于解决教材重难点问题，成为提升课堂教学质量的有力抓手。一些教师习惯了按部就班的教学，不思方法创新，因此从教学方法中提炼教研主题，有助于促进教师的专业成长。

36　做有实效的教研

> 学校教研要做到：研究问题和研究教师并重，学科内教研和学科间教研兼顾，自上而下教研和自下而上教研互补，教研组活动和项目团队活动结合。

【诠释】

教研的有效性关乎教学改革和教师专业成长的有效性。针对教研中的问题，提高教研的实效性，学校教研需要在以下四个方面有所变革。

（1）教研指向：研究问题和研究教师并重。观察中小学教研活动的现状可以发现，研究教学内容和教学方法是既有常态，研究教师专业成长尚未成为普遍的自觉。由于对人的研究存在缺失或不足，人的专业成长问题没有得到很好的研究和解决。这样，一方面是对问题的研究往往陷入"头痛医头、脚痛医脚"的低水平重复；另一方面是教育教学实践中大大小小问题层出不穷，最终导致教师疲于研究。因此，中小学教师要把自身的专业成长纳入研究视野，把研究自己放在研究的首要位置。

（2）教研视域：学科内教研和学科间教研兼顾。当今的中小学，学科内教研是既有的教研常态。而实践证明，学科内教研和跨学科教研兼顾应该成为学校教研的最佳教研常态。这就要求学校要鼓励和支持教师之间的跨学科教研，组织跨学科的观课议课活动，引导教师通过跨学科教研培养高素质教师人才。教师不仅要积极主动地参与学校组织的跨学科教研，而且要自觉选择其他学科的优秀教师作为跟踪观察和研究的对象,以便从他们的课堂上获取成长营养。另外,教师还要主动向其他学科的教师开放自己的课堂,邀请其他学科的教师听课和指导。

(3)教研路径:自上而下教研和自下而上教研互补。一般来说,教研的路径主要有两条:一是自上而下的教研,二是自下而上的教研。自上而下的教研,研究问题的提供主体是上级教研部门或学校,研究路径是上级教研部门或学校提出经过论证的研究方案,交付教研组组织教师进行研究。自下而上的教研,研究问题的提出者是教师,教师针对自己教育教学中遇到的问题进行研究,再上报上级教研部门或学校。两种研究路径具有不同的背景和实际效用,学校教研的新常态应该是自上而下教研和自下而上教研两种来源、两条路径互补。

(4)教研活动:教研组活动和项目团队活动结合。当下的教研活动主要是以教研组(或备课组)活动的方式进行,新常态的教研活动应该是教研组活动和项目团队活动结合。项目团队包括以共同兴趣爱好为基础的团队,以解决共同关心问题为目的的研究团队,以参与共同活动的任务团队等。项目团队因项目产生而诞生,因项目完成而结束。学校不仅要加强教研组等常设教研团队建设,而且要重视项目团队的建设和发展。要合理配置教研组活动和项目团队活动的教研活动时间,在经费、场地、图书资料、专家服务等方面给予项目团队以充分的支持,要搭建平台交流和展示项目团队的教研成果。教师要根据自己的需要和实际,不仅积极完成教研组布置的相关教研任务,而且要选择自己感兴趣、有帮助的项目团队,在项目团队活动中主动参与、积极贡献,在活动中找到自己的位置,实现自己的价值,从而得到进一步锻炼和成长。

37 如何开展主题教研活动

开展主题教研活动,大致要经历以下过程:筛选问题,确立主题;专题学习,提高认识;集体备课,课堂实践;主题研讨,反思教学;及时总结,反复试验。

【诠释】

主题教研活动,就是教研组(教师)把平常教学中碰到的问题,经过整理、归纳、提炼,筛选出具有典型意义和普遍意义的问题,转化为自己在教学过程中研究的课题;以课题研究的形式来统领每个教师的教研活动,从而形成教师之间合作、交流、共探、共思、共享的教研活动机制和模式。通俗地说,主题教研活动就是教研组的教研活动围绕一个确定的主题进行。这个研究主题地提出来自于教学实践,源于教学中存在的问题。这个问题既是大家在教学中感到困惑的问题,又是亟待解决的问题。开展主题教研活动,大致要经历以下过程:

(1)筛选问题,确立主题。研究始于问题,问题是校本主题教研的出发点和开展主题教研活动的起点。这就要求在确立教研主题时做到:第一,问题的设计要与教学实践直接联系,是教师最棘手的教学问题,是解决教师自己的问题、真实的问题、实际的问题。第二,问题的设计要具有典型性,是共性问题。第三,问题的设计要有潜在的价值,解决后能有效提高教育教学效率,改进教育教学行为。第四,问题的设计还要有解决的可能性,难易程度适中。

(2)专题学习,提高认识。教研组长要让每个参与者围绕教研主题,学习有关理论,参阅有关资料,写成发言提纲。确保主题教研活动有人讲、有话讲,要讲出水平、讲出新意。

(3)集体备课,课堂实践。主题研讨课是对教研主题的课堂实践,是对教研主题预设的印证,是实施主题教研有效性的保证。教师要思考在研究中如何改进教学,如何提高教学效率,如何提高教学质量,如何把自己的设想变为课堂教学的现实,并通过课堂教学实践对预设进行不断验证。

(4)主题研讨,反思教学。主题研讨会是主题教研活动的关键环节,反思的形式有执教者反思、同伴反思。反思的问题有"我为什么要这样做?""我做到了吗?""我能不能做得更好?"从教学理念、教学目标和教学效果等方面展开研讨。这一环节要求教研组的每个教师既是主题教研的参与者,又是主题教研资源的提供者。通过教师的实践与反思,实现相互学习、相互培训之功效。

(5)及时总结,反复试验。教学研讨是有效的教研活动,然而行为跟进更为重要,它是主题教研的重要一环。教研组长要求本组教师人人写出书面总结,对试验教学进行剖析,总结成功做法,找出失误之处。这样,既能对以前取得的经验在理论上升华,也为下一步教学试验预想解决措施。"预想—试验—总结—再预想—再试验——再总结",这个教学试验行为要体现在整个主题教研过程中。

38 一线教师怎么"研"

> 一线教师要用"实"字来进行研究:研究目标讲实际,研究过程重实践,研究效果求实用。

【诠释】

一线教师要用"研"来发展自己,就要用一个"实"字来开拓研究的空间。怎么"研"? 就是用"实"字来进行研究:研究目标讲实际,研究过程重实践,研究效果求实用。

(1)研究目标讲实际。一线教师身处教学的最前沿,要说"实际"应该是最有发言权的,但多数一线教师把握的是教学的实际,缺乏的是研究的实际,立足实际和探究实际是一线教师的研究基础。第一,立足实际。一是要有合适的期望值。研究者必须首先研究自己,自己现阶段的知识积累,自己的观察力、信息处理能力、语言应用能力等各方面的综合状况,研究自己的长项与弱项,进而与他人作比较,在反复衡量后再确定自己的研究方向。不要妄自菲薄,也不要夜郎自大,要心态平和地调整自己的期望值。二是正视困难。我们在研究过程中总是要碰上困难的。一线教师的研究是业余的,筛选有价值的问题、保证研究时间和谋求研究质量等都是横在研究者面前的困难,信息资料和外部环境压力也可能造成研究者的心灰意冷,同伴互助的乏力和向上求助的无门也可能对研究者造成重挫。我们要直面困难、冷静分析才有望寻找办法加以解决。第二,探究实际。一是热点问题。一般说来,教育问题都是热点问题。一线教师无法回避热点,但不一定非要研究热点,一线教师真要凑研究热点问题的热闹,还是必须注重联系周边实际。二是冷门问题。一般说来,教学问题基本上是冷门问题,学科问题和公共的教学方式方法等问题,是一线教师研究的重头戏。众所周知,即便是同一研究项目,只要时间、地点不同,学生、教师不同,学校文化及其积淀不同,研究者的视野、兴趣、投入时间不同,甚至只要切入点稍有差异,就会有新的项目、新的课题。是冷是热,关键取决于研究者自身。

(2)研究过程重实践。一线教师都有丰富的教育教学实践经验,但教育教学实践不能等同于研究实践,绝大部分教师其实是停留在简单的零碎的无条理的研究里。教研的气氛、科学的方法、系统的操作还有待身体力行。第一,说实话。长时间与学生的交往,迫使教师经常使用"善意的谎言",而在研究的实践过程中,不管出于什么意图的谎言都必须坚决杜绝。研究实践允许失败,却不允许虚假。在接受指导帮助时要与他人讲实话,在自我反思时要跟自己讲实话,对自己说实话应该是最容易的,所以教师的研究更多的应是独立的研究。教师的发展取决于研究,研究肇始于问题。教师要会为师、会教学、会研究,就要在教学生涯中养成问题意识,有问题才有研究,有研究才有创新。研究者应该先回答自己的问题,我是个研究者吗?我的问题明确吗?我的问题来自哪里?我的问题自己能解决吗?我的问题有多大价值?说实话是需要勇气的,也是需要习惯的。第二,办实事。研究是一个过程,从计划、实施到结束,是一个时间推移的过程,这个过程由许多具体的小事连缀而成。任何一项研究都是复杂的,都必须脚踏实地。在研究的前期阶段,要筛选问题,要确定研究的主体,要预定研究的时间、步骤和结果,是独立研究还是合伙研究,合伙研究还得有牵头的召集人,有比较合理的分工,研究成果的表现形式,各研究时间段的工作程序,如何检查落实等。在实施研究阶段,重在资料的搜集和信息的处理,观察、理解、沟通、分析、判断、综合等能力的运用,各种知识储备的启用,智力与非智力因素的作用等,众多问题错综复杂,纷纭交织。在结束阶段,或者是因无力推进而没有结果,或者是他人已先发表成果而自己不得已望洋兴叹,或者就是执笔谱写凯旋曲了。研究成果最终是要靠文字来体现的,这是最后的冲刺,研究者的文字功底和心血结晶就维系于这文字之中。文字写成后还有自我评价与成果转化问题,以及平心静气对待他人评价等问题。可见,科学的研究实践总是与艰辛为伴的。

(3)研究效果求实用。一般来说,专家可以搞大的、理论性的研究,一线教师一般只能做小的、贴近实际的研究,所以更在意于研究效果。第一,有效。一是短期成效。一线教师的研究多半是事例充足而理论苍白,缺乏进行长期研究的指导思想,浅尝辄止,这其实也是当前风行的浮躁风的一种表现。但有研究总比不研究好,有研究起码粗知研究的滋味,了解研究的方式方法,了解一些研究者的心态,知道怎样研究有望获得成功和怎样研究容易遭遇失败。倘若获得成功,还容易激发继续研究的热情,探寻进一步发展的路径。短期成效如要再行扩展,就需要学校管理者、研究方面的先行者的引导和鼓励,需要同事的认可和支持。二是长期成效。研究者要有长期成效,关键在于养成良好的研究习惯。自主意识和问题意识是研究习惯的先决条件,有自主意识才能积极主动,自觉投身于研究,才不会轻易被人左右,不会见异思迁;有问题意识才能随时随地观察问题,发现问题,才乐于思考和解决问题。一线教师要取得长期成效,很重要的一个方面是必须努力提高自身的理论素养,避免盲目乱闯。第二,有益。一是失败的教益。每个人都渴望成功,但成功总是青睐少数派。研究就好比探矿,充满艰辛也充满变数,失败也是结果之一。对研究者而言,要从失败中获取教益,弄清失败的原因,避免重蹈覆辙,寻求通向目标之路,鼓励自己"没有过不去的坎";对同行而言,要以宽容之心待人,宽容错误,宽容失败,帮助同事分析问题,推动同事重新投入研究。失败也是研究的资源,认真总结可以使更多的人获益。二是成功的实益。成功的价值是难以估算的。自己的成功可以影响自己一个阶段甚至一生,还可以影响身边的一些人甚至改变某种氛围。研究成功才能从根本上促进教师的发展,教师发展了才能全面提高教育教学的质量,因而教研兴校得益的不仅仅是参与研究的教师个体,更是师生和学校,是有良好习惯养育的一代又一代人。

39 走进教研的三重心境

　　中小学教师要真正走进教研,需要有三重心境:一是甘于寂寞,二是不安于现状,三是笔耕不辍。

【诠释】

　　(1)甘于寂寞。纵观我国一些著名特级教师的成长之路,均可说明教育教学研究最重要的一点,就是要有一颗甘于寂寞的心。由于市场经济的冲击,尤其是在当今物欲强烈的社会大环境中,拥有一颗耐得住清贫、守得住寂寞的心,才可能从普通的"草根"做起,从基层的课堂入手,行走在教育教学研究的蹊径之中。

(2)不安于现状。教育教学研究最大的敌人莫过于安于现状、不思进取的心态。那样的教学,是僵死的教学;那样的教研,是呆板的教研。既无生机,也难有创新。所以,中小学一线教师要有一颗不安于现状的心态,注意多观察身边人的课堂,不断地反思自己的课堂教育教学效果,不断寻找课堂教学的难点和热点问题,并尝试找到解决问题的思路和办法,由此引发教育教学问题的不懈研究。如果教师带着一系列的课堂问题去参加教研,就不自觉地进入更高、更深层次且具有普遍教育教学规律的学科探究之中。这时,教研就由案例式反思推升到规律性课题的研究层面,教研视野在"困惑—解决—产生新的困惑"的反思与实践中不断向前,持续的教研动力便随之产生。

(3)笔耕不辍。教研的快乐,一是源自于问题的解决,但这种快乐是片段化的,是短时的快乐。二是源自于教研成果的推广,这份快乐更坚实、更持久。因为,教研的意义还在于成果的推广和运用,在于带动和帮助更多的人解决困惑。这种更大范围的辐射和帮助会让你有一种更大的成就感。所以,教研更深层次的境界应该是着眼课堂聚焦问题,跳出课堂发现规律,总结经验推广成果。在这一层面中,笔耕不辍是一种持久而快乐的体验。通过文字传播教研,受众更多,影响更大,教研成果更能散发出更多、更迷人的芳香。

课题研究篇

中小学课题从研究的性质上,可以分为理论性课题和应用性课题;从资料来源和时间上,可以分为历史性课题和现实性课题;从研究的内容上,可以分为综合性课题和单一性课题;从研究的手段上,可以分为实验性课题和描述性课题。

课题研究重在应用,选题要得真传,设计要见真迹,操作要守真心,呈现要有真知,管理要显真空。课题研究要立足"小"字,注重"真"字,突出"新"字,追求"实"字。

常用的课题选题方法主要有问题筛选法、经验提炼法、资料寻疑法、现状分析法、意向转化法等。课题的选题一般经历四个步骤:调查研究,提出问题;归纳整理,分析综合;提出课题,设计设想;模拟研究,初步论证。一线教师选择课题,一要选教育科研的前沿课题,二要选应用研究型课题,三要选主观条件比较成熟的课题,四要选客观条件比较具备的课题,五要选大小较适宜的中观、微观课题。

教研课题的论证一般包括论证准备、开题论证、综合论证三个环节。研究的方法主要有观察法、问卷调查法、行动研究法、经验总结法、实验法、案例研究法、个案研究法、文献研究法等。

课题开题报告主要包括:课题名称;课题核心概念界定;本课题国内外研究现状;课题研究目的、意义;课题研究目标;课题研究主要内容;课题研究方法;课题研究步骤和计划;课题预期成果及表现形式;完成课题可行性分析;课题研究保障措施等。中期报告的内容主要有四:一是课题前期开展的主要研究工作;二是课题前期的阶段性研究成果;三是课题研究过程中遇到的问题与困惑;四是课题研究的下一步思路与打算。研究报告的一般格式:题目、署名、内容提要、关键词、前言、正文、问题和讨论、附件等。

40　中小学课题研究要走出困境

　　中小学课题研究要走出困境，再不能热热闹闹立项，马马虎虎开展，真真假假研究，简简单单结题，冷冷清清应用。

【诠释】

　　在中小学课题研究的过程中经常出现有"两头"（申报与结题）没"中间"（研究过程）的现象，即课题立项时填几份表格申报，结题时整一摞材料对付。出现了课题立项时热热闹闹，研究过程中马马虎虎，中期验收时真真假假，结题评审时简简单单，一旦课题结了题又冷冷清清不应用不推广的现象。出现上述困境的原因固然是多方面的，但主要原因还是不少教师不懂得如何做课题研究。

　　中小学教师做课题研究，不同于专门的研究机构，也不同于高等院校的专业研究。中小学教师从事课题研究具有基础性、兼职性、草根性的特点，多为微观的实践性研究。教师要结合自己的工作实际来进行课题研究，不一定要求有多么完整的理论体系框架，它基于教育教学，来自教育教学，为了教育教学，属于校本研究的范畴。

　　中小学课题研究的大致思路为：发现问题—提出问题—学习理论—深化思考—梳理思路—精心设计。教师在日常工作中做个"有心人"，经常思考一些问题，然后锁定目标，学习钻研有关这一问题的理论知识，尽可能多地搜集关于这一问题的研究资料。继而深入思考自己提出的问题，拓展延伸，左勾右联，打开思路，开阔视野，兼容并蓄，海纳百川，让自己在这一问题上成为"专家"。然后，潜下心来做好行动研究设计，细化研究步骤，科学分配时间、人力、财力，完成初步设计。最后，咨询约请专家帮助把把脉、提提建议。

　　课题研究不是作秀，不是为研究而研究，研究的成果不能束之高阁，必须抛弃课题研究的功利性动机，追求研究成果效益的最大化。课题研究来自实践，回到实践，指导实践，以提高教师的教育教学实践能力。

　　科学的宗旨是教人求真，做课题要耐得住寂寞。要有科学的知识，科学的精神,科学的美德,来不得半点虚伪,不追风,不赶潮,不搞形式主义。感兴趣,真热爱,有恒心,把课题当事业来做。同时课题研究要有团队精神,要团结合作,用好骨干,分工不分家。课题主持人是课题研究的灵魂,既要会干,又要会领着大家干。

41 靠"编辑"而成的中小学课题研究当休矣

> 中小学开展的课题研究,大多是一人即可完成,其研究的内容大多是网络上搜来的,其研究的过程多是纸上谈兵。这种没有研究成分的功利性的课题研究,不研究也罢。

【诠释】

当今,中小学"课题研究"开展得如火如荼。每当上级教研部门下发课题研究文件后,各校纷纷组织教师申报,从立项开题、人员组织、中期检查到结题、成果鉴定,表面上看各个环节都很正规。

但事实却并非如此。中小学课题研究的成果,并没有多大可借鉴、可利用、可推广的价值。一些中小学教师搞课题研究,就是编好开题报告、中期报告、结题报告,最后交上若干"课题鉴定费",换回一个大红"结题证书"而已。

首先,中小学开展的这些课题研究,大多是"一人"即可完成。课题立项后,很少组织召开课题人员会议,即使召开会议也是拍照会议,留下照片放入档案留作检查之用。课题负责人是领导的,一般会召开一次分工会议,把整理材料的任务分给能撰写材料的某个成员,其他成员就不用参与了;课题负责人是普通教师的,连会议也免了,一切编写材料的工作由负责人一人承担,其他成员基本就是个摆设。

其次,中小学课题研究的内容,大多是网络上搜来的。开题报告、中期报告、结题报告等相关内容完全可以从网络上查找、下载,然后删一删、改一改、添一添,整理成篇,上交完事。而课题是怎样研究的,研究的过程等一概忽略不计。即使是调查问题,也是模仿网络上的材料打印,或发给几个班级,或发给几个教师,然后收集装订成册,放在文件盒留作检查之用。至于其中的数据,多是网络上的,比自己计算的还准确,一切都是为了"留痕"而已。

再次,中小学课题研究的过程,多是纸上谈兵。除了开题报告、中期报告和结题报告等必交材料外,课题的研究过程、步骤、措施等也只是备查资料,所有的中期、结题等研究结果,并不是在实践研究探索中获得,只是借鉴网络中相关研究成果资料修修改改、添添补补而成。

更为突出的是,中小学课题研究的目的具有较大的功利性。对于单位而言,学校的研究课题越多,考核学校的加分项就越高;对于课题研究人员而言,拿到"结题证书"后,就成为评职晋级的重要加分条件。所以,中小学课题研究,表面上看很高大上,其实对学校的发展、学生的成长、教师的业务提高并没有起到太大作用。

总之,中小学这种没有"研究成分"的功利性的课题研究,不研究也罢。

42 课题:紧盯"五要",做真研究

　　中小学课题研究涉及选题、设计、操作、呈现以及管理五个方面,强调的是精品意识与行为,关注的是规范与创新,要做到:得真传、见真迹、守真心、有真知、显真空,从而做真课题。

【诠释】

中小学开展课题研究,目前基本完成了量的扩张。但是对课题研究水平、成果质量、课题研究与教师专业成长相关性的质疑时有发生。其实,从某个角度来讲,人们对课题的怀疑是从假研究开始的。那么,如何做真研究,从而提高课题研究的质量呢?

(1)选题要得真传。课题的选题要继承真传。所谓真传,就是要基于现实:一是本校现状,二是同一领域研究现状。它是选题的实践基础和理论基础。首先要摸清教学现状,确定选题范围。教育教学质量是学校的生命,课题研究只有奏响学校生命的旋律,才能扎根于学校,才能走进广大教师的心田。可以通过问卷调查、访谈、座谈等形式收集相关数据,认真分析,

形成对学校教育教学现状的基本认识，筛选出选题范围。其次要理顺课题脉络，找到选题重点。学校已经完成或正在进行的各级各类课题，是学校再次申报课题的重要基础，是选题必须考虑的因素。我们可以把这些课题像珍珠一样串联起来，找到选题重点。再次要认清研究趋势，明晰选题入口。我们要从文献中寻找国内外已有的研究成果，分析其研究内容，探求其与自己选题的联系与区别，明晰自己的创新点，从而确定选题的切入口。

（2）设计要见真迹。真迹，原指出于书法家或画家本人之手的作品，这里指课题研究的真问题的轨迹。课题设计离不开真问题，其方案、计划、活动安排都需紧紧围绕相应的各层次的问题展开。但是长期形成的学术思维定式却使我们经常忽视眼前的问题，以至于丧失了对于这些问题应有的意识。因此，要增加教师的问题意识，激发其参与的积极性，从而做到捕捉真问题来分层设计。第一，聚焦三大问题，多轮设计方案。一个课题，有三大问题必须反反复复思量。那就是目标上的层次性问题、内容上的系列性问题和方法上的适切性问题。它是课题研究的三大基本问题，关系到研究思路的清晰程度和可靠程度。对于研究方案，一般要经过两次修改，第一次是在开题论证之后，第二次是在中期评估之后。无论是撰写还是修改，都要对这三大问题进行重新思考、仔细斟酌。第二，锁定阶段问题，合力拟定计划。在课题研究的各个阶段，都会遇到不同的问题，这些问题往往是在研究中积累的矛盾和形成的困惑。阶段问题研究的关键，是研究者必须根据问题本质的内涵与外延去设计、调整研究计划。我们可以把它们和盘托出，多方论证，共同谋划，拟定切实可行的计划，合力解决这些问题。第三，放大焦点问题，动态设计活动。课题研究的某些问题，由于受到各种因素的影响，很难完美解决。倘若没有处理好这些问题，课题研究就会流于形式，浮于表面，难以让人信服。这样的问题就是焦点问题。对其可采用"放大"策略，根据其动态生成情况来设计活动。所谓"放大"，是指根据其内涵形成系列专题，通过集体研讨、与专家对话、查找文献等活动来拓展思路。

（3）操作要守真心。所谓"守真心"，就是指真心实意地去寻找突破口来优化操作流程。第一，设置区域要点，着力操作水平。课题，若想高质量地完成任务，就需要形成操作要点。对要点进行规划，必须区分阶段性要点和区域性要点。所谓"阶段"，是指课题研究过程上的准备、研究、结题三个阶段。所谓"区域"，是指构成课题的各个部分、各个子课题。纵观一些课题研究的失误，往往是把操作要点当作散点处理，分散精力，如仙女散花一般，不能构成系统,不能形成亮点。我们可以把阶段性要点作为数轴的横轴,把区域性要点作为纵轴,以落点的疏密来规范操作,做到主次得当,疏密有度,从而努力提高操作水平。第二,推进树形流程,守住操作底线。设置操作流程,是鉴于课题研究本身特性而定的。课题研究是一种有目的、有计划的相对自由的活动,其研究结果(成果)往往成为支撑其功效的重要基石。换句话讲,"流程"易为"结果"所遮蔽。事实上,就每个课题而言,有操作流程;就其每个子课题而言,也有各自相对独立的操作流程。这就形成了流程的树形般的主干与枝干。推进树形流程,既能保证总课题研究顺利展开,又能保障子课题研究的质量要求。这就守住了操作的底线。

(4)呈现要有真知。评判课题成果质量的关键是看它对于人们认识和实践的影响力。课题研究成果的呈现,其"精彩"在于"真实""朴素""生动""丰富",不仅在于数量多,而且在于成果是真知灼见,在于理论指导实践,在于实践印证理论。对"成果"要存"敬畏"之心,对"呈现"要存"谨慎"之意。第一,梳理实践经验,真实确认成果。在一个特定的语境中,与"学术"进行对话,容易产生偏见。自由生长是课题研究的要旨,只有自由生长的课题其学术性才能是真的。但"自由",不是无组织的,"生长",不是无意识的。对因课题研究而产生的实践经验,要静下心来进行梳理,甄别真假,挤掉水分。因为教育实践具有一定的多样性和差异性,必须不断地通过教育实践的改善来提升教育实践的合理性,否则将会影响到教育实践效应,使其难以完成所承载的保障性追求。可以邀请专家辨别,明晰其可操作性;可以与同事畅谈,倾听其意见;也可以查阅文献,了解其原创性。第二,完善理性认识,慎重推介成果。在课题研究中,不管是由实践经验提炼出来的理性认识,还是由文献归纳直接得出的理性认识,都要不断地进行反思,以去粗存精,然后向各媒体进行推介。我们可以基于研究事实对课题成果进行深入思考,促使认识从混沌走向清晰,引发对成果的审视从真实性、有效性走向合理性。

(5)管理要显真空。课题,若讲管理,是很容易步入功利的怪圈的。条条框框,白纸黑字,要不禁锢人还真难。古代圣人孔子再三呼吁"从心所欲不逾矩。"当代学者钱理群则进一步指出,"学术研究是个人独立的自由的精神劳动","这是不能管的,更不能乱管"。因此,笔者主张转换角色实施影子管理,在管理的真空地带显示出课题研究的真相。第一,彰显两种角色,营造影子氛围。中小学教师做课题,自己的角色定位不容忽视。很多教师认为,自己只是课题的研究者,不是管理者。而课题主持人、负责人则认为自己是课题的管理者,不是研究者。这种认识是把研究者与管理者截然分割开来。其实,教育研究一定要有对结果负责任的意识,并由此寻求有意义的能动行为。也就是每个人既是研究者,也是管理者。因此,管理的重点在于引导每一位课题组成员在研究者与管理者之间,不断转换角色,实施影子管理。作为研究者,承担研究责任,实事求是按实施方案来研究;作为管理者,承担管理责任,剖析实际情况及时完善研究计划。所谓"影子管理",是指学校放大行政直接管理的真空,通过提供研究平台、制度来实施间接管理,研究项目由研究者共同分担、相互约束、自我管理。第二,搭建三二平台,规范研究资料。一般情况下,学校可以搭建三二平台来夯实过程管理,规范研究资料的形成、分析与保存,从而落实"谁付出、谁受益"的原则,给教师创造更多展示、发展的机会。具体来讲,"三二"平台中的"三",是指活动展示平台、成果推广平台、信息管理平台;"二",是指三大平台各有两个子平台来支撑,活动展示平台含理论学习平台、实践展示平台;成果推广平台含提炼平台、发布平台;信息管理平台含电子台账平台、信息交流平台。

43　课题与项目不能等同

> 　　课题是人们从事研究前人或同时代的人还未认识或解决的问题;项目是由若干个彼此有联系的课题所组成的一个较为复杂的、带有综合性的科研问题。课题是科学研究的最基本单元,课题的有机组合形成项目。

【诠释】

　　所谓课题,是人们从事研究前人或同时代的人还未认识或解决的问题,它具有较为单一而又独立的特征。例如,"两种不同教学方法对提高学生学习能力的效果比较研究""克服中学生学习焦虑情绪的实验""教师素质与岗位培训相关研究"等。

　　所谓项目,是指事物分成的门类,或者说是由若干个彼此有联系的课题所组成的一个较为复杂的、带有综合性的科研问题。例如,"学校教育综合改革实验研究"就应称为科研项目,而不应称为课题。它可以包含以下一些课题："综合改革实验的目标与评价研究""幼小、小中衔接研究""课程、教材、教法综合改革研究""德育、美育、体育、劳动教育综合管理研究""学校与家庭、社会教育的沟通和联系研究"等。

　　课题与项目既有区别又有联系。一方面，课题是科学研究的最基本单元，课题的有机组合形成项目。另一方面，课题与项目的划分标准也是相对而言的。对某一个研究者或研究群体来说，也可以从单个的课题入手，不断深入，形成系列的课题，从而组成项目。或者承担一个项目后，分成若干个课题逐一进行研究，最终取得较大的突破。

44 课题研究重在应用

　　不搞课题研究，是满足现状的教师；只研究不应用，是贪图虚名的教师；既研究又应用，是积极进取的教师。

【诠释】

　　时下在中小学教师队伍中，对教育教学课题的研究与应用情况可以划分为三种：有30%的教师是满足于现状，从不涉猎课题研究，或者只在课题组的名单中挂个名，从不参与过问课题研究。有60%的教师是为了评职称、当先进或者其他需要，对课题只"研究"不应用，他们或者"闭门研究"，对课题架空操作，并没有开展实质性研究；或者"刮风研究"，在课题申报时一哄而起，生怕拉下了自己，当课题申报成功进入研究阶段又一哄而散，担心缠上了自己；或者"应景研究"，在课题开题时编撰一个开题报告，到结题时匆忙拼凑几篇达不到报刊发表水平的论文或者组装一个厚厚实实的结题报告了事。只有不到10%的教师积极进取，既积极申报上级教研部门下达的教育教学课题，又脚踏实地一步一个脚印真研究真实验，最终取得一定研究成果，并把课题研究成果应用到教育教学的实践中去，在实践中加以完善和发展，取得了课题研究的积极效果。

　　对教育教学课题只研究不应用，当戒；为课题既研究又应用者点赞！

45 教研课题的类型

> 从研究的性质看,可以分为理论性课题和应用性课题;从资料来源和时间看,可以分为历史性课题和现实性课题;从研究的内容看,可以分为综合性课题和单一性课题;从研究的手段看,可以分为实验性课题和描述性课题;从课题选定形式看,可分为新开课题、结转课题、委托课题、自选课题等。

【诠释】

教育是一个广阔的研究领域,蕴含着丰富的研究课题。教研课题从不同的角度可以分为不同的类型。

(1)从研究的性质看,可以分为理论性课题和应用性课题。教育规律的探索,方法论的研究,有关现象特点的揭示,某些教育观念、教育思想的分析等都可以视为理论性课题。如"我国中小学校园文化建设研究"。这类课题一般不针对某一具体教育现象,其研究成果具有较广泛的指导意义。针对教育的具体实践,为解决教育实践中某一个领域或某一方面的具体问题展开的研究,属于应用性研究,如"××教学法的实验及应用研究"。应用性研究的成果一般可以直接用于教育教学实际。

(2)从资料来源和时间看,可以分为历史性课题和现实性课题。前者主要是通过对历史资料的分析,探讨不同历史时期教育的特点,揭示教育的规律,吸取历史经验和教训。后者主要是通过对现实教育资料的研究,认识和解决现实教育中的问题。其中也包括建立在现实基础上的教育预测及未来教育研究。

(3)从研究的内容看,可以分为综合性课题和单一性课题。综合性课题主要是指同时涉及教育若干领域或若干方面内容的课题。如"××市中小学教育综合改革研究"就是综合性课题。综合性课题一般要分成几个分课题,组织较多的研究者协作完成。单一性课题主要是对教育教学的某一方面或某一现象进行探讨,如对学生的学业成绩研究、对教材教法的研究等。

(4)从研究的手段看,可以分为实验性课题和描述性课题。前者主要是指通过实验设计来实现研究目的的课题。后者又称论理性课题，主要是指通过调查研究、资料分析、逻辑推理等手段实现研究目的的课题。

（5）从课题选定形式看，可分为新开课题、结转课题、委托课题、自选课题等。新开课题，即当年经过反复评议、论证新列入年度计划的课题，这类课题是当前、当地教育发展和教育改革中居重要地位又是当前亟待优先研究的课题。结转课题是指上一年或更早时间开设尚未完成的课题，对这类课题是否继续研究，应取审慎态度，既不能轻易放弃，也不能不看实效与条件继续从事徒劳无益、事倍功半的劳动。委托课题是指有关部门委托研究的课题，这类课题属协作性质，它对于完成一些规模较大的科研项目是必需的、有益的。自选课题则是指研究人员自己选取的课题。

46 如何选择课题

> 课题研究立足"小"字，注重"真"字，突出"新"字，追求"实"字。

【诠释】

课题的选择，是教育科研的起点，它关系到教育教学研究的方向、成效、价值与意义。为此，一线教师要开展课题研究，必须选准课题。选择课题要注意以下几个方面。

（1）课题研究立足"小"字。确立的课题题目"小一点"，便于教师研究，易出成效，且研究周期也不会太长。教师可以参加通过自主探究以优化自己教育教学行为的"小"课题研究，也可以将上级下达的重点课题结合自身教学实际选择一个"子课题"，以增强课题研究的实用性和可操作性。

（2）课题研究注重"真"字。课题研究内容"真一点"，即教师要以教育教学中所遇到的各种问题为研究对象，以自主研究为主要方式，以解决自身平时教育教学中的困惑为根本目的展开课题研究。在课题研究中，教师既要围绕课堂教学的真实情景和真实事件，研究带有共性的问题，又要在教学的同时以研究者的身份，用研究者的眼光去审视课堂教学中出现的个性问题，通过课题研究使课堂教学实现共性与个性的统一。

（3）课题研究突出"新"字。所谓"新"，即选题既要符合学校的实际情况，又要符合新课改的要求，还要有时代感，有生命力。在开展教育教学研究时，应把课堂教学作为课题研究的主阵地，以新课程理念为导向，以新课程实施过程中所面临的具体问题为对象，不断探讨新课程实施过程中出现的新问题或新困惑，以求新的突破，力争新的提升。

（4）课题研究追求"实"字。教师在平时教学中，难免会遇到一些亟待解决的问题，这些问题正是我们选择课题的基本来源。这些实实在在问题的研究与解决，既可改进教育教学方法，又可促进自身专业成长。为此，我们在课题研究方案设计时，对课题研究的具体步骤与实施方案要进行科学安排，做到研究方案、研究目标与平时教学紧密结合。同时，教师还要及时进行自我反思、归纳总结、提炼经验，使整个课题的操作始终处于有步骤、有实效的运作之中。

47 教研课题的选题原则

> 教研课题的选题应明确目的性、注重科学性、富有创造性、立足可行性。

【诠释】

决定一个研究课题能否取得成效，很重要的一点就是看它所选择的课题。教育虽然领域广大，教研课题十分丰富，但要真正选择一个既有较高价值，又适合自己的研究实际，能够取得研究成果的课题并非易事。为保证研究的质量，教研课题的选择应该遵循以下基本原则。

（1）明确目的性。科学研究是一项目的性极强的活动，教育科研课题的选择首先必须有明确的目的。为什么选择这一课题？这一课题的研究对教育具有什么价值？选择者必须有一个明确的答案。选题目的明确，研究方向才易于把握，也容易树立研究的信心。研究者选择研究课题，应从教育的实际出发，去解决教育中的理论或实际问题，要从教育改革、教育管理、教学实际的需要出发选定自己的研究课题。具体地说，选择研究课题应做到"四个结合、四个为主"，即个人研究兴趣与教学工作的客观需要相结合，以教学需要为主;基础研究与应用研究相结合,以应用研究为主;宏观研究与微观研究相结合,以微观研究为主;历史研究、超前研究与现实研究相结合,以现实研究为主。

(2)注重科学性。科学研究是探寻真理的活动。教育科研课题的选择必须遵循教育及与之相联系的各种事物的客观规律,必须充分认识研究的客观条件。应该通过对教育的历史、现状的分析,对他人的研究成果和各方面资料的搜集、整理与分析,经过严密的科学论证等形成课题,切忌主观想象、盲目选题。注重科学性还要求必须注重课题的科学价值。所谓科学价值,是指教育科学上的新发现、新创造,课题的研究能够促进教育科学向前发展。例如,对教育科学某些空白给予补充,对教育科学中某些不正确的观点给予纠正,对前人的研究给予完善,使前人的研究成果更为丰富完整等。

(3)富有创造性。科学研究是对未知领域的探索活动,旨在发明、创新、前进,教育科研的目光应落在教育改革和发展的前沿,选题要有先进性、新颖性,应充分体现创新精神。对教育领域的老课题,则应善于从不同角度、不同途径,以新的视野去研究。即使是选择一些验证性研究课题,也应力图有新的发现。只有富于创造精神的课题才有真正的生命力。

(4)立足可行性。科学研究是一项严谨求实的活动,教育科研课题的选择必须充分考虑主客观条件,分析课题在实际研究过程中的切实可行性。从主观方面看,自己是否具备课题研究必需的知识水平和研究能力,自己的经验、精力以及兴趣等是否能满足研究的需求。从客观方面看,自己是否有必要的资料、工具、设备、经费、时间,是否能得到领导的支持和各方面的配合等。对教师来说,选择课题应从实际出发,充分考虑自己的力量与研究课题的大小、难易是否相称。初次从事课题研究的教师,应该选择那些范围较窄、内容比较具体、难度较低的课题,特别是紧密结合自己的教育教学及教育管理的实际,选择有可利用的条件、成果,能直接用于自己教育教学实践的课题。随着自己经验的不断积累,教研能力的不断提高,视野的不断扩展,再选择一些难度较大或综合性较强的课题。总之,课题研究要做到由点到面、由小到大、由浅入深。

(5)同时还要坚持优势性、需要性、经济性原则。优势性原则,是指在教育科研选题时,充分发挥自己的优势,扬长避短。需要性原则,是指在教育科研选题时,要从教育教学的实际需要出发,优先选择那些关系教育教学亟待解决的重大理论研究和实践问题。经济性原则,是指在教育科研选题时,必须对课题研究的投入产出比进行经济分析,力求做到以较低的代价获得较高的研究收益或研究效果。

48　教研课题的选题方法

教研课题常用的选题方法主要有问题筛选法、经验提炼法、资料寻疑法、现状分析法、意向转化法等。

【诠释】

教研课题的来源十分丰富,但真正发现并选择一个好的课题也并非易事。这不仅需要研究者具有敏锐的洞察力,而且需要掌握科学的选择方法。常用的选题方法主要有以下几种:

(1)问题筛选法。这是教育工作者常用的方法。在平常的教育教学活动中,我们常常会遇到或者产生诸多的问题,通过对这些问题归类整理,再分析其重要性程度和研究这些问题意义的大小,确定其研究价值,并广泛听取意见,从中选取价值明显且适合自己研究水平和能力的问题作为课题。

(2)经验提炼法。长期从事教育教学工作的一线教师,一般在自己的工作实践中都摸索出了不少经验,如何把这些经验总结出来,把经验上升到理论的高度,其中必然要回答一系列的问题:这些经验具有普遍意义吗?这些经验对不同的教师个体其作用是不是相同?这些做法有没有理论依据?由此而形成了一个个研究课题。

(3)资料寻疑法。在教育教学中,我们必然要查阅、借鉴相关的教育教学资料,这些资料中往往隐含着需要我们研究的课题。通过对有关资料的分析,比较不同的观点,诘问前人的结论,揭示理论与实践的差异等,从中也能产生出研究课题。

(4)现状分析法。即通过对教育教学现状的分析,发现或提出教育教学中存在的疑难问题,从而选择适当的课题加以研究、解决。

(5)意向转化法。在平时的教育教学工作中,我们可能突然对教育教学的某一问题萌发一种探索的意向,这种意向实际上是一定的教育教学实践或理论信息在思维中长期积累的反映。这种意向如不能及时抓住的话,就有可能稍纵即逝。如果能紧紧抓住,对这种意向做进一步的思考,就能使问题逐渐清晰起来。同时对有关问题的具体情况做进一步的调查,查阅相关的文献资料,分析其研究价值和自己的承受能力及其他客观条件,就能形成正式的课题。

49 教研课题选题的一般步骤

教研课题的选题一般经历四个步骤:调查研究,提出问题;归纳整理,分析综合;提出课题,设计设想;模拟研究,初步论证。

【诠释】

(1)调查研究,提出问题。课题始于问题。为了提出新的问题,确定研究的起点,就要了解前人或他人研究的情况,就需要进行深入细致的调查研究,了解有关研究课题的发展史实、课题研究水平和今后的发展趋势,并模拟课题研究的主客观条件。调查研究的方法有查阅资料法、现场调查法和专家咨询法三种。

(2)归纳整理,分析综合。对调查所得到的资料要进行分析与综合。第一步要"去粗取精,去伪存真",取其精华,去其糟粕,保留其中真实可靠的材料;第二步要"由此及彼,由表及里",分析各种材料之间的相互关系,找出其内在联系和问题所在;第三步对搜集到的问题进行综合思考,甄别筛选;第四步则提出研究方向,确定研究目标。

(3)提出课题,设计设想。在调查研究与资料分析综合的基础上,就要提出课题。首先,要确定课题的名称;其次,要明确课题的研究目的和意义,阐明该课题要解决的问题和预期达到的目标以及课题的国内外研究水平和动向;再次,要提出研究所采用的方法、途径、步骤及所需的经费、设备、手段等。

(4)模拟研究,初步论证。对一些综合性的、重大的、研究因素比较复杂、探索性比较强的教育教学实验研究课题,往往还需要进行预实验或预调查,通过模拟研究,对提出的研究目标,采用的方法、途径,研究的内容进行初步的论证。

50　一线教师如何选择课题

> 一线教师选择课题，一要选教育科研的前沿课题，二要选应用研究型课题，三要选主观条件比较成熟的课题，四要选客观条件比较具备的课题，五要选大小较适宜的中观、微观课题。

【诠释】

教育科研课题的选择非常重要，选题做好了，应当说研究就成为可能。课题既要反映现有理论和实践的广度与深度，也要反映科研前景的广度与深度，还需要有创造力与想象力。

选题从哪些方面入手？一要选教育科研的前沿课题。人无我有，人有我新，人新我特，人特我快，达到特色创新的统一。把教学需要作为第一选择，在学科间寻找交叉点与结合部，围绕热点问题下功夫、做文章。二要选择应用研究型课题。三要选择主观条件比较成熟的课题。要量力而行，从专业特长、爱好兴趣、研究能力出发，选体验深、实践多、研究透的课题。四要选择客观条件比较具备的课题。五要选择大小较适宜的中观、微观课题。通常情况下，题域越窄，题目越小，越容易把问题讲透彻。

选题时还要注意做到：一要从实际出发，在研究中实践，在实践中研究。二不要贪大求全。三要注重平时积累，从小处着手。四要选择适合自己的课题，适合自己的课题就是最好的课题。

51　教研课题的寻找与发掘

> 从如何提高本职工作的质量上发掘课题，从工作中的困难与不足中发掘课题，从教育改革遇到的新情况中发掘课题，从教育实践活动的观察中发掘课题，从教育信息交流中发掘课题，从成功的教育教学经验中发掘课题，从对某教育现象进行调查而形成课题，从各种文献资料中发掘课题。

【诠释】

（1）从如何提高本职工作的质量上发掘课题。每个教育工作者都有自己的工作任务与职责，怎样圆满完成本职工作任务与提高工作的质量呢？这里就有许多值得研究的课题。从本职工作中去寻找课题并加以研究，有利于提高教育教学工作的效率。

（2）从工作中的困难与不足中发掘课题。每个教育工作者在教育实践中会遇到各种困难，工作中也难免会产生这样或那样的缺点与不足，有的还带有一定的普遍性。把如何解决这些问题作为课题加以研究，既解决了课题短缺问题，又提高了教育教学质量。

（3）从教育改革遇到的新情况中发掘课题。在教育改革和教育事业发展中，往往会遇到许多新情况、新问题，必然会形成许多新的研究课题。这些课题的研究，既能向教育行政主管部门提供决策的科学依据，也有利于微观教育问题的解决。

（4）从教育实践活动的观察中发掘课题。通过观察教育实践活动，也能发现一些问题。我们若以科学的敏感、学术的敏感来进行理论的思考，就不难发现一些极有研究价值的课题。

（5）从教育信息交流中发掘课题。在教师和学生、学生家长、同事、朋友等的交谈中，在参加会议的听讲或发言中，在广播、电视、报刊的报道中，在微信的相互交流中，我们都会涉及许多教育问题，若留意将它们记录下来并加以思考，就有可能形成教研课题。

（6）从成功的教育教学经验中发掘课题。广大教育工作者从教育实践中积累了丰富、宝贵的教育教学经验，尽管不少经验是成功的，但往往又是零散的、不自觉的，也未经科学检验。因此，这些经验往往会"自生自灭"，难以推广。我们若运用经验总结法或实验法予以科学检验与总结，揭示教育措施与教育效果间的关系，并给以理论的抽象与概括，就会成为有价值的推广课题。

（7）从对某教育现象进行调查而形成课题。教育工作者在教育教学实践中，若能对某些教育现象细心观察、深入调查、多角度思考，也会从中发现和形成有价值的研究课题。

（8）从各种文献资料中发掘课题。在各种理论文献、教育类报刊、会议交流论文集、专题资料集、获奖论文集以及有关的课题指南等资料中，都有教育科研的成果与动态的反映。若我们认真阅读，可以从中发掘出研究课题，其中或是别人尚未注意到的问题，或是尚有争论的问题，或虽有进展但仍可做进一步研究的问题等。

52 把"问题"当作"课题"

> 教师在平常教学中经常遇到困惑与问题，需要我们进一步去探究、去解决，这些问题就可以转化为课题。

【诠释】

搞教研强调解决教师自己的问题、真实的问题和实际的问题。不过，并非任何教学"问题"都构成研究"课题"，只有当教师持续地关注某个有意义的教学问题，只有当教师比较仔细地探究与解决问题的思路之后，平时的教学"问题"才有可能转化为研究"课题"。

教师搞教研的目的和任务就是提高教育教学质量，最终要落实到为教学服务这个根本上来。为此，教师在教育教学中遇到的问题就应该是要研究的课题。教师在实践中遇到的问题可以分为三种类型：一是直接性问题，就是明显存在，需要教师去面对，又必须想办法加以解决的问题。如"所教学科成绩如何提高""如何培养学生对本学科的学习兴趣"等。二是探索性问题，就是将教育理论、教育观念、教育成果转化为具体的教学实践活动时所遇到的问题。如"分层分类教学应该怎样操作""综合实践活动应该怎样开展"等。三是反思性问题，这是具有"问题意识"的教师，为提升自己的专业水平，通过对自己教学行为的回顾和反思而发现的问题。如"出现这些情况的原因是什么""应该如何调整"等。

因此，有效的教研所研究的"课题"，其产生的过程往往是教师在平常教学中经常遇到困惑与问题，需要进一步去探究、去解决，这些问题就可以转化为研究课题。

53 教研课题的论证

教研课题的论证一般包括论证准备、开题论证、综合论证等几个环节。

【诠释】

课题论证是系统地、有组织地鉴别课题研究的价值,分析研究的条件,完善研究方案的评估活动。课题论证是教研课题研究必不可少的环节,对保证课题研究的顺利进行和提高研究质量具有重要意义。课题论证一般包括论证准备、开题论证、综合论证等几个环节。

(1)论证准备。要保证论证的质量,必须认真做好课题论证的各项准备工作。其中主要是做好课题计划的准备,以交付专家和各级主管部门以及有关人员进行论证。在提供课题计划时,应当针对不同的计划类别有所侧重。如教育调查类课题计划,提供论证的侧重点应放在计划的客观性、全面性和发展性上;教育实验类课题计划,侧重点则应放在实验项目(解决什么问题,解决到什么程度)、操作定义(操作活动的特点)、实验对象(选取、分组)、可比性、控制性和重复实验等问题上。

(2)开题论证。开题论证是对课题进行全面评审。通过专家、主管领导和同行研究人员进行全面、系统地研讨与审议,做出抉择,或对课题计划提出调整与修改意见,最后批准实施。开题论证一般要从课题实际情况出发。如课题较小,或是个人课题,可通过座谈会的形式进行。课题主持人只需向有关人员介绍课题,征求与会人员的意见即可。如课题较大,或是集体课题,则必须进行系统论证。可以采取课题论证会的形式,会前研究者必须将课题的目的、目标、内容、研究对象、具备的条件等进行系统整理,并提交论证报告。在论证报告中必须提供以下内容:第一,课题研究目的。即为什么选择这个课题? 通过这项研究要达到什么目的? 第二,课题研究价值。课题研究价值是选题的依据,所选课题对解决教育教学实际问题(包括对本校、本地区的教育教学工作实际存在的问题)或回答教育理论问题有什么意义? 对教育教学的改革和发展会有什么贡献? 选择这一课题的依据是什么？国内外在这一研究中已取得了哪些成果？第三，课题研究条件。该课题研究涉及哪些客观条件？是否都能满足？从研究者自身看是否有足够的知识、能力和信心进行研究？第四，课题研究方案。研究方案是否完备？方案中各部分的联系如何？方案的总体思路是什么？第五，过程分析与结果预测。研究过程可能出现哪些问题？有哪些对策？研究结果可能出现哪些情况？是否会带来不良后果？等等。

论证会上，有关专家必须详细审查论证报告，向研究者提问质疑。但论证会不同于成果鉴定会，应把重心放在如何完善方案上。在确定研究有明显价值的前提下，论证双方应全力讨论方案，提出意见和建议，以修改补充完善方案。对于一些重大的课题，一般还要进行综合评价，做具体的价值分析、可行性论证和效益分析，以确保研究的质量。

（3）综合论证。综合论证即综合评价。从评价的主体来说，它是自我论证评价、同行论证评价及教研管理部门论证评价的结合。从过程角度来说，它是由预审、初审、学术评审、综合评审四个阶段组成。预审与初审可在开题前后的时间里进行，侧重课题选择和课题计划的制订。学术评审与综合评审要贯穿于课题研究的全过程，重点放在计划实施与成果的预期鉴定上。

54　什么是教研课题的开题报告

　　　教研课题的开题报告，就是课题研究方案的设计、规划和制定，也可以说是对课题的论证和设计。开题报告主要说明这个课题有价值研究、课题组有条件进行研究以及准备如何开展研究等问题。

【诠释】

（1）教研课题开题报告的含义。教研课题的开题报告，就是课题研究方案的设计、规划和制定。换言之，就是当课题研究方向确定之后，课题负责人在调查研究的基础上撰写的报请上级批准的选题计划。开题报告主要说明这个课题有价值研究、课题组有条件进行研究以及准备如何开展研究等问题，也可以说是对课题的论证和设计。开题报告一般为表格式，它把报告的每一项内容转换成相应的栏目。这样做,既便于开题报告按目填写,避免遗漏,又便于评审者一目了然,把握要点。

（2）教研课题开题报告的作用。撰写教研课题开题报告,是开展课题研究的第一个写作环节,也是提高选题质量和水平的重要环节,对整个研究工作的顺利开展起着关键性作用,随着教研管理工作规范化不断加强,开题论证问题也越来越受到教育科研管理部门的重视。具体说来,其作用主要有四:第一,通过开题报告,开题者可以把自己对课题的认识理解程度和准备工作情况加以整理、概括,以便使具体的研究目标、步骤、方法、措施、进度、条件等得到更加明确的表达。第二,通过开题报告,开题者可以为评审者提供一种较为确定的开题依据。第三,通过开题报告,可以对批准立项后的研究工作发生直接的影响,或者作为课题研究工作展开时的一种暂时性指导,或者作为课题修正时的重要依据。第四,开题报告不仅是选题阶段的主要文字表现,而且是连接选题过程中备题、开题、审题及立题这四大环节的强有力纽带。

（3）教研课题开题报告的主要内容。一个完美的课题开题报告,一般应包括九个部分:课题名称;课题提出的背景及所要解决的主要问题;国内外研究现状;课题研究的实际意义及理论价值;完成课题研究的可行性分析;课题界定及支撑性理论;研究目标、内容、过程、方法设计;完成本课题研究的保障性措施;预期研究成果。

（4）教研课题开题报告的组成。开题报告由三个主要部分和四个次要部分组成。三个主要部分:前言、正文、结语。四个次要部分:标题、署名、引文注释、参考文献。

55 课题开题报告怎么写

课题开题报告主要包括课题名称;课题核心概念界定;本课题国内外研究现状;课题研究目的、意义;课题研究目标;课题研究主要内容;课题研究方法;课题研究步骤和计划;课题预期成果及表现形式;完成课题可行性分析;课题研究保障措施等。

【诠释】

教研课题开题报告就是课题研究方案的设计、规划和制订。换言之，就是当课题方向确定之后，课题负责人在调查研究的基础上撰写的选题计划。开题报告主要说明这个课题有价值进行研究，自己有条件进行研究以及准备如何开展研究等问题，也可以说是对课题的论证和设计。撰写教研课题开题报告是提高选题质量和水平的重要环节。

(1)课题名称。第一，名称要准确、规范。准确就是课题的名称要把课题研究的问题是什么，研究的对象是什么交代清楚，别人一看就知道这个课题是研究什么的。课题名称一定要和研究的内容相一致，要准确地把你研究的对象、问题概括出来。规范就是所用的词语、句型要规范、科学。第二，名称要简洁，不能太长。课题名称要简明扼要，通俗易懂，要尽可能表明三点：研究对象、研究问题和研究方法。

(2)课题核心概念界定。界定即定义。课题界定，即对课题的诠释，对课题的核心概念进行说明。可以以分段或标题陈述的形式确定概念及其内涵与外延，采用分总的方法，对课题中的研究对象、范畴、方法，抽取出本质属性分别给予概括，最终形成对整个研究课题名称的科学界定。

(3)本课题国内外研究现状。阐述这部分内容必须采用文献资料研究的方法，通过查阅资料、搜索发现国内外近似或介于同一课题研究的历史、现状与趋势。一是历史背景方面的内容。按时间顺序，简述本课题的来龙去脉，着重说明本课题前人研究过没有，哪些方面已有人作过研究，取得了哪些成果，这些研究成果所表达出来的观点是否一致，如有分歧，他们的分歧是什么，存在哪些不足。通过历史对比，说明各阶段的研究水平。二是现状评述。重点论述当前本课题国内外的研究现状，着重评述本课题目前存在的争论焦点，比较各种观点的异同，阐述本课题与之联系及区别，力求表现出自己课题研究的个性及特色。这一部分的内容应力求精当，力求体现自身研究的价值。三是研究方向方面的内容。通过纵向横向对比，肯定本课题目前国内外已达到的研究水平，指出存在的问题，预示可能的发展趋势，指明研究方向，提出可能解决的方法。

(4)课题研究的目的、意义。即要阐明为什么要研究这个课题、研究它有什么价值，能解决什么问题。一是阐明课题研究的实践意义。这是指向操作层面，即通过课题研究对学校、教师、学生的可持续发展有什么促进，在具体的教育教学实践中有哪些好处。这方面的阐述是通过假设关系,勾勒出通过研究可能会或一定会产生的实践效果。二是理论价值。中小学的教育科研更多地取向于应用研究和发展研究,在理论方面的学术研究可能比较薄弱,但也不可否认通过研究,可能达到了对某一相关理论的细化和补充,或对某一理论进行了具体阐述与充实,或许还会产生赋予全新内涵的实用理论。这部分有则写,无则免。

(5)课题研究的目标。课题研究的目标就是通过研究,要达到什么目标,要解决哪些具体问题。研究目标越具体,就越能知道工作的具体方向是什么,研究的重点是什么,研究的思路就不会被各种因素所干扰。

(6)课题研究的主要内容。有了课题的研究目标,就要根据目标来确定这个课题要研究的内容。研究内容要比研究目标写得更具体、更明确。

(7)课题研究的方法。任何科学研究除了要应用哲学方法和一般科学方法之外,还要有具体的研究方法、技术手段。

(8)课题研究的步骤和计划。课题研究的步骤,就是课题研究在时间和顺序上的安排。研究的步骤要充分考虑研究内容的相互关系和难易程度,一般情况下,都是从基础性问题开始,分阶段进行,每一阶段从什么时间开始,至什么时间结束都要有明确规定。每一阶段的工作任务和要求,不仅要胸中有数,还要落实到书面计划中。从而保证课题研究按时保质保量完成,课题研究的管理也可据此对课题研究进行检查、督促和管理。

(9)课题预期的成果及表现形式。课题不同,研究成果的内容、形式也不一样。但不管形式是什么,课题研究必须有成果。确定研究成果,可以使研究者明确将来用什么表现,以便从一开始就可以着手努力积累材料、构思框架、进行分工,以利于研究成果的顺利问世。同时也有利于课题管理者据此对课题进行检查验收。

(10)完成课题的可行性分析。可行性,即研究课题的可实施性,是指课题研究所需的条件是否具备,如研究所需的信息资料、实验器材、研究经费、学生的知识水平和技能及研究者的学历、学习能力、研究能力和研究经验等。它建构于先进的理念、科学的设计、扎实的功底等。一句话,就是要从若干方面说明对本课题的研究,我们有实力、有能力、有潜力去完成。

(11)课题研究的保障措施。保障措施一般是指组织保证,成立课题组、健全研究机构,做到研究任务、时间、人员三落实。一是制度保证。制定课题管理条例,规范学习、研究制度,以激励为杠杆,激活教师教研热情。二是经费保证。设立课题研究专项经费,保证研究过程中相关书籍、必要设备的添置及外出学习、开展活动等的经费来源。三是技术保证。聘请专家担任顾问,选派骨干外出培训,组织外出参观学习等。四是课题研究与学校工作相协调。做到教学教研化、教研教学化,使学校教育教学与教育科研同步发展、共同提高。

56　课题开题论证的八个方面

　　课题开题论证要着重论证课题名称、研究现状、核心概念、预期目标、研究内容、研究方法、具体措施、研究成果八个方面。

【诠释】

　　开题论证是为了提高课题研究质量,细化课题实施计划,在课题被批准后,研究工作开始前,对所研究课题的设计进行的论证活动。课题开题论证主要论证以下八个方面:

　　(1)论证课题名称问题。课题名称要主题确切,切口适宜,言之有物,特色鲜明,这是开题论证必须进一步明确的问题。一个即将研究的课题,如果主题不明,没有主线,没有特色,空洞无物,肯定是不能保证研究质量的,也不能使研究工作顺利开展下去,甚至会造成研究工作的半途而废。可见,课题名称的修改确定,是课题研究顺利开展和保证研究质量的前提。

　　(2)论证研究现状问题。即对国内外研究现状作进一步论证,并找到研究的真正突破口和切入点。对研究现状的了解不深入,这是不少初学做课题者最容易忽视的问题。没有研究综述,没有理论依据,没有参考文献的开题报告,被人们称为"三无"产品,"三无"产品是谈不上研究质量的。对研究现状进行认真论证,有利于了解前人或他人的研究状况,把握国内外可以借鉴的成功经验,提出在前人或他人研究的基础上如何创新研究,既避免了质量低的重复研究,又能走出水平低的无效研究。

　　(3)论证核心概念问题。核心概念就是要把所研究的对象、内容、范围进行界定。如果核心概念不明确,就会造成课题研究的问题不明确,也会使课题研究走很多弯路。因此,课题的核心概念一定要反复论证,做到准确、具体。

(4)论证预期研究目标定位问题。研究目标是指本课题研究要达到的哪些具体目标。在论证研究目标定位时,一要论证预期目标是否适度,既不能定位过高,也不能定位过低;既不能定位太宽,也不能定位太窄。二要论证是否准确,既要言简意明,又不能过于笼统。

(5)论证研究内容问题。研究内容是指围绕研究目标要研究的具体内容。论证研究内容时,主要看其是否紧扣主题。研究内容不宜太少,也不宜太多,3~5项为宜。确定研究内容时,宜精准,不宜泛化;宜具体,不宜抽象;宜简练,不宜委婉含蓄。

(6)论证研究方法问题。研究方法的正确与否,关系到研究结果的正确与否。论证研究方法,关键是看其研究方法是否科学,是否符合教育科学规律。教育科学研究有多种方法,一般以3~5种为宜。每种方法内涵是什么,怎么去运用,一定要论证清楚。

(7)论证具体措施问题。该问题的论证核心是可操作性。要将研究内容责任到人,而且要提供"一条龙服务"。包括负责研究这方面的内容,调查分析这方面的数据,归纳整理这方面的结论,期刊发表这方面的文章,收集征求这方面的效果反响,撰写提交这方面的研究报告等,而且要有具体的时间和质量要求。

(8)论证研究成果问题。研究成果分为阶段性成果和最终成果,包括研究报告、被上级认可的改革方案或发展建议、发表论文、软件开发等成果。研究成果能否完成是课题结题的重要依据,所以要论证研究成果是否适当,是否明确具体。

57 撰写开题报告应注意的几个问题

撰写开题报告,要重视基础性工作,要有问题意识,要重视修改与完善,不要把开题报告写成工作总结、教研论文或结题报告。

【诠释】

首先，要重视撰写开题报告的基础性工作。撰写开题报告，不能忽视做好基础性工作。一要了解别人在这一领域研究的基本情况。研究工作最根本的特点就是要有创新性，熟悉了别人在这方面的研究情况，才不会在别人已经很深入、很成熟的情况下，重复别人走过的路。而是站在别人研究的基础上，从事更高层次、更有价值的研究。二要掌握与研究课题相关的基础性理论知识。理论基础扎实，研究工作才能有一个坚实的基础，否则就很难深入进去，很难有真正的创造。因此，我们进行教育教学研究，一定要加强理论学习，这样制定出来的开题报告才更科学、更完善。

其次，要有问题意识。撰写开题报告本身就是一个相对完整的研究过程，要有问题意识，要从问题出发，要回答是什么、为什么、怎么做等一系列问题。一般来说，一篇开题报告大致要涉及以下问题：第一，研究的课题是什么？（课题的说明与核心概念的界定）第二，为什么要选择这个课题？（课题的意义）第三，在相关问题上，别人已经做了什么？还有什么没有做？（国内外研究现状）第四，打算研究什么？（研究内容）第五，主要假设、观点是什么？（研究观点、假设、创新之处）第六，你这样做的依据是什么？（研究的理论依据）第七，打算怎么研究？（研究的方法与途径）第八，预期目标是什么？（研究的预期目标、阶段性成果和结题成果）第九，研究进度如何安排？（研究步骤）第十，你研究的主要条件和困难是什么？（已有研究基础、人员、经费、设备、图书资料及课题的组织管理等）

再次，要重视开题报告的修改与完善。在开题会上，有关专家必然详细审查课题报告，并向研究者提出质疑。但开题会不同于成果鉴定会，更主要的工作是审查和完善方案。在确定研究有明显价值的前提下，论证双方应全力讨论方案，提出意见和建议，修改补充方案。专家审查的内容主要包括以下几点：第一，选题是否得当，是否符合立项条件。第二，课题论证是否充分。第三，课题负责人的素质或水平是否能承担此课题。第四，课题组力量如何分工或分工是否得当。第五，资料准备如何。第六，最终成果预测如何。第七，是否具备完成本课题所需的其他条件。第八，经过比较，本课题是否有更合适的承担人等。

总之，撰写开题报告要注意"三个不要"：第一，不要把开题报告写成工作总结。第二，不要把开题报告写成教研论文。第三，不要把开题报告写成结题报告或研究报告。

58 如何开好课题开题报告会

开好课题开题报告会,一要思想上高度重视,二要精心做好筹备工作,三要科学安排会议议程。最重要的是要写出一份高质量的课题开题报告书。

【诠释】

开题会是课题筹备、审批立项等结束后教研工作正式开始的首次会议。那么,如何筹备、开好课题开题报告会呢?

开题会的组织筹备。开题会至少提前一周制订工作方案,确定开题时间、地点,落实与会领导、专家以及其他与会人员名单,并发出邀请函或电话通知有关人员。至少提前三天将开题报告文本送交与会领导、专家,请他们提前审阅。至少提前一天布置好开题会会场,悬挂横幅,调试多媒体、音响设备,准备好签到簿等。全力把开题会办成教育科研的培训会,并尽可能让更多的教师参加。

开题会的基本议程。第一项,主持人介绍参加会议的上级领导、专家、特邀来宾及与会人员。第二项,学校领导或课题组负责人致欢迎词。第三项,请专家组成员宣读课题立项通知书,也可展开说明课题评估意见等。第四项,课题负责人做课题开题报告,或宣读课题实施方案。重点从课题的研究背景、目的意义、研究内容、实施过程设计和主要措施、课题研究分工及预期研究成果、课题研究保障条件等进行深入细致的介绍。第五项,课题研究专家指导组成员对课题进行论证指导,与会领导、专家对开题报告进行点评和提问。内容主要是对课题的可行性、研究的切入点、研究的重点进行论证、指导和提出建议意见。第六项,课题组成员就研究方法、研究目标、研究计划安排、组织协调等方面进行交流和讨论,课题负责人和课题组成员针对专家的问题进行简要答辩。第七项,学校领导或课题组负责人对课题研究的有效实施表态发言。第八项,上级领导讲话。有关领导或专家进行总结性发言前如果时间允许或实际需要,可安排专题讲座,引领展示活动和进行更广泛的互动交流。第九项,课题组成员同与会领导、专家合影留念。

总之,课题开题报告会,不仅是一次课题可行性论证会,一次落实课题研究任务会,也是一次课题研究宣传鼓动会,更是一次专题研究引领会。

59　课题名称的确定

教研课题的名称要意义准确,突出主题,规范简洁。

【诠释】

课题名称就是课题的名字。这虽是个小问题,但实际上有很多教师写课题名称时,往往写得不准确、不恰当,从而影响课题的形象与质量。那么,如何确定课题名称呢?

(1)意义准确。课题名称的表述要意义准确,课题名称要能明确表达出这项研究的主要内容和主要问题,行文含义要明确。首先,要求课题是一个有确定涵义的具体问题。教育课题的大小要适中,如果课题太大、太笼统,就会使研究无从下手。如果课题太小、过于狭窄,就事论事,就会使研究失去应有的意义和价值。其次,对课题名称中的核心概念要给予界定,明确其内涵和外延,从而使研究在统一的基础和前提下进行。否则,在研究过程中容易偷换概念,或出现目标变更,或方向转移,就有可能产生研究范围的扩大或缩小等情况。再次,课题名称的表述要清楚地说明本课题的研究范围,特别是要明确其研究的角度。

(2)突出主题。课题名称的表述要突出主题,课题名称的表述要力求反映研究的焦点和研究的方向,这样有利于研究者明确研究内容,抓住研究重点。一是课题名称表述的用词要具体化,尽量使用特定涵义的词汇来代替泛泛一般的词汇,课题名称表述应尽可能将研究的关键词包括在内。二是课题名称的表述应只有一个主题。遇到不止一个主题时,应分为相应数目的课题,或化为相应数目的子课题。三是课题名称中涉及的自变量与因变量的逻辑关系一定要清楚,这样才能为研究提供一个聚焦点。

(3)规范简洁。课题名称的表述要规范,课题名称表述所用的词语、句型要规范、科学,要用学术性的科研术语,不可生造词语,以免造成理解上的歧义。课题名称的表述也不能用比喻句、反问句等,最好用陈述句。此外,表述中一般不宜使用略语、阿拉伯数字、拼音字母等。课题名称的表述还要力求简洁,用最简短精练的课题名称表达出完整的意思。不必要的字应省去,使人一目了然。课题名称的表述虽未严格限定字数,但一般控制在 20 个字以内最佳。

60 如何进行课题核心概念的界定

核心概念,一般是指课题申报书或者开题报告中的关键词,即课题题目或者内容中出现的比较生僻、不易理解的词语。核心概念界定时,可以引用专家或学者的观点或概念。但最后务必要说清楚该核心概念在本课题中所表达的含义,要进行通俗易懂的解释和说明。

【诠释】

核心概念,一般是指课题申报书或者开题报告中的关键词,即课题题目或者内容中出现的比较生僻、不易理解的词语。如课题"小组合作学习下语文分层作业有效性研究"中,"小组合作学习"和"分层作业"两个概念比较生僻,因此需要我们进行概念的界定。

核心概念界定时,可以引用专家或学者的观点或概念。但是,我们最后务必要说清楚该概念在本课题中所表达的含义,要进行通俗易懂的解释和说明。如课题"小学数学计算教学的有效策略研究"的核心概念界定:计算教学,是指教师以教材为依托,通过有效的策略及方法帮助学生剖析算理、引导建构算法,进而提高学生计算的速度及正确率,改善学生的思维模式,提高学习的效率。在本课题中,计算教学是指数学教师采用形式多样的教学方法,帮助学生提高计算能力。

在核心概念界定时要注意以下几点:第一,只界定生僻的词语。如课题"运动处方在初中体育教学中的运用研究"中,"运动处方"概念比较生僻,需要界定,其他词语大家都比较熟悉,因此就不需要界定。如课题"城乡交界处幼儿文明行为习惯培养策略研究"中,"幼儿"一词就不需要界定。第二,只界定概念整体。在概念界定的过程中,建议只对概念整体界定,如课题"运动处方在初中体育教学中的运用研究"中,只需对"运动处方"概念进行界定,不必对"运动""处方"分别再进行概念界定。第三,不对句子进行概念界定。如课题"小学高年级学生排球技能提升策略研究"中,"高年级排球技能提升策略"是一个句子,而不是一个概念,因此不需要界定,但需要对概念"排球技能"进行界定。第四,核心概念界定不宜太复杂。即核心概念界定只需把概念的内涵解释清楚即可,不必解释过于详细和复杂。第五,核心概念界定不要太多。如课题"构建城镇小学生多学科阅读共享平台实践研究"中,分别对阅读平台、单学科阅读、多学科阅读、平台建设、共享平台五个概念进行界定就有点多。一般情况下,核心概念界定 1~3 个即可。第六,不需要对课题题目进行概念界定。如课题"构建城镇小学生多学科阅读共享平台实践研究"中,不需要对课题题目"构建城镇小学生多学科阅读共享平台实践研究"进行概念的界定。

61　教育课题研究中常用的理论依据

　　教育课题研究中常用的理论依据主要有哲学依据、心理学依据以及学习理论、教学理论、教学最优化理论、建模理念、建构主义理论、人本主义理论等。

【诠释】

　　课题申报研究,要围绕选题说明课题的理论依据、政策依据和实践依据,用于证明课题的可行性。教育课题研究中常用的理论依据主要有:

　　(1)哲学依据。唯物辩证法告诉我们,任何事物的发展都是内因和外因共同作用的结果,内因是事物发展的根据,外因是事物发展的条件,外因必须通过内因才能起作用。在教学过程中,教师属于外部条件,是外因。学生是学习的内因,教师的教必须通过学生的学才能发挥作用。如果学生没有学的愿望和动机,没有主动性和积极性,教师的"教"就会由于没有学生的

"学"而失去作用。因此,在教学过程中,教师只起引导作用,而学生自我发起的学习是最持久、最深刻的个体行为。教学过程只有注重知识的探究,注重情感的体验,才能引发学生的态度、情感和意志,这些源于心理品质的个性特征参与学习活动,能激起学生的求知创新、欲望,挖掘学生的潜能,培养学生的创新能力。

(2)心理学依据。心理学研究表明,每个年级的学生都有各自的心理特点,随着年龄的增长,学生的心理特点是不断变化发展的。教师的教育行为必须以学生的心理特点为前提,才能收到预想的教育效果。因此,在教育课题研究中,教师必须学习和掌握学生的心理特点,按照学生的心理规律进行研究。学生的心理特点和发展规律以及不同年龄段学生的认识能力、情感特点、意志品质,就为教师的课题研究提供了理论依据。

(3)学习理论。著名教育心理学家布鲁纳的"发现学习"理论强调:学生的学习应是主动发现的过程,而不是被动地接受知识。因此,教师要创设问题情景,引发学生对知识本身发生兴趣,让学生产生一种需要学习的心理倾向,激发其自主探究的学习动机。在教学过程中,学生是学习的积极的探究者,教师的作用是创设适合学生学习探究的情境,而不是提供现成的知识。这就要求我们不仅要让学生"知其然"和"知其所以然",而且要让学生"知其所用"和"知其谁用"。

(4)教学理论。两千多年前的孔子倡导的"循循善诱""不愤不启、不悱不发",可以认为是最早的教学理论根源,到今天依然有重要意义。尝试教学理论认为"学生有尝试的愿望,尝试能够成功,成功才能创新。"学生有原有的知识结构,又有对新知识的同化和顺应的思维属性,所以学生能尝试。同时,学生的尝试是在教师指导下的尝试,尝试的任务又是完成教材中一定的教学目标,而教材又是按照由浅入深、循序渐进的原则和方法编排的,所以学生具备成功的条件。在尝试成功的条件下,学生能够充分发挥自己的潜能,创造出意想不到的教学成绩。

(5)教学最优化理论。衡量教学最优化有两条标准:一是教学效果的最优化;二是时间消耗的最优化,即"师生用于课堂教学和课外作业的时间又不超过所规定的标准",用"师生耗费合理的时间去取得这些成效"。既要提高教学质量,使学生在学科核心素养以及知识与能力、过程与方法、情感态度与价值观等方面获得和谐发展,又要减轻学习负担,用合理的时间取得较大的成效。

（6）建模理念。建模理念认为，没有主体性就没有创造性。在教学过程中，落实学生的主体地位必须做到：目标让学生去确定，问题让学生去发现，过程让学生去探索，方法让学生去寻找。同时，教学过程是个体通过与环境的相互作用主动建构意义的过程，在教学过程中帮助学生建构意义，就是要帮助学生对当前学习的内容达到较深刻的理解。

（7）建构主义理论。建构主义指出学习的实质是学习者积极主动地进行意义建构的过程，即学习不是由教师把知识简单地传递给学生，而是由学生自己建构知识的过程。学习不是被动接受信息刺激，而是主动建构意义，是根据自己的经验背景，对外部信息主动地选择、加工和处理，从而获得自己的意义。因此，教师要成为学生建构意义的帮助者，激发学生的学习兴趣，帮助学生形成学习动机，通过创设符合教学内容要求的情境，帮助学生建构当前所学知识的意义。由于建构主义所倡导的观点适应了当代教育改革的要求，这就使建构主义理论逐渐与广大教师的教学实践普遍地结合起来，从而成为教学改革的指导思想，也成为教师教学课题研究的理论依据。

（8）人本主义理论。人本主义心理学强调学习过程中人的因素，把学习者视为学习活动的主体，重视学习者的意愿、情感、需要和价值观。这一理论遵循了"以人为本"的教学原则，迎合了当前新课改的要求，对于发挥学生的主体作用，发展学生的自学和探究能力是有着积极作用的，也是教师教学课题研究的重要理论依据。

62 教育课题研究中常用的政策依据

教育课题研究中常用的政策依据，主要为国家现行的教育法律、教育行政法规以及教育部门的规章制度等。

【诠释】

课题申报研究，要围绕选题说明课题的理论依据、政策依据和实践依据，用于证明课题的可行性。课题的政策依据就是运用国家的某种法定条

文,证明课题研究的合理性和现实性。课题的政策依据主要有三种类型:

(1)国家现行的教育法律。如《中华人民共和国教育法》《中华人民共和国义务教育法》《中华人民共和国教师法》《中华人民共和国民办教育促进法》《中华人民共和国职业教育法》《中华人民共和国国家通用语言文字法》《中华人民共和国未成年人保护法》等。

(2)国家现行的教育行政法规。如《教师资格条例》《幼儿园管理条例》《学校体育工作条例》《学校卫生工作条例》《中华人民共和国义务教育法实施细则》《中华人民共和国民办教育促进法实施条例》等。

(3)教育部门规章制度。如《学生伤害事故处理办法》《中小学幼儿园安全管理办法》《国家教育考试违规处理办法》《实施教育行政许可若干规定》《教育行政处罚暂行实施办法》等。

63 教育课题的实践依据怎么写

> 每个课题的研究都会产生实践结果,具有实践意义。而这些实践的结果,为相关课题的开展提供了实践依据。课题不同,其负责人的聚焦点不同,可依据的实践依据也应有所差异。

【诠释】

课题申报研究,要围绕选题说明课题的理论依据、政策依据和实践依据,用于证明课题的可行性。撰写课题的实践依据,就是写某种实践活动能证明该课题研究的可行性。

课题不同,实践依据有所差异。比如某一课题的实践依据:一是本校历史上成功的素质教育实践;二是国内推荐的素质教育的成功案例。用这些事实来佐证该项课题研究的价值。

研究课题,并不是说该课题是孤立存在的,需要根据现有的文献资料以及认可的理论来支持开展该课题的研究,才能说服主办方,给予支持和信任。而且每个问题的实践或研究,都会得出成果,产生实践意义。而这些实践的结果,为相关课题的开展提供了实践依据。

课题不同,负责人的聚焦点不同,可依据的实践活动也有所差异。即负责人为课题研究提供实践依据,就是从已有的实践活动中,寻找与该研究课题相关的成功案例,纳入该课题申报书或者研究报告中。

实践依据,往往与理论依据、政策依据一起用于证明该课题研究的价值。相关人员可以多关注自己研究领域的教研或学术成果,在撰写实践依据上,才会有更多的挑选对象。

64 怎样确定课题的研究假设

研究假设即研究问题的暂时答案。教育科学研究假设,一要具有科学性,二要陈述具有明确性,三要具有可检验性。

【诠释】

研究假设是研究者根据经验事实和科学理论,对所研究的问题的规律或原因作出的一种推测性论断和假定性解释,是在进行研究之前预先设想的、暂定的理论。简单地说,即研究问题的暂时答案。

研究假设是在确定选题的基础上进行的。形成假设即根据已有的事实和资料,设想出有研究价值的问题的因果或结论。假设的功能在于,它不但是一种带有方向性的有待验证的想象,而且它还影响着确定研究活动的过程组织、研究逻辑和选择研究途径。假设不是无目的的胡思乱想,而是把大脑思索的范围限制在所研究的问题上,从而使研究人员探索的目标更加有的放矢。一旦形成假设,研究人员可以根据确定的目标,在限定的范围内有计划地设计和进行一系列的研究活动。因此,假设是教育科学研究探索的必经阶段,是准确把握教育规律的正确途径和有效手段。

要提出一个好的假设,必须注意把握科学合理假设的主要特点。一般说来,好的教育科学研究假设,一是要具有科学性。即假设的提出要合乎规律,合乎逻辑,它是建立在已有的科学理论或事实的基础上的,而不是毫无事实根据的推测和臆断。二是陈述具有明确性。即假设要以清晰、简明、准确的陈述方式,说明两个或两个以上变量间的期望关系,切忌宽泛、冗长、模糊。三是具有可检验性。即对教育现象间的期望关系能为研究及以后的实践所证实,这是科学假设的必要条件。

65 文献综述"六步走"

　　文献综述"六步走",即选择主题、文献检索、展开论证、文献研究、文献批评、撰写综述。

【诠释】

　　文献综述是一种书面论证。它依据对研究主题现有知识的全面理解,建立一个合理的逻辑论证。通过论证,得出一个令人信服的论点,以回答所研究的问题。通常情况下,撰写文献综述需要六步走:

　　第一步:选择主题——从日常兴趣到研究主题。一个好的研究主题通常是从现实问题的兴趣中产生的。研究兴趣大多来自人们对日常生活工作中的一些矛盾、争端、焦点问题和信念的好奇。兴趣成为驱动研究者展开研究的动因之后,研究者必须对有关兴趣的陈述进行合适的改写,将其从日常生活语言转化为专业的学术语言。这个研究主题必须是一个明确的问题,并与其具体的学术领域相联系。使用学科语言、提炼研究兴趣、选择学术观点,这是建立研究主题的必经之路。

　　第二步:文献检索——检索任务和方式。文献检索是策略性的资料收集过程,它包括选择文献、检索文献、提炼研究主题三个任务。有三种工具可以帮助我们进行检索:游览、快速阅读、资料图表化。在动笔写文献综述之前,我们要搜集和研究相关资料,从而对研究对象有一个整体的认识。在这之前,还有很多审查、分析和综合工作要做。通过对文献的高质量搜索,以及阅读和消化这些信息,我们才能选出需要审阅的文献。文献检索之后,选择有用的文献、著作等深入研究。通过反思,进一步确定并提炼研究主题。

　　第三步:展开论证——为文献综述建立论证方案。开始撰写高质量的文献综述前,要进行论证工作。按照种类和主题将资料分类,发现论点;然后分析资料,了解与主题相关的研究已取得了哪些成绩。要成功地完成这个任务,必须建立一个针对研究对象的论证方案,分析相关研究已取得的进展,分析这些研究是如何帮助我们认识研究对象的,它们又是否回答了我们提出的研究问题。成功的文献综述通过有逻辑的论证建立一个论点。论断、语气和推理构成了逻辑性的论证。一个好的论证可以证明论断。要达到这样的效果,每一个论断必须建立在可信的证据基础之上,这些证据可以证实你的观点。强有力的证据是从相关的、令人信服的资料中来的。如果不能胸有成竹地阐明研究课题的论点,就先不要开始撰写初稿。

第四步:文献研究——进行发现式论证。文献研究的目的是发现关于研究问题"我们已经知道些什么"。文献研究收集关于研究课题的已有知识。在文献研究的初始阶段,我们需要对通过文献检索所获得的资料中的发现进行审查;其后,再按照一定的逻辑将这些发现组织起来,最终形成结论。文献研究由收集到的资料、综合信息及分析资料类型三个任务组成。

第五步:文献批评——对研究进行阐释。文献批评回答的问题是:就文献研究的结果,"我们能够做出什么样的决定"。文献批评要对有关研究课题的已有知识加以阐释,并探究这些知识是如何回答研究问题的。当你构思文献批评时,问自己这样一个问题:"基于已有的知识,我提出的研究问题的答案是什么?"如果这个答案是清晰的,并且经过了发现式论证的界定,那么你就找到了文献综述的主题,达到了文献综述的目的,即对有关主题的已有知识进行综合并总结出一个论点。无论是阐释已有知识还是探究新的研究问题,都必须以切实可信的论证来证实主题。

第六步:撰写综述——撰写、审核、修改。撰写文献综述成功的关键在于审慎的态度。建构一个明晰有力的大纲,作为整个工作的基础;确保这一大纲对文章的结构设计进行合理安排,并包含足够的细节,从而能够有效地引导写作。写作分两个阶段完成:首先通过写作增进自身理解,然后再通过写作促进他人理解自己。写作应从一份尝试性的草稿开始,把研究材料转化为自己的视角。把尝试性写作的草稿与研究大纲相结合,为初稿的写作打下一个坚实的基础。然后,通过审核与校对工作,进行必要的修改,从而创造一份高质量的初稿。

66　怎样撰写课题研究的目的、意义

> 课题研究的目的、意义要抓住三个关键词：一是预期成果，二是相关领域的某些方面，三是影响。其表述需要从教育理论、教育实践和教育决策三个方面阐述预期成果所带来的影响。

【诠释】

所谓意义，是指某一事物对相关领域某些方面产生的影响。如果产生正向影响，就会有积极意义；如果产生负向影响，就会有消极意义。如果没有产生影响，也就不会有任何意义。所谓选题的意义，是指该选题的预期成果对相关研究领域的某些方面产生的影响，也就是课题的研究价值所在。选题的意义，有三个关键词要注意：一是预期成果，二是相关领域的某些方面，三是影响。"预期成果"强调"选题的意义"是针对成果而言的，如果没有预期成果，就不好判断其意义。"相关领域的某些方面"说明"选题的意义"是有限的，其意义只限于你的研究课题领域，不能无限放大它的意义。"某些方面"一般包括三个方面，即在教育理论方面、教育实践方面和教育决策方面。"影响"强调的是预期成果所引发的变化。

选题的目的、意义的表述，需要从教育理论、教育实践和教育决策三个方面阐述预期成果所带来的影响。在撰写时要做如下阐述：第一，对教育理论层面的影响，主要写该项研究对原有理论是补充、是创新、是佐证，还是完善？第二，对教育实践层面的影响，主要写该项研究在教育实践方面有什么与众不同？这种不同带来的影响是什么？是丰富实践，是提供案例，还是创新方式？第三，对教育政策层面的影响，主要写该项研究给教育行政决策带来哪些新建议，提供了哪些参考？

一般地说，课题的目的、意义还要说明其选题具有"重要性""创新性""前沿性""可操作性"。"重要性"是指所研究问题对理论发展具有贡献，在实践中具有重要的现实意义；"创新性"是指该课题具有理论创新和实践创新；"前沿性"是指所研究问题处于时代前沿，具有领先性；"可操作性"是指所研究问题具有实际操作性，预期可以在规定的期限内完成。

67 课题研究目标及其撰写

> 研究目标就是本研究最后要实现的结果。教师从事课题研究的目标不在于多,表述要明确、简洁、可测。研究目标可以分为学术目标和工作目标两种类型。

【诠释】

研究目标就是本研究最后要实现的结果,通俗地说就是做这件事的具体的目的。说明研究要达到一个什么样的效果,形成什么东西。即想通过研究建构怎样的教学模式、教学策略,将得到什么新理论、新理念、新观点、新认识等。例如,"小学生可自由支配时间的保障和利用研究",其课题拟定的研究目标为:明晰小学生可自由支配时间的内涵和特征;完善小学生可自由支配时间的保障措施;引导小学生学会利用可自由支配时间的方法和技能。

教师从事课题研究的目标不在于多,表述要明确、简洁、可测,即指向清晰确定,每条一两行字,可以检查评估,通常用"行为动词+名词"的短语来表述。研究目标一般是在研究周期内可达成的、可实现的。在撰写中最好要分开,具体写三四点,不要太多也不要太少。切记不要把研究目标写成研究的总目的或研究的意义。

研究目标可以分为学术目标和工作目标两种类型。学术目标是阐述课题要探索总结什么科学规律,而工作目标则是阐述课题研究对教育教学工作的促进作用。请看"初一学生英语学习自信心培养的实践研究"课题的两个目标的例子:通过该课题研究,探索培养初一学生英语学习自信心的途径、方法。(学术目标)通过该课题研究,使初一全体学生英语学习自信心得到较大提高,优秀率达到80%以上。(工作目标)

从课题研究本身看,不管什么样的课题研究,对教育教学工作都有或多或少的帮助,研究目标越明确、越具体的课题,它的针对性就越强,效果就越好。

68 课题研究内容及其撰写

研究内容是与研究目标对应的具体的可操作的一个个研究点，主要是说明为了实现这个目标，本课题打算具体做哪几个方面的研究，怎样通过研究以达到本课题的研究目标。

【诠释】

研究内容是达到研究目标具体要做的事项、操作点或活动。如果说研究目标是本研究要达成的"具体的目的"，那么，"具体的目的"和"达到目的的具体做法"二者不能混为一谈。

在研究内容撰写中，要说明完成或达成这些研究目标具体需要研究什么东西，做什么事。一般一个目标要对应至少一个内容，要一条一条地列出来。研究目标一般是简短几句话的浓缩，研究内容则可以稍微展开来述说。也就是说，研究内容是与研究目标对应的具体的可操作的一个个研究点，主要是说明为了实现这个目标，本课题打算具体做哪几个方面的研究？怎样通过研究去达到本课题的研究目标？研究内容列出几个主要内容即可，不可过多。毕竟在一两年的研究时间内，不可能通过一个课题研究解决很多问题。但是也不能过少，过少则表明该研究的分量不足。

每一个研究内容之下都要具体有物。例如，在"运用计算机网络个别化教学提高小学生数学学习能力研究"课题中，其研究内容可以分为：通过校内网络教学，开展有利于小学生数学个性化自主学习的网络教学模式研究；采用成绩分析，判断网络环境下小学生数学个性化自主学习有效程度的研究；结合课堂观察，了解网络教学对小学生数学个性化自主学习中兴趣、主动性和探究能力的促进作用。

各项研究内容之间要各自独立，但又要有联系性和继承性，横向联系也可，纵向联系也行，彼此之间相辅相成，相映成趣。研究内容与后继的研究方法、技术路线、实验手段等有区别，主要在于此处只强调自己要做哪些工作，至于怎么做，则是后面的事情。

69　教育课题研究之观察法

"观"即看,"察"则分析研究。运用观察法既要坚持观察的客观性,又要目的明确、真实自然、直接翔实,更要注意观察与分析相结合。

【诠释】

观察,是指人们对周围的事物、现象或过程的认识。"观"即看,"察"则分析研究。教育研究中的观察法,是指人们有目的、有计划地通过感官和辅助仪器,对自然状态下的客观事物进行系统观察,从而获得经验事实的一种科学研究方法。在教育研究中,观察法一般可分为两种:一种称为实验观察,另一种称为参与观察,也称为自然观察。实验观察是在对观察的情境作实验控制的条件下,观察其结果。参与观察是研究对象在自然状态下,研究者参与某一情境中进行的观察。

教育观察法的主要特点:一是目的明确。观察是根据研究课题的需要、为解决某个问题而主动进行的。目的在于获得直接的经验事实素材。二是真实自然。观察是指观察对象不加干预控制的自然状态下进行的,从而使研究者能够考究被观察者在教育教学活动和日常生活中的自然的、真实的、典型的和一般的心理与行为表现。三是直接翔实。观察者和对象共处一体,研究者能够直接地、准确地了解到正在发生的教育现象及应采取某种措施而发生的现象,获得真实、生动而翔实的资料。

教育观察法的功能主要有五:一是了解学生的学习、生活、娱乐等方面的情况,以进一步探寻学生学习、成长过程中的规律,深入研究教育现象、教育规律,改进教育工作。二是了解教师的教育、教学活动,帮助我们系统地观察教师在课堂教学中的活动情况,从而探讨与教师教学活动有关的规律。三是了解学生与教师的关系,研究教育者与被教育者的相互影响,促进学生更好地发展。四是了解学生与教师的群体氛围,揭示各项教育因素的作用,使教育过程得到更好的调控,从而产生更好的教育效果。五是了解其他教育影响的作用,比如内外环境、教学手段、教材等方面的情况。

进行观察研究的设计，要做到：第一，作大略调查和试探性观察。这一步工作的目的不在于搜集材料，而在于掌握基本情况，以便能正确地计划整个观察过程。第二，确定观察的目的和中心。根据研究任务和研究对象的特点，考虑需要弄清楚什么问题，需要什么材料和条件，然后作明确的规定。如果规定不明确，观察便不能集中，结果就不能深入。全部观察要围绕一个中心进行。第三，确定观察对象。一是确定拟观察的总体范围；二是确定拟观察的个案对象；三是确定拟观察的具体项目。第四，制定观察计划。观察计划除了明确规定观察的目的、中心、范围以及要了解什么问题、搜集什么材料之外，还应当安排观察过程，即观察次数、密度，每次观察持续的时间，如何保证观察现象的常态等。第五，策划和准备观察手段。观察手段一般包括两种：一种是获得观察资料的手段；另一种是保存观察资料的手段。获得观察资料的手段主要是人的感觉器官，但有时需要一些专门设置的仪器来帮助观察，如观察屏、计算机终端装置，更高级的如动作反应器等。这些仪器主要是保证观察的客观性，提高观察的精确性。在保存资料的手段中，人脑是天然器官。但这种与观察主体连在一起的保存手段缺乏精确性和持久性，也不能实现资料的客体化。因此，人们先利用文字、图形等符号手段，进而又利用摄影、录音、录像等技术手段，把观察时瞬间发生的事、物、状况以永久的方式，准确地、全面地记录下来。无论哪一类手段，都应在观察开始前就准备好，对观察中使用的各种仪器也须事先作好功能检查，以保证在使用过程中不出现障碍。对于观察人员来说，必须掌握使用仪器的基本方法，并知道在观察中应做些什么。第六，规定统一性标准。为了增加观察的客观性，便于衡量和评价各种现象，易于用数量来表达观察的现象，使观察结果可以核对、比较、统计和综合，必须事先考虑自己的观察可能涉及的各种因素，并对每一因素规定出统一的标准。每次观察或观察同一现象的不同观察者，要坚持采用统一的标准去衡量。第七，逐段提出观察提纲。在观察计划的基础上，应对每次或每段观察提出具体提纲，以便使观察者对每一次观察的目的、任务和要获得什么材料非常明确。观察提纲可以包括本次观察要解决的具体问题，并且应当在前一次观察的基础上，经过深思熟虑之后提出来。亦可采用表格的方式，以便于分类统计。

运用观察法应注意以下几个问题：第一，选择最佳观察位置。选择合适的观察位置，对于观察的效果具有重要的意义。在选择位置时，要注意两个因素：方位和距离。合适的方位是指观察者要面对被观察者，如果背对或侧对,就难以观察到被观察者的行为和表情。在观察的过程中,观察者要适当调节自己的观察位置,保持合适的观察距离。总之,在观察时,观察者一方面要力争处在观察的最佳视野,另一方面要保证不影响被观察者的常态。第二,善于抓住观察对象的偶然的或特殊的反应。要全面正确地了解问题,偶然的或特殊的反应不是无足轻重的,它对于研究问题的动向更具启示意义。因此,在观察过程中,对于被观察者的偶然的或特殊的反应,观察者不要忽视,应该给予一定的重视。第三,注意观察与分析相结合。科学的观察不仅仅是被动地搜集事实,更重要的是对事实进行分析研究,找出各种教育现象间的相互联系。因此,在观察过程中,一定要与分析研究相结合,通俗地说,即要求一边观察一边思考。在作记录时,研究者可以把自己头脑中闪现的意见、推论等记录下来,但是要用一些特殊符号将它们同严格的观察记录区分开来。这样的意见对于以后分析资料可能会有一些帮助。第四,坚持观察的客观性。如果观察者带着偏见去观察,收集到的资料其客观性、真实性就很难得到保证,那么资料也就失去了它应有的价值。因此,在观察时,观察者要摒弃一切先入之见,不要戴有色眼镜,要实事求是地进行观察和记录,不要因个人好恶影响观察的客观性。第五,做好观察前的准备工作。做好观察前的准备工作,是进行科学观察的基础,准备工作的好坏是观察成败的关键之一。在观察前,一定要制定好观察计划或方案,这样才能保证观察能够有计划地进行。此外,要做好物质方面的准备:如果观察要借助仪器,就必须事先对仪器进行检查、安装以及如何使用进行安排;要印制观察记录表格,以便迅速、准确和有条理地记录所需的材料,便于日后的核对、比较、整理和应用。

70 教育课题研究之问卷调查法

问卷调查具有标准、效率高、范围广的特点。问卷调查的形式主要有三:结构问卷、开放式问卷和综合型问卷。问卷结构一般包括题目、说明语、问题与答案、结束语等内容。

【诠释】

问卷调查法是研究者用统一、严格设计的问卷来收集研究对象数据资料的一种研究方法。研究者把所要研究的问题设计成有问有答的形式,按一定的规则排列,编制成书面的问题表格,要求研究对象作出填答,即问卷。问卷调查是教育调查研究中最基本的研究方法。

问卷调查的特点有:①标准。问卷调查由于是按照统一设计好的问卷为工具和以固定格式而进行研究,保证了问卷调查的科学性和准确性。②效率高。问卷调查可以在较短时间内收集到大量资料,是一种省时、省力、效率高的研究方法。③范围广。许多调查都可以采用这种方式。

问卷调查的形式主要有三种:①结构问卷。在结构问卷中,不仅要提出问题,而且要提供可选择的答案,只允许被试者根据自己的情况,在问卷所限制的范围内进行挑选。因此,结构问卷是一种限制式的问卷。结构型问卷具有标准化、简单易行、心理干扰小、样本大等优点,但缺乏灵活性、深入性、独特性。②开放式问卷。开放式问卷只提出统一问题,不列出任何选择答案,让被试者根据自己的情况,自由陈述自己的想法。开放式问卷与结构问卷相比,被试者可以自由回答,限制少,研究者可以在研究中得到更丰富的资料,但进行定量分析与对比分析比较困难。③综合型问卷。鉴于结构式问卷和开放式问卷的特点,研究者通常根据具体情况选择适当的类型,并且在很多场合将它们结合起来加以使用。一般地说,综合型问卷以结构型为主,适当加入若干开放性问题,这样可以互相补充,取长补短,以提高研究的科学性。

问卷调查的关键是编制问卷。问卷结构一般包括题目、说明语、问题与答案、结束语等内容。①题目。即问卷的标题,是对研究课题、研究内容最简洁的反映。拟订的题目既要与调查目的相符,又能吸引被试者。②说明语。通常包括两部分:一是对问卷目的、意义和内容的简要说明,二是指导被调查者填写问卷以及注意事项的说明。必要时可以给出例题,说明作答方法。③问题与答案。这是问卷的主体,包括问题及待选答案。问题是问卷的核心,编制问卷首先需要确定问题。问题包括事实性问题与态度性问题两类。问题的提出要科学、合理,一般要经过如下步骤:问题的排列一般遵循同类组合、先易后难、先次后主、先一般后特殊、先结构型问题后开放型问题等原则。回答方式有是否式、多项选择式、排序式、量表式、图画式、填空式、自由式等几种。④结束语。一般表示对被试者的感谢,也可以设计开放型问题,让被试者深入做答或提出看法与建议。

此外,在使用问卷调查收集资料时,应注意以下几点:①题量要适当地多一些。由于问卷调查容易受社会变量的影响,题量太少,容易导致答案失真。因此,问卷应从不同角度多出一些题目,以检验被调查者回答的一致性。②问题要便于被试者回答。问题设计要与被调查者的背景与环境等相适应,并能引起他们积极回答的兴趣。③采取匿名回答。④问卷的发放可以采用邮寄,也可以采用有组织地发放或当场填写等形式。发放或当场填写的问卷回收率一般要达到70%以上,邮寄问卷的回收率应不低于50%。否则,低于70%或50%的回收率是不能作为研究结论的依据的。

71 教育课题研究之行动研究法

> 行动研究是一个螺旋式发展的过程,每一个螺旋发展圈都包括了计划、行动、观察和反思四个互相联系、互相依赖的环节,且四环节是不断循环的,每一次循环都有所改进、有所提高。

【诠释】

行动研究法是在实际情景中,由实际工作者和专家共同合作,针对实际问题提出改进计划,通过在实践中实施、验证、修正而得到研究结果的一种研究方法。

(1)行动研究法的"行动"特征。第一,从研究目的看,是"为行动而研究"。行动研究打破了传统研究在研究目的上的局限性,它的根本目的不是为了理论上的产出和普遍规律的发现,而是为了行动的改进、实践的改进。第二,从研究对象看,是"对行动进行研究"。行动研究是抓住行动中值得关注的对象作为研究的问题的。第三,从研究环境看,是"在行动中研究"。行动研究既不是在实验室里进行,更不是在图书馆里开展。行动研究的环境是教师工作于其中的实际环境。教师在自身的教育教学行动中发现问题、分析和研究问题、解决问题,从而改进自身工作。第四,从研究人员看,是"行动者进行研究"。开展行动研究的人就是学校的教育行动者——广大学校教育工作者。他们一边工作，一边研究，研究的结果以运用于自己的工作，从而把探索研究结果和运用研究结果结合起来。第五，从研究范围看，是研究者行动所涉及的范围。研究者不是去研究工作范围之外的对象。他研究的是自己工作中涉及的具体人、事、物。其研究结果——问题的解决及由此得到的经验只限于自己特定的工作范围内有效，不一定能普遍应用。第六，从研究进程和方法看，是边行动边调整。行动研究要通过研究者行动上的干预来达到对象的改变。行动干预的进程和方法没有一个严格的程序，也无法预先完整地设定，它具有弹性或动态性，由研究者根据情况边实践边修改。第七，从研究结果看，是行动的改进与发展。行动的改进和发展具有双重含义。一是学生行动的改进和发展：学习行为、品德行为、社会性行为；二是教师行动的改进和发展：教师获得专业知识和能力的提高。

（2）行动研究的实施原则。第一，行动。行动研究是不断的行动，要从行动中发现问题、研究问题、解决问题。要从一系列的行动中，逐渐提高教育教学工作的水平，逐渐改善原有状况。第二，合作。行动研究常称为合作性的行动研究。它要求从事相同工作的人共同研究，特别是本学校的人共同研究。有时也可以要求本地其他学校的人员共同研究，家长、学生及社会有关人士也可以是合作研究的对象。第三，弹性。行动研究是解决实际问题的方法。只要有利于问题的解决，一切预定的计划均可改变。在行动研究中要随时根据实际情况的需要及可能，确定要解决的问题，提出解决问题的假设，并制订研究计划。第四，考核。行动研究要利用多种方法与工具，不断考查工作的结果，搜集各种情况改善的证据，测量研究对象发展的程度。在每一个行动之后，都要予以考核或检讨，以便随时修正行动，促成问题的妥善解决。

（3）行动研究的基本步骤。行动研究是一个螺旋式发展的过程，每一个螺旋发展圈都包括了四个互相联系、互相依赖的环节：计划、行动、观察和反思。第一，计划。计划是行动研究的第一个环节，它包括了对问题的分析与解决问题的设想。对于行动研究来说，它不要求设想完善的计划，任何计划都要在实施的过程中，根据情况的发展变化作出调整和修改。第二，行动。实施计划，即按照目的和计划行动。这里采取的行动，就是对研究对象的干预，即施加自变量的影响。第三，观察。即考察，这一环节的任务是搜集资料，从而对行动的整个过程、获得的结果、行动的背景等尽可能有详细的了解。第四，反思。反思是对行动结果及其原因进行思考。这一环节包括：整理和描述,评价解释。以上四环节是不断循环的,每一次循环都有所改进、有所提高。

72　教育课题研究之经验总结法

> 经验总结的一般方法步骤:确定研究课题与对象—掌握有关参考资料—制订总结计划—搜集具体实事—进行分析与综合—组织论证—总结研究成果。

【诠释】

经验总结法,是指通过对实践活动中的具体情况进行归纳与分析,使之系统化、理论化并上升为经验的一种方法。所谓经验,是指由于这种知识或技能往往凭借个人或团体的特定条件与机遇而获得的,带有偶然性和特殊性的一面,因此,经验并非一定是科学的。它需要理论研究者和实践者做一番总结、验证、提炼加工工作。总结经验一般是在实践中取得良好效果后进行。在总结经验时,一定要树立正确的指导思想,对典型经验要用客观的立场和观点进行分析判断,分清正确与错误、现象与本质、必然与偶然。经验一定要观点鲜明、正确,既有先进性、科学性,又有代表性和普遍意义。

根据经验总结的具体实践过程,其一般方法步骤:①确定研究课题与对象;②掌握有关参考资料;③制订总结计划;④搜集具体实事;⑤进行分析与综合;⑥组织论证;⑦总结研究成果。

实行经验总结时应注意以下几点:一是选择对象要有先进性和代表性,具有典型意义;二是要以客观事实为依据,做到定性与定量相结合;三是要全面考察总结的对象,充分占有原始的事实材料,且做到有"点"有"面","点""面"结合,防止以偏概全的片面性;四是要正确区分现象与本质,得出规律性的结论;五是要以教育实践活动为依据,不能凭空想象所谓的经验。

73　教育课题研究之实验法

> 实验的操作：形成假说—制定实验方案—实施实验—形成实验报告—评价论证。

【诠释】

通俗地说，实验法是一种先想后做的研究方法。"想"，就是从已有的理论和经验出发，形成某种教育思想和理论构想，即"假说"。所谓"假说"，就是根据事实材料和一定的科学理论，对所研究问题的因果性和规律性在进行研究之前预先做出一个推测性论断和假定性解释。假说的形成是一个理论构思过程。一般经过三个阶段：发现问题—初步假设—形成假说。"做"，就是将形成的假说在有计划、有控制的教育实践中加以验证。通过对实验对象变化、发展状况的观察，确立自变量与因变量之间的因果关系，有效地验证和完善假说。

"验证假说"和"控制条件"是一切实验方法所具备的共性，但教育教学实验方法还具有伦理原则、有限控制、控制下的形成性等特征。首先，教育教学实验必须确立自变量与因变量之间的因果关系。其次，教育教学实验必须科学地选择研究对象。再次，教育教学实验还必须控制和操纵实验条件。实验应当具有可重复性，应不仅具有效度而且具有信度，即经过重复实验后所得到的实验结果应大致相同。

教育实验中的"变量"主要有三：第一，自变量。又称做实验因子或实验因素，它由实验者操纵，由实验者自身独立的变化而引起其他变量发生变化。一个实验因子至少要有两种水平（比如两个组、两个班级等）才能进行比较，否则其本身就不能构成实验因子。第二，因变量。因变量是一种假定的结果变量，是对自变量的反应变量，或曰"输出"。它是实验变量作用于实验对象之后所出现的效果变量。实验因变量必须具有一定的可测性。第三，无关变量。也称"控制变量"，指不是某实验所需要研究的、自变量与因变量之外的一切变量，这些统称为该实验研究的无关变量，也称非实验因子或无关因子。为了很好地探索因果关系，以确实保证因变量的变化是由自变量的变化所引起的,就必须排除其他无关因素的影响,控制无关因素,使实验除了自变量以外的其他条件保持一致,这样才能保证实验研究具有一定的效度。否则,实验就失去了信度。

实验的操作大致有以下步骤:第一步,形成假说。第二步,研究制定严谨科学的实验方案。包括选择被试、确定对比组、实验方法过程的设计、实验材料和工具的选择、研究无关变量及其控制措施、实验的阶段划分、原始过程性资料积累的方案与分工、成果形式的确定等。第三步,按照方案实施实验。第四步,形成实验的阶段性报告和总结性报告。第五步,对实验进行评价论证。

74　教育课题研究之案例研究法

> 所有的案例都是事件,但并不是所有的事件都可以成为案例;所有的案例都是故事,但并不是所有的故事都可以成为案例;所有的案例都是对某一个事例的描述,但不是对所有事例的描述都可以成为案例。

【诠释】

什么是"案例"?中外学者尚无普遍公认的、权威的定义。一般认为,案例是对现实生活中某一具体现象的客观描述。教育案例,是对教育活动中具有典型意义的能够反映某些教育内在规律的或某些教学思想的具体教学事件的描述、总结与分析,它通常是课堂内真实的故事,或为教学实践中遇到困惑的真实记录。对这些"真实记录"进行分析研究,寻找规律或产生问题的根源,进而寻求解决问题或改进工作的方法,或形成新的研究课题。在案例法的研究中,研究者自身的洞察力最为关键。

关于案例含义,主要有以下几种观点。第一,所有的案例都是事件,但并不是所有的事件都可以成为案例。教育上的案例首先表现为一个事件,但是能够作为案例的事件必须具备两个基本条件:一是在事件中必须包含有一个或多个疑难问题,同时也可能包含有解决这些问题的方法。换句话说,没有问题在内的事件不能称为案例。二是这个事件应该具有一定的典型性,通过这个事件可以给人带来许多思考,或给人带来遇到同样或类似事件如何应对的借鉴意义和价值。第二,所有的案例都是故事,但并不是所有的故事都可以成为案例。案例讲述的肯定是一个故事,而且通常情况下讲述的是一个有趣的故事。其中要有生动的情节、鲜活的人物。作为案例的故事至少应该具备两个条件:一是这个故事必须是一个真实的事例,不能是编制者自己凭空想象杜撰出来的。没有真实发生的故事不能作为一个案例。二是这个故事要有一个从开始到结束的完整情节,若是片段的、支离破碎的所谓故事不能成为一个案例。第三,所有的案例都是对某一个事例的描述,但不是对所有事例的描述都可以成为案例。

除了满足上述要求外,在案例的叙写上,要具备下列条件:一是事例的描述中要有一定的冲突;二是事例的描述要具体、明确,不应是对事情大体如何的笼统描述,也不应对事情所具有的总体特征所作的抽象化的、概括化的说明;三是描述中要把事例置于一个时空框架之中,也就是要说明故事发生的时间、地点等;四是事例的描述,要能反映出教育教学工作的复杂性,揭示出人物的内心世界,如态度、动机、需要等;五是事例的描述要能反映出故事发生的特定的背景。通过上述分析可以看到,虽然一项练习、一个难题、一篇文章或其他近似于案例的材料,也可以在课堂上起到调动学生积极性的效果,但它们并不能称为案例。既然任何案例的基础,都是个人或一个单位在实际情景中所面对的事实,若把虚拟的材料、没有任何问题或疑难包含在内的材料也纳入案例的阵营,案例的主要特征也就几乎不存在了。

每个完整的案例大体包括以下四个部分:①主题与背景——每个案例都提炼出一个鲜明的主题,它通常应关系到课堂教学的核心理念、常见问题、困扰事件,要富有时代性,体现现代教育思想和改革精神。②情境描述——案例描述应是一件文学作品或片段,而不是课堂实录。无论主题多么深刻、故事多么复杂,它都应该以一种有趣的、引人入胜的方式来讲述。案例描述不能杜撰,它应来源于教师的真实经验或面对的问题。当然,具体情节要经适当调整与改编,因为只有这样才能紧紧环绕主题并凸显了讨论的焦点。③问题讨论——首先可设计一份案例讨论的作业单,包括学科知识要点、教学法和情境特点,以及案例的说明与注意事项。然后提出建议讨论的问题,如学科知识问题、评价学生的学习效果、教学方法情境问题和扩展问题。④诠释与研究——对案例做多角度的解读,可包括对课堂教学行为作技术分析、教师的课后反思等。案例研究所得结论可在这一部分展开。

75 教育课题研究之个案研究法

　　个案研究是对单一的研究对象进行深入而具体的研究,研究的对象少、规模小,不需要特殊的处理,也不会影响正常的教育教学活动,所以特别适合一线教师的研究。

【诠释】

　　个案研究法就是对单一的研究对象进行深入而具体研究的方法。个案研究的对象可以是个人,也可以是个别团体或机构。前者如对一个或少数几个优生或差生进行个案分析,后者如对某先进班级或学校进行个案研究。个案研究一般对研究对象的一些典型特征作全面、深入的考察和分析,也就是所谓"解剖麻雀"的方法。

　　在个案研究中,原始的资料积累是非常重要的。同时个案研究不仅停留在对个案的研究和认识的水平上,而且需要认识教育与发展之间的因果关系,提出一些积极的教育对策,以改革教育教学方法。也可能通过对某个案的研究而形成假说,进而产生新的研究课题或教改实验。

　　观察或追踪一个人、几个人、一个团体、一节课……的过程,时间可长可短,依需要而定。要进行分析概括,透过现象看本质,得出规律性的结论,找出解决问题的办法。由于个案研究的对象少,研究规模也较小;同时个案研究一般都是在没有控制的自然状态中进行的,不需要在一段时间内突击完成,教师可以抓住一两个典型的学生或一类学生,结合教育教学工作实践进行研究;对于每一个教育实践工作者来说,总可以在班上找到研究对象,而且也不需要什么特殊的处理,也不会影响到正常的教育教学活动。所以,个案研究特别适合一线教师的研究。

76　教育课题研究之文献研究法

> 文献研究法主要分文献检索、文献收集、文献鉴别、文献的研究与运用四步，共分分析和准备阶段、搜索阶段和加工阶段三个阶段。

【诠释】

所谓文献，就是以书籍、报刊、实物、声像材料以及以软件、光碟、网络等为载体记录下来用于保存和传递信息的各种资料。教育研究常用的文献，主要有档案、相关文件、工作记录、汇报总结、统计数据、报刊、书籍、声像资料以及数量巨大、更新迅捷的网络资料等。现代社会科学技术迅速发展，给予了文献研究法以全新的含义，使我们做起教育科研更加得心应手。

文献按内容性质分，有零次文献、一次文献、二次文献和三次文献。零次文献是未经发表和有意识处理的最原始的资料。一次文献指直接记录事件经过、研究成果、新知识、新技术的专著、论文、调查报告等文献。二次文献是指对一次文献进行加工整理，包括著录其文献特征、摘录其内容要点，并按照一定方法编排成系统的便于查找的文献。三次文献是指工具书和在二次文献的基础上，又对众多一次文献的综合研究结果。

查找文献资料要注意以下几点：第一，要科学地考虑文献检索的范围。例如要考察一个省或者一个地区在学科教学中开展研究性学习的现状，就应该穷尽最近几年来该省或者该地区在此方面的所有文献，比如报刊上发表的当地关于研究性学习探讨的理论文章或者经验性总结，还有在各种文件、内部材料和会议中交流的开展研究性学习的实践性资料。只有对文献涉及的时间、空间、载体形式和主题都有周全的覆盖，才能整体把握该项研究的基本状况。否则，得出的研究结果就有可能挂一漏万，或者以偏概全。第二，要有意识地拓宽文献搜集的渠道。应该尽可能地搜集到与研究课题有关的方方面面的资料，比如档案、文件等可以考虑到相关单位的资料室、档案馆、博物馆去查找；统计数据可以查找各级各类统计年鉴或者相关单位的统计报表；书籍、报刊则可以到大型图书馆去借助各种检索工具查阅；一些声光电化资料则可以到电化教育馆去获得。当前网络信息十分发达，网络系统中的资料尤其值得重视,利用网络能使我们检索文献更加高效、便捷。第三,文献的搜集要全面、客观。对于确定要搜集的文献,最好是原始的第一手材料,这样才能保证它的客观真实性;对于第二手材料,要认真考察它的出处,要跳出使用者的治学态度和主观立场。再者,应该具有历史责任感和现实精神,对搜集到的资料应去伪存真、去粗取精。第四,要注明所有文献的来源和出处。不管是复印的公开出版物,还是内部的油印材料,或者是网络下载的文件,在搜集和采用的过程中,都要严格注明出处,做到有据可查。这是一种科学严谨的研究态度,便于后来的研究者在已有的基础上开展工作,以避免不必要的重复性劳动。

运用文献研究法的步骤:第一步,文献检索。即首先要充分利用报刊目录、文摘、年鉴及百科全书等资料,检索列出有一定参考价值的文献目录清单。第二步,文献收集。收集文献是重要而艰苦的工作,通过对文献的浏览、精读和收录,形成文献的提纲、摘录和摘要,如能形成文献卡片资料更好。第三步,文献鉴别。要注重文献的出处和价值,去伪存真,防止以讹传讹。第四步,文献的研究与运用。可运用历史法、因果法、比较法等方法对文献进行定性分析和定量统计,反复思考,得出规律性的认识,写出研究报告。

具体地说,运用文献法可分为三个阶段:第一阶段,分析和准备阶段。此阶段包括分析研究课题,明确自己准备检索的课题要求与范围,确定课题检索标志,以确定所需文献的作者、文献类号、表达主题内容的词语和所属类目,进而选定检索工具、确定检索途径。第二阶段,搜索阶段。搜索与所研究问题有关的文献,然后从中选择重要的和确实可用的资料分别按照适当顺序阅读,并以文章摘录、资料卡片、读书笔记等方式记录收集材料。第三阶段,加工阶段。要从收集到的大量文献中摄取有用的情报资料,就必须对文献作一番去粗取精、去伪存真、由表及里的加工工作。主要包括剔除假材料,去掉重复、陈旧、过时的资料;从研究任务的观点评价资料的适用性,保留那些全面、完整、深刻和正确地阐明所要研究问题的有关资料。

77　课题研究的创新点怎么写

> 课题研究中的创新点，就是在所研究的这项课题中准备创新的地方是什么。其创新点主要包括新发现、新观点、新见解、新内容、新途径、新方法等。其创新点可以是一点，也可以是多点。

【诠释】

课题研究中创新点是指课题的选择要有一定的新发现、新观点、新见解，在应用研究领域有新内容、新途径和新方法。通俗地说，创新点就是在所研究的这项课题中准备创新的地方是什么。其创新点可以是一点，也可以是多点。

课题研究的创新点，要在课题研究方案中明确提出来，目的是表明你的研究不是简单地重复别人的研究工作和成果，而是进行新的创造，这也是你的课题研究的最突出的价值或意义所在。

课题研究的创新点应具体表现在以下几点：第一，课题研究能够反映时代特点；第二，课题研究具有新内容；第三，课题研究具有新的角度；第四，课题研究采用新的方法。

78　课题的预期研究成果怎么写

> 填写课题预期研究成果，一要写明预期研究成果是以哪几种形式呈现出来的；二要写明预期研究成果的数量、级别、类型等。填写时要做到实事求是，不要夸大其词。

【诠释】

课题"预期研究成果"，是指课题研究后拟取得什么形式的阶段研究成果和终结研究成果。成果形式有很多种：调查报告、实验报告、研究报告、论文、著作、经验总结、测试量表、课件、教学设计、录像光碟等。对于中小学教师来说，调查报告、研究报告、论文、教育叙事、个案分析、典型课例等应是课题研究成果中最主要也是比较容易表现的形式。不管预期研究成果是什么，在申报课题的时候都要写明课题的预期研究成果是什么。

如何填写课题预期研究成果？第一，要写明预期研究成果是以哪几种形式呈现出来的。第二，要写明预期研究成果的数量。比如如果是研究论文，要写明论文数量几篇；如果是著作，要写明著作是几部。第三，若是论文，还要说明在什么级别的期刊上发表；如果是专利，则需要明确专利的类型。第四，不管预期成果是哪类学术成果，在撰写时能确定的必须详细注明出来；若是不能确定的，则不要硬性确定。

撰写课题预期研究成果的时候，千万不要为了课题能立项而夸大其研究成果。这样即使课题被立项，但是由于研究结果并未达到预期研究成果，那么最后有可能会因此而导致课题结题失败。要知道课题结题失败的后果还是比较严重的，因此大家在撰写课题预期研究成果的时候一定要实事求是，如实撰写即可。

79 申报教研课题，不可忽视参考文献

参考文献是课题开题申请书的重要组成部分，要尽量使用最新的、关键的参考文献。要注重文献的质量，要注重文献的时效性，所引用的参考文献必须正确无误。

【诠释】

参考文献是课题开题申请书的重要组成部分，要尽量使用最近的、关键的参考文献。所谓"关键的参考文献"，就是那些与研究内容直接相关的得到广泛认可的能引领本领域发展的有影响力的论文。

参考文献为课题申报提供了理论支撑。对于一个优秀的课题申请书而言，正确引用并适当选择参考文献是非常重要的，有利于评审专家准确地从

申请书中识别、检索、获取有价值的信息,提高申请课题批准率。如果申请者对文献在申请书中的作用不够重视,胡乱堆砌或随意引用,会造成评审专家认为其治学不严谨而严重影响开题的认可度。第一,申请书中参考文献可体现立项依据是否充分。参考文献反映了科学研究最新发展动态,评审专家能发现申请者有没有仔细查阅其课题的相关最新研究动态。第二,申请书中参考文献可体现课题的科学价值。在课题申请书撰写中,从申请者所著录的参考文献水平和层次,可以看出课题的研究起点、研究的深度和广度、课题的研究价值。第三,申请书中参考文献可体现课题的时效性。若申请者著录的参考文献是近几年具有代表性的成果,可以看出申请者的研究领域较为前沿,选题新颖。第四,准确的参考文献还体现了申请者的科学态度。在填写课题申请书时,形式与内容同样重要,内容通过形式表现出来。没有漏引、错引、过度堆砌并按照正确格式著录的参考文献,会让课题申请书整体上显得干净、整齐,会给评审专家留下好的印象。

那么,需要引用哪些参考文献?这对于课题申请书和研究论文的作者来说是一个基本问题。所作的选择在很大程度上表明自己的观点和对所在领域目前状况的了解。第一,要注重文献的质量。一要引用权威性文献。文献的权威性包括观点的权威性、期刊的权威性、作者的权威性。权威文献指的是本领域内那些经典的、开创性的、具有重大影响力的文献,一般都刊登在各研究领域具有较高威望的期刊上,作者一般都是公认的专家和学者。选取与研究课题紧密相关的权威性文献作为参考文献,能为申请者的研究课题提供强有力的理论支持,可以增加立项依据的权威性。二要引用前沿性文献。前沿性的文献指近年内对所属研究领域有前瞻性、观点新颖、论述独特的文献。选用与研究课题紧密相关的前沿文献作参考文献,可以说明申请者对研究课题的最新动态有所掌握,更重要的是可以体现出申请项目研究领域的前沿性和选题的新颖性。三要引用直接相关的文献。也就是要引用那些能直接说明你的研究体系,甚至具体涉及你的研究问题的参考文献。第二,要注重文献的时效性。申请者应该尽可能选用新近发表的文章,一般来说,引用的文献都应该是在近十年发表的,要以近三年为主,最好有申请当年发表的文献。引用最新的文献会使申请书显得很新颖,说明申请者在掌握文献上与时俱进,这对同行专家判定该课题的创新性具有直接的作用。第三,要合理搭配国内外学者的文献。主要参考文献既要反映国外最新研究动态,还要显示国内研究进展。在主要参考文献中,国内外学者的文献比例应适当,国内外关键性的研究工作都应有所体现。第四,要适当引用自己的文献。有良好前期工作基础的申请者,也要引用自己发表的相关论著,但不能过量。第五,要慎重考虑引用与自己观点矛盾的文献。引用文献不仅要包括那些支持自己论点的文献,还要包括那些与你的观点有冲突或难以解释自己论点的文献,并要直接阐明观点的不同之处。

在一个课题中,引用多少篇参考文献为好。这个问题实际上涉及参考文献的质量,而非数量。要控制参考文献的数量,并非越多越好。文献数量的多少并不代表研究水平高低,要根据实际情况调控参考文献的数量。第一,要考虑是否每个观点都值得引用。为本学科内众人皆知的事实没有必要做大量的引证,如果这样只会显示出申请者的无知。也没有必要对某些不必要的细节、解释性语句以及与项目申请书相关性不大的话题给以过多的参考文献引用。在说明背景时,应引用少量的最重要或最有影响的文献,或者只引用1~2篇综述。第二,要考虑是否每篇论文都需要被引用。引用那些对建立可信性或可行性很必要的文献,而对那些只提供背景材料和起支持作用的参考文献的引用则要加以限制。没有必要用十多篇文献来说明你所提出的某个陈述,要选择精、专、深的文献,如果一篇文献足以说明问题,就不必引用更多的参考文献。

所引用的参考文献必须正确无误。特别要注意文中引用内容和文后标注的参考文献要吻合、对应。另外要注意文献的作者、题目、期刊名、出版年卷期和页码必须准确无误。

80 课题研究过程中资料的搜集和整理

课题资料的搜集包括基础性资料、计划性资料、过程性资料、专题性资料、效果性资料、成果性资料。对资料的加工整理通常采用核对资料、选择论据、汇总统计、综合加工的办法进行。

【诠释】

课题资料是指课题研究过程中的全部资料,是教研课题研究的重要组成部分。它如实地记载了一个课题从策划、立项、研究到最后结题的全过程。它不仅是课题成果的佐证材料,也是课题验收的重要依据,更是开展科研工作的保证。在课题研究过程中,资料的占有量及资料的客观性和真实性,决定了课题研究成果的质量。因此,全面地收集、整理和保存课题研究资料,是课题研究中的一项重要工作。

从目前科研课题研究工作的基本情况看,课题资料至少应该包括以下六个方面:一是基础性资料。基础性资料是课题研究前期以及课题研究中所做的调查、测量、检索、研讨等工作中所产生的各类资料。二是计划性资料。计划性资料是课题研究起始阶段所形成的各类计划方案。三是过程性资料。过程性资料是课题研究过程中产生的各类资料。这些资料重在随时随地地搜集、积累与整理,特别要注意研究过程中的原始数据与资料。四是专题性资料。课题研究过程中,围绕一些事关整个课题运作的专题进行深入系统的研究所形成的资料是专题性资料。五是效果性资料。对实验变量的控制、检测,对课题实施的阶段性、终结性评估等,都会得到相应的资料,这是形成最终成果的主要资料。六是成果性资料。课题实施的各个阶段与课题研究结束都来自课题组与课题组成员个人的专题性或综合性的总结,这些总结对课题终端成果的形成具有直接意义。

其中,过程性资料是课题研究过程中所产生的各类资料,也是课题研究过程中的关键性资料。对于小课题研究来说,过程性资料已经是整个研究过程的全部资料了。课题过程性资料主要是主件和过程性资料:第一,主件。包括:课题立项申请书、批准书、课题方案(具体每个阶段的研究计划、每个阶段的总结)。第二,过程性资料。包括:围绕课题展开的调查报告、方案论证、开题报告、阶段报告等;围绕课题的学习材料学习体会;围绕课题的研究课实录或教学设计、说课、评课、教者自我反思、课堂评价表、光盘、图片、影像资料;教育教学效果测查情况,检测评价试卷、问卷及检测所得的一些数据资料;研究过程中对研究对象的全部观察记录、调查材料、测验统计等;课题组成员所写的课题小结、随笔、案例分析、课题组成员所获得的荣誉;课题组成员撰写的经验总结、发表的与课题有关的文章(刊物封面、目录、文章级别、文章)、获奖论文(注明级别、等次)、撰写的专著;课题整个研究过程的大事记,主要成果推广应用情况、效果、效益;课题中期评估申请、中期评估报告、阶段成果;课题结题申请书、课题结题报告、最终成果等。

在收集资料时,我们要做到:第一,坚持围绕研究主题的指导思想,根据课题研究需要,设计资料收集、数据采集的计划。第二,联系日常教学实际,让收集变得轻松、愉悦。第三,明确每一项资料的具体要求,才能使收集更有效。

收集资料的过程同时也是整理资料的过程。整理资料是指把收集到的文献资料和采集到的数据资料进行一定的加工整理,使获得的资料整齐、有序,以便于下一步的研究工作顺利进行。整理资料一般需要经过挑选、核对、分类等步骤。挑选的任务是对获得的资料进行取舍,选取有用的资料,舍弃无用的资料。核对的任务是对获得的资料从资料来源、资料的完整和准确等角度进行核实、查对,以保证基本事实资料的可靠性。分类的任务是根据研究需要,把获得的事实资料分门别类地加以整理。材料的加工整理是科学研究的重要辅助工作,通常采用核对资料、选择论据、汇总统计、综合加工的办法进行加工整理。

81　如何撰写课题的中期报告

中期报告的内容主要有四:一是课题前期开展的主要研究工作;二是课题前期的阶段性研究成果;三是课题研究过程中遇到的问题与困惑;四是课题研究的下一步思路与打算。

【诠释】

一项课题经过一段较长时间的研究之后,积累了一些研究素材,解决了一些实际问题,当然也会遇到一些困惑或问题,这就需要课题组成员召开中期研讨会,对课题进行再次梳理和总结,即撰写中期报告。中期报告,没有固定的格式与要求。根据广大中小学教师的工作性质和需求,中期报告应尽量简单、适用,既能体现对课题前期研究情况的总结,又能明确课题下一步的研究思路。一般而言,中期报告的内容主要有四:

(1)课题前期开展的主要研究工作。该部分内容主要写清楚课题自实施以来,课题组成员所做的主要准备和研究工作。如课题的开题情况、课题的分工情况、课题资料查阅和收集情况、问卷调查情况、课题的实施情况等。

一般按内容板块或时间顺序有条理地说明研究的开展情况,陈述研究过程中主要做了哪些研究工作、是怎么做的。

（2）课题前期的阶段性研究成果。阶段性成果,是指在撰写中期报告之前取得的初步研究成果,即陈述本课题组成员完成研究内容、达成研究目标的情况。应该说,经过前期的研究工作,课题一般都会有一些比较好的做法和经验。其好的做法和经验就有必要及时进行总结和提炼,这就是阶段性的研究成果。

（3）课题研究过程中的问题与困惑。在课题研究过程中,遇到一些具体问题是正常的。相反,如果课题研究过程中什么问题也没遇到是不正常的。一般而言,课题研究过程中遇到的问题主要包括两个方面:一是研究方法的问题。如调查问卷的调查结果和预想的不一样? 如何收集研究资料? 等等,这需要科研人员的及时指导。二是具体的课题问题,即课题组成员随着研究的深入而发现的新问题,这个新问题是需要下一步解决的问题。如课题"小学生阅读能力培养研究",在研究过程中发现,学生们不仅仅是阅读能力较差,而且阅读兴趣、阅读习惯、阅读内容的选择等都存在着较大的问题,因此这就需要课题组进行更深入地研究。从某种意义上来说,研究过程中发现的问题越多,说明课题的研究越深入。

（4）课题研究的下一步思路与打算。经过对前期课题研究情况的梳理和总结,就会逐步明确课题的亮点与不足。那么课题组成员就要根据研究的实际情况调整研究计划,合理安排研究时间和重新分配研究任务,再次明确课题下一步的研究思路以及打算。

82 怎样召开课题中期报告会

中期报告会的基本程序:一是课题组成员交流和梳理课题进展情况;二是课题主持人撰写中期报告;三是召开会议,其议程包括课题主持人汇报中期报告、专家点评等;四是会后研讨;五是对中期报告会相关材料的整理和归档。

【诠释】

课题研究工作的中期阶段,课题研究成员或多或少都会出现"倦怠"现象,包括课题研究工作进展迷茫、研究素材杂乱、课题组成员分工不明确等。因此,中期阶段就有必要"歇一歇","瞻前顾后"课题的研究进展情况。"瞻前"就是回顾之前课题研究的现状,如都做了哪些研究工作、有哪些比较好的做法、课题材料收集怎么样、课题组分工需要再明确一下、研究计划是否正常进行等;"顾后"就是思考下一步的课题研究思路,根据研究计划和实际工作需要对课题研究思路进行再调整、再分工。

不言而喻,中期报告会实际上就是课题研究行进途中的"驿站",补充和积蓄研究能量,重新规划课题研究的行进路线,纠正课题研究过程中的偏差,这样就有效保证了课题研究工作的顺利进行,同时也保证了课题研究的质量。

中期报告会除了撰写中期报告之外,还需要做一些其他工作,具体工作如下:第一,邀请相关课题研究专家对课题情况进行点评。这是非常有必要的。专家可以是知名的科研专家,可以是名师或骨干教师,也可以是校长或者教科室主任,根据情况而定。邀请专家的价值在于,专家能够从不同的视角或者思路指出课题研究中存在的问题,指明课题研究的方向。第二,课题主持人要勇于承担责任。即使课题主持人是校长或其他领导,也最好要积极参与此项活动,无论是精神或物质上都可以适当给予保障,这样可以有效保证课题研究工作的顺利推进。第三,由于广大教师自身的工作都比较繁忙,因此中期报告会应尽量简单、简洁,不要影响正常的教育教学秩序。第四,中期报告会期间,课题组成员多交流、多沟通,包括会前、会中和会后都要及时交流、沟通。

中期报告会的程序不要太复杂,做到简单、快捷即可,具体程序是:第一,课题组成员召开碰头会,交流和梳理课题进展情况以及课题研究中的困惑;第二,课题主持人撰写课题中期报告;第三,召开会议,会议议程包括课题主持人汇报中期报告、课题组成员补充说明、专家点评、课题组成员记录专家点评意见或建议等;第四,会后研讨,及时吸纳专家点评建议,及时调整课题研究工作计划,及时做好课题研究工作的再分工;第五,对中期报告会相关材料进行整理。

83　课题研究工作报告不同于课题研究报告

> 课题研究工作报告是对研究工作作事务性说明,属于工作情况汇报。课题研究报告是对课题研究作学术性说明,目的在于表述和推广研究成果。

【诠释】

课题研究工作报告是在课题研究工作结束时,对课题研究工作的全过程进行全面总结而写的书面材料。它主要是从课题组织管理的角度写,是从课题申报立项到结题,课题研究的进程回顾和主要大事的客观记录和汇总,它是研究情况的高度概括和按计划实施的具体体现。工作报告应该是课题研究全过程的记录,特别是对研究过程中出现的问题,尤其要全面、忠实地记录。课题研究工作报告是对研究工作做事务性说明,而非学术性说明。课题研究工作总结报告,属于工作情况汇报。

课题工作报告撰写要点。第一,课题基本信息:名称、类别、编号、成员。第二,对课题研究的认识。第三,领导与管理措施。第四,作用与成效。第五,经验与体会。第六,问题与努力方向。第七,附录课题研究大事年表。

课题研究工作报告不同于课题研究报告。课题研究工作报告是对研究工作做事务性说明,而非学术性说明。就是"工作总结报告",属于工作情况汇报。课题研究报告是在某一课题研究结束进行结题时,对整个研究过程及结果进行整理分析、表达研究成果的书面材料。其主要目的是在于表述研究成果和推广研究成果。

具体地说,二者主要区别有三:第一,字数不同。课题研究工作报告字数要求3 000字以内即可,而课题研究报告字数一般要求在5 000~8 000字。第二,内容不同。课题研究工作报告主要是课题研究全过程中对工作全面地、忠实地记录,特别是对实验过程中出现的问题的记录。研究报告是对课题研究的最为集中的阐述和说明,是最重要的研究成果之一,是专家和上级科研部门鉴定研究成果的主要依据。第三,侧重点不同。课题研究工作报告是对课题研究主要过程和活动(课题研究的方案设计,研究计划执行情况等)情况的记录,不关乎课题研究的价值。课题研究报告是整个实验结题的理论核心,也是实验的价值所在,课题研究报告的结论将直接影响课题的推广价值。

84 课题研究报告和结题报告一样吗

> 课题研究报告是专家和上级科研部门鉴定研究成果的主要依据,是让外界充分了解本成果的价值与功用取向的文本,通过该文体来考察研究成果的价值性;课题结题报告则是向专家学者汇报研究过程与研究成果的文本,通过该文体来考察研究成果的可靠性。

【诠释】

在研究课题结题时,课题组不仅要提交研究报告,也要提交结题报告。这让很多人不解:研究报告不就是结题报告吗？怎么还要提交两份。那么,课题的研究报告和结题报告完全一样吗？

课题的研究报告和结题报告不能完全划等号,两者有一定的区别。即课题结题报告可以是课题研究报告,但课题研究报告不一定是课题结题报告。两者不同之处主要有三:

第一,定义不完全相同。课题研究报告是对课题研究的最为集中的阐述和说明,是最重要的研究成果之一,是专家和上级科研部门鉴定研究成果的主要依据,是让外界充分了解本成果的价值与功用取向的文本。撰写好研究报告是结题工作中极为重要的一项工作。课题结题报告则是一种向专家学者汇报研究过程与研究成果的文本,也是详细说明研究过程、成果生成方法、扼要说明成果价值功用的文本。

第二,阐述内容不完全相同。课题研究报告,重在论述研究成果内容、意义与价值,需要对课题成果的意义价值进行详尽分析与说明。但也要简述所获成果的研究过程。通过该文体来考察研究成果的价值性。课题结题报告则重在阐述研究过程,但要简述课题的研究成果,重在研究成果的形成过程。通过该文体来考察研究成果的可靠性。

第三,格式不完全相同。课题研究报告没有固定的格式,一般包括:课题题目、执笔人、摘要、关键词、引言、研究方法、研究结果及其分析、讨论、结论、参考文献、附录(如调查表、测量结果表等)。课题结题报告一般包括标题、作者署名、问题的提出、研究的背景、研究的目的、研究的意义、研究的内容、研究的过程、成果分析、研究反思、参考文献、附录(如不便列入正文的原始材料等)。

85　如何撰写课题研究报告

> 撰写课题研究报告,正文要重点介绍研究的方法与步骤,研究的主要结果和所产生的效果,研究的主要成果和所形成的理性认识等。

【诠释】

撰写研究报告,其目的和意义主要有四:一是科学总结自己的研究工作,反映自己的研究结果;二是向外界和社会提供教育教学科研成果;三是丰富教育教学理论宝库;四是推动教育教学的改革和发展。

研究报告的一般格式。

(1)题目。研究报告的题目要意义准确,突出主题,规范简洁。

(2)署名。不宜过多,以1~3人为宜。

(3)内容提要。用简练的语言介绍本课题的主要内容,一般不超过300字。

(4)关键词。根据课题标题及内容列出3~5个中心、关键词,便于计算机分类录入和读者查阅。

(5)前言。一般要扼要写明。一要阐明为什么要研究该课题,即研究目的和意义。二要阐明当前社会上对该课题的研究现状(或文献综述)。即国内外对该课题或有关内容研究的状况,如深度,广度,已经取得成果和存在的主要问题,有什么问题还没有进行研究或有待进一步研究等。三要阐明本课题研究的有关背景、研究的基础、研究的理论依据。本课题是在什么背景下进行研究的;教育的现状如何;做了哪些前期研究,取得了哪些与本课题有关的初步成果;本课题是在什么平台上进行研究的;本课题研究所依据的主要理论、研究思路等。四要阐明本课题的研究成果将产生的作用和价值。

（6）正文。首先，要介绍研究方法与步骤。一要介绍本研究的主要指导思想和所依据的研究原则；二要介绍本研究要达到的预定目标；三要介绍本研究的主要内容和重点；四要介绍本研究的主要方法，包括研究过程中采用了什么研究方法，对所采用的此研究方法研究了什么东西，达到了什么目标，得到了什么结论；五要阐明研究的进程与研究工作的实施，扼要写出研究过程中各阶段研究工作的实施情况，着重写出各项主要研究内容的研究思路和实施情况。其次，要介绍研究的主要结果和所产生的效果。一要介绍调查所得的数据（尽量以图表形式列出），阐明对调查数据的基本分析以及调查所得的初步结论。二要介绍实验所得的数据（尽量以图表形式列出）和实验所得的结果（列出实验前后的结果并精心比较，比较时要作差异性检验），要对实验结果作初步的分析，并写出实验的初步结论。三要介绍在实验过程中所产生的其他效果。再次，介绍研究的主要成果和所形成的理性认识。一是阐明对现状进行归因研究时的理性分析。二是总结在研究过程中所发现的教育教学规律；三是写清在研究过程中所创造的新教育教学模式。四是点明在研究过程中总结出来的科学的、系统的、有效的教育教学方法。在总结教育教学方法时，要注意方法的系统性，也就是不要局限于"我是怎样做的"，而要从"应该怎样做"来进行归纳总结。五是介绍在进行研究时所提出的有效措施与对策。六是汇报在研究过程中所形成的新理论、新观点、新见解、新认识、新做法。

（7）问题和讨论。问题和讨论主要写明四点：一是应研究而由于其他原因未进行研究的问题；二是已进行研究但由于各种条件限制而未取得结果的问题；三是与本课题有关但未列入本课题研究的重点问题；四是值得与同行商榷的有关问题。

（8）附件。包括参考文献、引文注释、与正文有关的附件材料等。

86　做好课题的关键是什么

要做好一个课题，一要做好方案；二要抓好三个阶段，即准备阶段、实践阶段和总结阶段；三要注重研究成果的表述。

【诠释】

做好方案。一个详尽的课题方案，是课题研究成功的保障。课题方案制定好了，课题也就做好了一半。设计方案的基本框架包括：课题名称、问题的提出、研究的依据和研究假设、研究的内容、研究的方法、研究对象、研究步骤、研究保障、成果预测、课题组的组成及分工、经费预算、资料附录。

准备阶段。①理论准备。收集、查阅、分析有关课题的资料；通过阅读教育学、心理学方面的书籍、报刊，熟悉与课题相关的理论知识和研究方法等。②方案设计。确定研究的内容、目标、步骤、研究保障等。修正、完善课题的研究方案。③课题论证。请有关专家对课题的科学性、可行性进行论证。第一，阐明为什么要研究这个课题；第二，阐明所研究的课题主要解决什么问题；第三，阐明解决主要问题的难点是什么，怎样解决，如何突破；第四，预测前期成果有哪些？在论证的时候一定要考虑周到，能让大家很清晰地知道这个课题所要解决的是什么，难点是什么，并表明是可以解决的。

实践阶段。根据课题研究的内容、策略，进行扎实的实践，不走过场、不玩花哨。第一，记录、收集实验的原始材料，包括阶段性报告、总结、个案分析数据等。第二，发挥团队作用，群策群力。在研究的过程中要努力构建研究共同体。一般地说有三种合作形式：大学教师与中小学教师合作的研究共同体；教研员与中小学教师结成的研究共同体；学校部分教师结成的研究共同体。其中第二种合作形式是较为常见的或者说是最普遍的研究合作形式。第三，在合作研究时，要尽量淡化指导与被指导的关系，把民主、合作作为处理双方关系的准则。

总结阶段。第一，整理资料，总结研究实验情况，对相关数据做理性分析，做好结题准备。第二，撰写科研报告、研究论文，全面展示研究成果。

要做好研究成果的表述。研究成果的表述，既有利于科学系统地总结科研工作，显示研究水平和价值，便于对成果进行评价，又有利于锻炼思维能力和语言能力，提高科研水平。成果表述的类型主要有：一是教育科研报告。这是用约定俗成的格式与规范描述教育研究工作的全过程和研究结论的文献。包括调查报告（含观察报告、测量报告）、实验报告、行动研究报告、经验总结报告几种类型。二是教育研究论文。这是对某些教育现象、教育问题进行研究、探讨，提出新观点，得出新结论，作出解释和论证的一种理论性文章。包括经验性论文、研讨性论文、评述性论文、学术性论文等。

　　撰写研究报告应注意的几个问题。一要紧扣主题。要围绕研究课题所涉及的研究对象、研究内容和研究目标来写,注意回答预定研究目标所设定的问题。二要预先整理好实验数据与素材,做好材料的选取。要选用最有价值的材料,坚决去掉与论题无关的材料、不能说明问题的材料;确定正文材料和附件材料;做好材料的加工。调查数据、测试数据、实验数据等材料要采用教育统计的方法进行加工、提炼,使之条理化、规范化、系统化,才能从中找出规律,得到正确的结论。三要在行文前先拟好三级提纲。提纲要思路清晰,层次分明,头尾连贯,符合逻辑,形成整体;提纲要经过反复讨论,减少行文时走弯路;不同的研究题目,文章的结构、格式、栏目可有差别,不要死套格式。四要观点鲜明,突出创新性。五要反复修改初稿。好文章是写出来的,也是改出来的;请专家或同行多提修改意见,从多角度论证,尽量减少失误。

教研写作篇

　　一篇完整的教研论文通常应包括题目、摘要、关键词、前言、正文、结论、参考文献、附录等部分。撰写教研论文的一般步骤:定题选材,注重实践性和针对性;立意定题,注重明确性和新颖性;谋篇布局,注重严谨性和技巧性;撰写初稿,注重层次性和独特性;修改定稿,注重科学性和规范性。中小学教师撰写教研论文,要树立"积累"意识、"过程"意识、"提升"意识、"规范"意识。教研论文的"选题",写人所未写,写己所能写,写教所欲写。

　　撰写教学文章,其写作点在教材中"挖",在教学中"捕",在学生中"寻",在研讨中"思",在生活中"悟",在他人中"挑",在学习中"得",在潮流中"赶",在经验中"炼",在听课中"捡"。教师写作,要与实践相随,实践积累教师的底气;与阅读同行,阅读滋养教师的才气;与思考为伴,思考造就教师的灵气。教师写作分为"写教案""写论文""写散文""写诗歌"四个层次。教师写作"六字"方针:时——时尚新颖;序——结构有序;物——言之有物;理——富有哲理;味——生动有趣;美——文辞优美。

　　撰写教学反思,旨在在教学中反思,在反思中感悟,在感悟中总结,在总结中提高。撰写教学随笔,首先要捕捉题材,最重要的是要锤炼题材。撰写教学案例要做到"六要":案例特点要明晰,案例素材要适当,案例主题要鲜明,案例描述要完整,案例评析要深入,案例形式要灵活。撰写教育叙事案例,要注意观察,要重在思考,要提出问题,要重研究过程。

87 教学论文：一半在教，一半在论

> 教学论文一半在教，一半在论，是教和论的共同体。教学论文姓"教"，"论"离不开"教"，"论"是"教"的延伸和提升；教学论文重在"论"，高质量的教学离不开"论"，教师通过自己的"论"赋予"教"以合理性和科学性。

【诠释】

教学论文是教学研究成果的重要物化形式之一。教学论文姓"教"，"论"离不开"教"，"论"是"教"的延伸和提升。教学论文，论的对象是教——针对教学中的真问题；论的目的也在教——寻求教学问题的解决，教学方法方式的改进，教学效果的优化。离开了教，教学论文便失去了存在的依据和意义。

教学论文重在"论"，高质量的教学离不开"论"。教师通过自己的"论"赋予"教"以合理性和科学性。教师不仅仅要知道怎样教、怎样学，还要论述为什么这样教、为什么这样学，进而论证教和学的效果到底如何，等等。教师不仅是教学的设计者和实施者，还应是教学的说理者和论证者。教师把教学设计付诸实施，对教学设计及其实施效果加以研讨和论证，用文字表达出来，就形成了教学论文。

教学论文一半在教，一半在论，是教和论的共同体。对于一线教师而言，缺的不是教，而是论；教是他们的优势，而论却是他们的短板。从论文的三要素看，提升"论"的能力水平，需要教师抓住三个关键问题。一是论点鲜明。也就是教师对所讨论的问题要有明确的主张、独立的见解和鲜明的态度。这不仅需要教师对教学有自己的深入思考和理解，而且还要求教师对教学研究的现状有较好的把握，才有可能形成并亮出鲜明的观点。二是论据充分。要求教师为自己的观点提供充足证据支撑，可以是经典理论，也可以是事实案例。这一方面要求教师有广泛的实践积累，才能拿得出具有说服力的案例；另一方面也要求教师有深厚的阅读积累和扎实的理论功底。三是论证有力。能用恰当的方法、严密的逻辑，架起论据和观点之间的桥梁，得出令人信服、给人启迪

的结论。要论证有力,特别需要强调三点:一是规范过程,展现研究的力量;二是优化提纲,展现结构的力量;三是精准表达,展现文字的力量。

论因教而生、而存,教因论而活、而优。教师,既要有起而施教的热情和能力,也要有坐而论教的冷静和智慧,善于把想的做出来,把做的写出来,把写的传播开来。写下就是成果,传播产生影响。这就是教研的力量,也是论文的价值。

88 教研论文写作要树立"四个意识"

> 中小学教师撰写教研论文,要树立"积累"意识、"过程"意识、"提升"意识、"规范"意识。

【诠释】

（1）树立写作的"积累"意识。从研究发展层面来看,一篇好的论文就是一个教师专业成长的积累和动力源。一是写作要有一种毅力。中小学教育教学现象的复杂性、教育规律的隐蔽性决定了教研写作是一项见效慢的长期劳动。教师要积极积累教育教学材料:在参观、访问、活动中观察,在文献资料的分析中提取,在各种教改对话中获取,在实践中去体验,在反思中寻求更多的灵感。这些积累,具有随机、自然、非结构性和非功利性等特征,它是一种在教育实践中的"自然进入"与"寂寞体验",也是一种在教与研中愉悦生活内在的追求。二是写作是一种责任。面对教育教学"困惑因何而起,问题因何而生,方法因何而来,智慧因何而成"等问题,教师通过写作,用生命去感悟。无论教育环境、教育对象、教育过程多么艰苦、复杂和繁重,都要始终坚持在尊重学生、平等待生的基础上发现问题、分析问题、解决问题。这种教师写作的责任体现也是教师专业成长的一种积累。三是写作是一种情怀。教师教研能力的成长与论文的撰写,不仅仅是过程的辛苦,更多的是成功的喜悦和思考的乐趣。写是教师生活中一种"自叙",写是教师成长中一种"自研",写是教师合作中一种"自感"——"像工作一样必需""像叙事一样自然""像随笔一样自由"。也许写作与职称无关,与经济无关,与名声无关,只是教师自己教育价值的一种体现,是自身能量的一种释放。

（2）树立写作的"过程"意识。从研究表达层面来看，一篇好的论文就是一项将写作渗透于教育教学实践情景中的行动研究。一是写得"微小"。论文选题要着眼于中小学"教学小现象"，从学校小事、教学小现象、教育小管理入手，从工作中的困难与问题中发掘小论题，从课程改革与学科建设遇到的新情况中去发掘小论题，从教育实践活动的观察中去发现小论题，从成功的教育教学经验总结中去发掘小论题，从对教育现象调查中形成小论题，从各种教育文献资料中发掘小论题，继而提出假设，反驳假设，产生新的问题，并不断修正已有的论题解释，形成新的见解。二是写得"自由"。教师开始写作时不要企图一蹴而就、长篇大论，而应学会研究鲜活的教学案例，或研讨、或质疑、或述评、或叙事，记成功的教学方法，想教学中的失误，找教学中的遗漏，"博"教学中的感悟，思管理中的不足。一事一议，写得自由，无须时间上的限制。写得灵活，或是抒发一种快乐的心情，或是记录一点小感悟，或是贮存一个新观点，无需精神负担，无需华丽的辞藻，却是以小见大。三是写得"平凡"。写论文、搞教学研究是一种坚持。教师要甘于写得寂寞，融写于教学生活之中。从备课难点、教材研究、教学疑点、作业批改、辅导学生、实践活动、读书感悟、课程改革、报刊文章争鸣、学科交叉、教学热点、立项教研课题等教育教学领域中发现困扰着教师的问题，反思困惑，发表自己的意见和看法，并将反思写作表现为自觉化、叙事化、个性化。

（3）树立写作的"提升"意识。从研究功能层面来看，一篇好的论文就是一种寻求教学在实践与理论之间迁移与融合的"提升"研究。一是经验提升优化。对于中小学教师而言，教学实践经验问题主要是课程问题、教学问题、管理问题。教师写作时要坚持经验自诊定向，学会经验剥离与优化；坚持经验的理论定向，学会原理引领；坚持经验的问题定向，学会去粗取精。体现写作中"四写"："照着写"，即写出的教学经验阐释了哪些问题，如何为之提供经验支撑；"接着写"，即写出的教学经验能为问题的解决提供了什么新方法或新视野；"重新写"，即写出的教学经验有可能指向什么新的问题，用怎样的理论来表述自己的观点；"最后写"，即写出如何实现上述教学经验（实践）与理论之间的融合，如何写出教学成功之点、失误之点、创新之点、后续之点。二是理论提升融合。当前中小学教师研究题材来源主要来自：教育教学实践；教育领域专业文献；国家、省、市级别的研究机构所列的课题指南。其中专业文献主要包括个人著作、专业学术期刊、年度发展报告、各类机构政策法规等，它们反映了近期中小学教育领域的动态。各种级别的教育研究机构所列的课题都是亟待研究的重要课题。积累这些题材有助于写作时了解当前中小学教育有价值的研究问题，把握研究操作指向："经验性理论"——讲做法，重实践；"建构性理论"——有模式，重过程；"原理性理论"——有原理，重演绎；"行动性研究理论"——有行动，重实践。

（4）树立写的"规范"意识。从研究技术层面来看，一篇好的论文就是一篇合乎规范的文本。在题目上，醒目恰当；在结构上，完整严谨；在表达上，体现个性；在格式上，合乎规范。一是选题规范。选题要具有前瞻性，对象要新，视角要新；体现可行性，要与客观实践相符；具有价值性，要有指导教学实践的意义；重视明确性，能够准确反映研究要素的内涵和外延。二是准备规范。围绕论题选择材料，查阅有关期刊文献；做好材料的筛选、核对、整理工作；拟定写作提纲；确立论题的角度："是什么"+"为什么"，或"为什么"+"怎么样"，或"是什么"+"怎么样"；选择内容呈现的逻辑性和层次性；成文后坚持"精雕细琢"。三是论证规范。论文从命题到具体内容，从立论到论证，从形式到内容，从文字到图表，均要求准确、清晰、规范；论文在现实中要有推广应用价值，能够解决教育教学工作中的理论问题与实际问题；论文写作要有科学性和严谨性，数据和资料具有可靠性，确保研究成果真实性。四是表达规范。"摘要"要集中反映论文写作主题的价值、主要结构要义或核心观点，不能写成论文的序言；"关键词"要围绕论文选题和阐述的主要观点提炼；论文中直接引用他人观点的要用"注释"的方式呈现，间接采用他人观点的可以注明或列入参考文献。

89 漫谈教研论文的写作

要有写作的强烈意愿和坚定的信念；"论题"的选择最为重要；论文写作过程应由粗到细；语言是文章的基本要素；"修改"是论文写作中的重要一环，修改文章一般有一个"短—长—短"的过程；论文的结构本着"提出问题—分析问题—解决问题"的逻辑思路。

【诠释】

（1）要有写作的强烈意愿和坚定的信念。不能"把文章看得高不可攀，一辈子不敢跟它亲近。"写作是种能力，不单是知识。知识可以传授，而能力只能在实践中培养。巴金说："只有写，才能会写。"在写作中学会写作，就像在游泳中学会游泳一样。要敢于研究，敢于动笔，敢于投稿。搞研究、写论文并不神秘可怕，并不高不可攀，并非只有大学教师和科研人员才能做到。

（2）不能仅为了评职称而写论文。仅为评职称而写论文，这个"目的"本身就存在问题。急功近利，临渴掘井，往往是"有心栽花花不成"，欲速则不达。职称评定是促进、鉴定一个教师专业水平的手段，而非目的。写论文应该成为促进教师自我提升的内动力，而非是外力所迫。写论文是为了提高自身教育教学能力，提高自身素养和理论水平，以完善自我。果能如此，就会"无心插柳柳成荫"，能力业绩就会远远超过职称评定的需求，评职称自然是水到渠成的事情。

（3）"论题"的选择最为重要，是一个战略环节。具体写作是战术性的，战略的失误不能用战术弥补，所谓"方向比努力更重要"。论题选择得有个性、有新意，角度新颖，论文就成功了一半。反之，如果论题陈旧，过大过小，观点相似，材料雷同，方法一致，重复论证，缺乏新观点、新材料、新角度、新思考，则南辕北辙，事倍功半，再劳神费力修改，也难有大的起色。

（4）论文写作过程应由粗到细。犹如把一块粗糙的石块逐步雕琢成精美的人像，应遵循从宏观到微观、由粗到细的原则。开始写作时，不要太在意字词句等细节的斟酌，要尽力把能想到的材料先写出来，免得遗忘缺漏，然后再进行结构调整、语言优化等细节。如果开始过于关注语言，一是会妨碍文思的汹涌流畅，影响文章整体的布局谋篇，因小失大。二是字词、句式的润色，是服务于全篇，如果某段文字最终要删除或调换，过早过多地对字词句的用心思量，就成了不必要的精力浪费。

（5）语言是文章的基本要素。语言与文章其他要素的关系犹如"皮"与"毛"的关系——皮之不存，毛将焉附？若语言文字不过关，其他要素的追求也就失去了依托和意义。论文语言要求准确、流畅、简洁、生动，尤其信息量要大，遣词用语严谨精炼，表情达意准确到位，认识深刻独到，内容充实条理，情感饱满激昂，这些都是文章打动读者的要素。

（6）"修改"是论文写作中的重要一环。修改是一种高级形态的写作，是写作的深化和升华。成熟作者都很重视文章修改，精益求精，没有止境。没有最好，只有更好。从某种意义上讲，好文章是"改"出来的。越重视修改文章，写出的文章层次就越高，越易出精品；重视对文章修改的作者，才算真正会写文章。

（7）修改文章一般有一个"短—长—短"的过程：某篇文章开始思维不周，材料不充分，文章写不长；随着思维的深入，材料的扩充，信息量增加，文章变得充实，篇幅加长；但这时结构尚不条理严谨，语言尚不准确精练，所以还需要调整结构，删繁就简，精炼语言，提高信息量，使文章再变短。

（8）论文的结构本着"提出问题—分析问题—解决问题"的逻辑思路。特别是解决问题，应是论文写作的重点所在。常见有些论文，问题提得尖锐深刻，分析得也头头是道，但怎样解决，则语焉不详。仅"破"不"立"，论文的价值就要大打折扣。好论文既要有一定理论深度，又要联系教学实践。偏执一端的论文，或大而空，或小而浅，都不足取。而且理论和实践的结合，应是有机联系、水乳交融，不是机械简单相加。

90　教研论文的基本结构

　　一篇完整的教研论文通常应包括题目、摘要、关键词、前言、正文、结论、参考文献、附录等组成部分。

【诠释】

教研论文的结构是作者在写作上的布局、谋划和安排。不同性质、内容的教研论文在表现手法上虽有差异，但基本结构却大致相同。一篇完整的教研论文通常应包括题目、摘要、关键词、前言、正文、结论、参考文献、附录等组成部分。

（1）题目。题目是文章的标签，是论文内容的高度概括，是论文的灵魂和核心，也是编制索引、查阅文献的重要线索。论文的题目一要准确，二要简洁，三要新颖。

（2）摘要。摘要是论文内容不加注释和评论的简短陈述。它要求把文章讨论的主要问题、取得的主要成果作明晰的交代，使无法或无时间阅读完全文的读者读后能获得大致全面、清楚、明了的信息与印象。摘要的语句最好不要与前言或结论部分雷同，以免给人重复之感。摘要部分的文字一般为正文全文字数的5%左右，我国报纸杂志通常要求摘要为200～300字。

（3）关键词。关键词是为便于文献索引的制作而从论文中选出的最核心的专业性概念或词语。通常一篇论文要求 3~5 个关键词,分别用分号隔开。关键词一般来源于论文题目或摘要,也可来源于论文内容。

（4）前言。前言也叫引言、序言、绪论等,是放在正文前面的短文。前言主要说明作者为什么要写这篇论文,他提出的问题是什么,当前人们对这个问题的研究进展如何,进而说明研究的方法与手段。提出问题是前言的核心部分,问题的提出要明确、具体,不要与摘要雷同。摘要重点讲述研究结果,而前言重点讲述研究的背景、动机、方法和意义等。

（5）正文。正文是论文的躯体或核心部分,又叫"本论",是展开论题、表达作者个人研究成果的部分。它要求作者运用有力的证据对所提出的中心论点展开论证。整个论证应层次清楚、段落分明、逻辑线条清晰;应围绕中心论点层层剥笋地设立分论点,任何一层次都包含论点、论据、论证三要素;小论点说明分论点,分论点说明中心论点。要求论据充分、论证严密。

（6）结论。结论是论文的收尾部分,写论证得到的结果。这部分要对正文中分析论证的问题加以综合,概括出基本点。结论应表述文章的精华,力求简明扼要。

（7）参考文献（或引文注释）。在论文的末尾列出在撰写论文过程中,参考和引用了哪些文献资料。写这部分,反映了作者的科学态度和求实精神,也表示作者对别人的研究成果的尊重,以免抄袭之嫌。同时,亦可反映作者的研究水平,给别人一些启发。

（8）附录。一般把详细的原始资料、实验观察记录、烦琐的数学推导、问卷题或其他不宜放入正文中的资料,列于附录之中,以资查证。

91 撰写教研论文的一般步骤

第一步:定题选材——注重实践性和针对性;第二步:立意定题——注重明确性和新颖性;第三步:谋篇布局——注重严谨性和技巧性;第四步:撰写初稿——注重层次性和独特性;第五步:修改定稿——注重科学性和规范性。

【诠释】

第一步:定题选材——注重实践性和针对性。教研论文的题材从哪里来?主要来自教育教学工作的实际需要和作者本人的实际感受。我们身在教学第一线,天天上课,天天与学生打交道,只要做写作的有心人,题材多得很。讨论或争论一个问题、听其他教师的课得到的一点启发、学生学习中存在的典型问题、对教材教法的一种见解等都是较好的写作素材。

第二步:立意定题——注重明确性和新颖性。立意就是确定论文的中心思想,即主题。主题是作者对材料意义的一种判断,也是作者通过材料要表达的认识和对论文中所提出问题的总评价,它是论文的灵魂。主题确定了,文章的内容就要紧扣主题,突出主题,服务主题。主题确定以后再定题名。

第三步:谋篇布局——注重严谨性和技巧性。这一步的任务是设计论文的结构,确定层次顺序。通俗一点讲,就是先写什么,后写什么,构思一个总体规划或叫框架。具体操作就是列出论文提纲。教研论文的结构等同语文中议论文的结构,有并列式、总分式、递进式、对照式四种。最常见、最常用的是并列式。

第四步:撰写初稿——注重层次性和独特性。在准备好充分的材料和拟定好论文提纲的基础上,便可按论文格式和写作要求撰写初稿。论文正文部分的撰写要做到:第一,即事论理。教研论文毕竟属于议论文文体,议论性是最起码的要求,切忌停留在干巴巴的条文式列举中,也不可满足于教学现象的描述,要着力提升议论的层次,从理论高度阐明自己的论点。最忌论证不足而妄下结论。第二,突出主题。写论文最重要的技巧就在于使材料更集中,主题更鲜明。初写论文者要防止文不对题或离题太远。第三,分清层次。论文不能烦琐冗长,东扯西拉。层次分明、前后呼应、首尾一贯、逻辑严谨是论文的基本要求。第四,见解独特。高质量论文一定要有自己独特的见解,这就要求我们勤于思考、善于思考、敢于思考。跟在别人后面人云亦云,是永远写不出好文章来的。

第五步:修改定稿——注重科学性和规范性。教研论文的初稿完成后,要反复检查、修改,不要急于打印成文。主要检查有无科学性错误、题目是否贴切、材料与主题是否统一、结构是否严谨、论点是否明确、论据是否充分、词语是否准确、行文是否规范等。

论文完稿以后,最好请别人看看。"自古学者必有师",多倾听他人的意见,对提高写作水平是很有帮助的。

92　教研论文怎样"选题"

写人所未写——坚持创新性原则；写己所能写——坚持可行性原则；写教所欲写——坚持实践性原则。

【诠释】

撰写教研论文是教师探讨教学问题、总结实践经验、获得理论支持的有效途径，也是教师提高自身素质、促进专业发展的内在要求。但现实中，不少教师却受困于"教研论文写什么"这一问题。教研论文写什么？这实际上是个论文的选题问题。

（1）写人所未写——坚持创新性原则。教研论文的选题贵在创新。教研论文只有写人所未写，写出新意，才能令读者眼前一亮，激起欲罢不能的阅读欲望，才能给人以新的启迪和思考。一篇教研论文如果毫无自己的新想法、新发现、新观点，只是人云亦云的简单照搬或重复，也就失去了教研论文的意义。这就要求教师做到：第一，开拓新领域。开拓新领域即教师可从那些还没有人或很少有人研究的领域来获取教研论文的选题。开拓新领域可以是宏观的，如新一轮课程改革的提出和实施，对于我们教师来说就是一个全新的领域，如果能从中寻找教研论文的选题，往往能写出富有新意的论文来。开拓新领域也可以是微观方面的，微观到教学的各个具体环节，诸如导入、新课、小结、作业、考试等。就目前的教研情况而言，教师从导入新课、讲授新课、课堂小结等方面撰写的论文相对较多，而在作业如何布置、试题如何编制等环节上则还很少有人涉足。因此，这就是可供我们在教研论文的选题时需要开拓的新领域。第二，提出新观点。提出新观点是指教研论文的写作可就某个问题提出作者新的见解和观点，主要可分为三种情况：一是"填补空白型"，即就某个问题尚未有明确结论与观点的问题进行分析与探讨，形成相对明确的观点，以填补空白；二是"补充说明型"，即某个问题虽已有一定的结论，但觉得尚不够完整、仍有话要说，便可对此进行补充分析、加以完善，形成论文；三是"纠正批驳型"，即某个问题虽形成了结论，或有人提出了观点，但这个结论或观点是值得商榷的，便可以此为选题撰写教研论文,在具体指出其问题的基础上,提出自己的新观点。第三,找到新角度。在具体的教研论文选题过程中,我们往往会发现,很多内容已经有人写过了,甚至有很多人写过了。对这些内容我们还可以写、值得写吗?还能写出新意吗?答案是肯定的。关键是要善于找到新的角度。

(2)写己所能写——坚持可行性原则。坚持可行性原则,是教研论文选题成功的重要条件,也是教师能否写出高质量教研论文的前提和重要保证。因此,教师在考虑教研论文的选题时要结合自身的实际条件、能力范围、工作情况和自己平时的所做所看所思,扬长避短,做到"写己所能写"。第一,从自己的优势中选题。每个人都会有自己的优势与特长,也会有自己的劣势与弱点。如果教师能从自己的优势与特长中选题,就比较容易写出有内容、有质量、有新意的论文来。如电脑水平较高、精通网络技术的教师,可考虑从多媒体课件制作、网络教学、信息技术与课程整合等方面来选题;如历史和地理知识很丰富的政治教师,则不妨从学科渗透的角度来选题;古文功底比较深厚、对中国传统文化有较深造诣的教师,则可从传统文化的继承和弘扬方面来撰写论文,等等。另外,教师也可从自己所处的外部环境中来寻找特有的优势,包括学校层面的优势和地域层面的优势,以获得好的论文选题。第二,从自己的成功处选题。每位教师在日常的教育教学实践中,肯定会有做得比较成功的地方,如有的教师班主任工作做得特别出色,有的教师驾驭课堂的能力特别强、课堂教学非常出彩,有的教师在教学资料的积累方面做得特别到位,有的教师则在指导高考方面颇有建树,等等。教师在撰写教研论文的时候,就可以根据自己的情况,从自己工作中做得比较成功的方面来选题。第三,从自己的关注点选题。教研论文往往是始于问题,是教师对某个问题长时间思考的结果。因此,教师通常可以从自己平常较多关注、有所思考的问题中获得教研论文的选题。教师一旦选定了某个关注点问题后,就要对这个问题加以持续的关注,不断地加以思考,直到对这个问题有比较完整的看法、形成论文为止。

(3)写教所欲写——坚持实践性原则。论文的选题范围,一般有两个方面:基础理论研究和工作实践研究。作为我们中小学教师而言,基础理论方面的研究并不是我们的强项。笔者认为我们在教研论文的选题上应该选择后者——坚持实践性原则:研究实践中的问题,反思实践中的得失,总结实践中的经验。"写教所欲写",这才是我们中小学教师撰写论文的最佳选择。第一,研究实践中的问题。以教育教学实践中的问题作为论文的选题,对我们教师来说,不但可行,而且必要。因为对教育教学工作实践中碰到的各种问题,我们教师必须进行自己的思考、作出自己的回答。第二,反思实践中的得失。教学反思是促进教师专业发展、提高教师素质的重要途径。教师只有通过对实践的反思,才能不断地校正前进的方向,不断地扫除成长中的障碍,从而不断地实现自我超越。当然,教学反思可以是教师对自己亲身实践的反思,也可以是对其他教师教学实践的剖析。每一次对自己或他人实践得失的反思、利弊的剖析,都可以成为教师撰写教研论文的选题。第三,总结实践中的经验。作为教师,仅仅埋头教书显然是不够的,我们还必须善于总结实践中的经验,把自己在教学实践中体会到的、发现到的、领悟到的点点滴滴及时记录下来,加以研究和总结,并用文字系统地表述出来,就能成为很有指导意义的教研论文。

93　教研论文"定题"的原则与策略

> 　　教研论文"定题"要"精""准"有致,做到"不含糊";要从文章内容与风格出发,做到"不拖沓";要从作者、读者的定位出发,做到"不悬空"。同时,"定题"可以从"定型"着手,可以模仿与借鉴,要突出核心词。

【诠释】

　　教研论文"定题"的原则。第一,"定题"要"精""准"有致,做到"不含糊"。"定题"不同于选题,选题一般是在这项工作开展前进行的,而教研论文的"定题"问题尽管在我们开始动笔的时候就要考虑,但其最终完成是在论文形成之后——在实践中大部分论文的题目都是在最后阶段"改定"的。一般来说,"定题"要强调"精""准",以最恰当、最简明的词语,反映论文中最重要的特点内容的逻辑组合。第二,"定题"要从文章内容与风格出发,做到"不拖沓"。对论文题目的确定,是建立在我们对论文内容和风格把握的基础上的,必须使题与文保持内在和风格的一致性。国家关于学术论文的编写格式中,要求题名一般不宜超过 20 个字,在准确概括文章内容的情况下,论文题目字数应越少越好。第三,"定题"要从作者、读者的定位出发,做到"不悬空"。中小学教师撰写教研论文,题目的理论性不宜过于高深、过于生涩,否则难以驾驭。在"定题"时,我们不妨问问自己:如果我看到这样的文章题目,是否会有阅读的兴趣?

教研论文"定题"的策略。好的论文题目是改出来的,也可以说是"编辑"出来的。第一,"定题"可以从"定型"着手。教研论文具有丰富的类型。一是课题型,如"中小学××课堂教学内容与教学方法有效衔接的实践研究"等;二是论题型,如"有效推进区域教育科研的若干思考"等;三是论点型,如"案例研究:班主任研修的有效路径";四是对象型,如"中小学教师写好研究报告的技巧"等。对于开始学习写教研论文的教师来说,经常练习提出带有论点的论点型题目,最有助于提高思辨能力;经常练习带有"以××××为例"的个案型题目,最有助于提高理论联系实际的能力。第二,"定题"可以模仿与借鉴。对于想要写作教研论文的教师来说,当其大脑里已经出现了一个选题的时候,不要马上动笔成文,可以先到网上或者到图书馆根据准备研究论文的关键词搜索一下,看看就自己所选择的题材,他人是否已经涉及?他人有什么样的涉及?自己可以有哪些方面的创新?再结合自己的积累的实践素材,明确自己的论文题目。此外,我们的模仿与借鉴可以不限于本学科、本主题,还可以从其他学科、其他主题的论文题目及内容中得到启发。第三,"定题"必须亮出核心词。教研论文题目要求用词质朴、严谨而灵活,在表述上应该尽量选择表意清晰、不容易出现歧义的词汇,尤其要有突出论文"亮点"的词汇(一般情况下题目中的核心词汇不宜多于2个)。必要的时候,可以巧妙使用标点符号,如"'历史细节'在课堂教学过程中的运用——以法国大革命为例"。而副标题的使用,除了可以避免主标题过于冗赘,还可以调整论文的研究角度、限制论文的研究范围、突出论文的研究重点,且避免了与同类文章的雷同。

94　怎样写好教研论文的"摘要"

摘要既要具有高度的信息浓缩型，又要具有可读性，还要结构完整、篇幅简短以及独立成篇。

【诠释】

论文摘要又称文摘，是论文的重要组成部分，它是以提供文献内容梗概为目的，不加评论和补充解释，简明、确切地记述文献重要内容的短文。摘要既要具有高度的信息浓缩型，又要具有可读性，还要结构完整、篇幅简短以及独立成篇。摘要通常置于文题之后，文章之首。在论文发表后，论文摘要常被文献检索系统所收集。

要写好一篇论文的摘要，首先要认真研读论文，对论文的基本观点、重要内容、表述层次及结论有一个清晰的把握。知道论文的创新点在哪里，并将之反映到摘要之中，才能使摘要具有独立性和自含性。其次要了解和掌握摘要的内在逻辑结构。科技期刊论文逻辑顺序包括目的、方法、结果、结论和其他。教研学术期刊论文摘要包括论题、观点、方法、结论和其他，特别要将写作重点放在论题、观点和结论上。最后摘要要真实反映原文，要具有客观性，以旁观者的角度，用第三人称客观如实地反映论文的新内容、新观点，反映读者需要的有用信息，切不可加入主观见解、解释或评论。

另外，摘要的语言要简明、概括、规范。应以最简洁的文字表达出最丰富的研究内容，在语言上要求高度概括、精练、规范化。期刊上发表的论文，其中文期刊摘要一般不宜超过 300 字。有时根据特别需要，摘要的长度视正文长度、主题范围、重要性而定，一般字数不超过论文字数的 5%。

95　怎样确定教研论文的"关键词"

　　教研论文的关键词主要来自题目,题目是论文的中心所在,一般都包含了两至三个最为核心的关键词,此外还需在正文中找出一至两个即可。

【诠释】

　　教研论文关键词是展现一篇文章的核心词汇,出现频率较高。一般而言,一篇论文关键词3~8个为好,以3~5个居多。

　　要确定教研论文的关键词,首先要明确关键词包括叙词和自由词。叙词指收入《汉语主题词表》等词表中可用于标引文献主题概念的即经过规范化的词或词组;自由词是指反映该论文主题中新技术、新学科尚未被主题词表收录的新产生的名词术语或在叙词表中找不到的词。其次,教研论文应按照叙词的标引方法标引关键词,并尽可能将自由词规范为叙词。再次,标引关键词应遵循专指性原则和组配原则。一个词只能表达一个主题概念为专指性。关键词组配包括交叉组配与方面组配:交叉组配是指两个或两个以上具有概念交叉关系的叙词所进行的组配,其结果表达一个专指概念;方面组配是指一个表示事物的叙词和另一个表示事物某个属性或某个方面的叙词所进行的组配,其结果表达一个专指概念。在组配标引时,应优先考虑交叉组配,然后考虑方面组配。

　　关键词的标引步骤。第一,对教研论文进行主题分析,弄清该文的主题概念和中心内容,尽可能从题名、摘要、层次标题和正文的重要段落中选出与主题概念一致的词和词组。第二,对所选出的词进行排序,对照叙词表找出哪些词可以直接作为叙词标引,哪些词可以通过规范化变为叙词,哪些叙词可以组配成专指主题概念的词组。第三,对于无法规范为叙词的词,只要是表达主题概念所必需的,也可作为自由词标引并列入关键词。第四,有英文摘要的论文,应在英文摘要的下方著录与中文关键词相对应的英文关键词。

96 教研论文"前言"的写法

前言的写作,一要开门见山,不绕圈子;二要言简意赅,突出重点;三要紧扣标题,高度概括;四要尊重科学,实事求是;五要避免雷同,禁用谦词。

【诠释】

教研论文的前言也叫引言,是正文前面一段短文。前言是论文的开场白,目的是向读者说明本研究的来龙去脉,吸引读者对本篇论文产生兴趣,对正文起到提纲挈领和引导阅读兴趣的作用。在写前言之前,首先应明确想通过本文说明什么问题,有哪些新的发现,是否具有教育教学价值等。

前言作为论文的开头,应以简短的篇幅介绍论文的写作背景和目的,缘起和提出研究要求的现实情况,以及相关领域内前人所做的工作和研究的概况,引出本文的主题给读者以引导。前言也可点明本文的理论依据、实验基础和研究方法,简单阐述其研究内容及预示本研究的结果、意义和前景,但不必展开论述。具体地说,前言在内容上应包括:为什么要进行这项研究?立题的理论或实践依据是什么?拟创新点是什么?理论与实践意义是什么?

前言的写作方法:一要开门见山,不绕圈子。避免大篇幅地讲述历史渊源和阐释论文的内容。二要言简意赅,突出重点。不要过多叙述同行熟知的及教科书中的常识性内容,在前言中提示本文的观点时,意思应明确,语言应简练。三要紧扣标题,高度概括。前言所讲内容要紧扣文章标题,围绕标题介绍背景,不要长篇罗列,用三言两语概括即可,不要把前言写成文献小综述。前言的篇幅一般不要太长,一篇 3 000~5 000 字的论文,前言字数一般掌握在 200~250 字为宜。四要尊重科学,实事求是。在前言中,评价本论文的价值要恰如其分、实事求是,用词要科学,最好不要使用"本研究国内首创""填补了国内空白""具有很高的学术价值"等不适当的自我评语。五要避免雷同,禁用谦词。前言的内容不应与摘要雷同,注意不要用客套话,如禁用"才疏学浅""水平有限""恳请指正"之类的语言。另外,前言最好不要分段论述,一般不另列序号及标题。

97 如何写好教研论文"本论"部分

> 本论是教研论文的主体部分,撰写教研本论要做到:论证充分,说服力强;结构严谨,条理清楚;观点统帅材料,材料证明观点。

【诠释】

本论是教研论文的主体部分,是分析问题、解决问题或论证观点、解说作者主张的内容,这一部分的篇幅一般占论文三分之二左右。同时也是显示作者的研究水平和研究成果的重要部分。从某种意义上说,一篇论文质量的高低,主要取决于本论写得怎么样。

(1)论证充分,说服力强。本论的最主要任务是摆事实、讲道理,周密论证,以理服人。作者要通过各种材料,采取各种论证方式来阐述自己的观点是正确的、可信的。通常做法是围绕论文主题思想,紧扣论点,运用论据或材料,展开充分或有力地论证。论证是指用论据来证明论点的正确性或证明其他论点错误性的方法。论证类型一般分为立论和驳论两种。立论通常是指通过正面阐述作者的观点,证明它的正确性,从而将论题中心思想确立起来,并肯定论点的过程。常用的立论方法有:例证法、引证法、分析法和推理论证。驳论是指通过驳斥对方论点,证明它是错误的、荒谬的,从而达到证明自己的观点是正确的一种论证方法。驳论可分为驳论点、驳论据和驳论证三种。常用的驳论方法有直接驳论、反正驳论、归谬法等。立论或反驳的方法有很多种,究竟使用哪一种或哪几种,要根据论证的需要来确定。一般来说,单纯地只用一种论证方法是很少见的,在多数情况下,需要将几种立论或反驳的方法结合起来,才能取得好的论证效果。

(2)结构严谨,条理清楚。本论的内容丰富,篇幅较长,层次较多,结构复杂。一定要按照本论的层次结构之间的不同关系进行理顺,使得论文结构井然有序,层次分明,结构合理,条理清楚。一般来说,论文的结构形式有四种:并列式、递进式、总分式和混合式。并列式结构又称列式结构或模式结构,其特点是围绕中心论点划分为几个分论点和层次,各个分论点和层次平行排列,分别从不同角度、不同侧面论证中心论点,使文章呈现出一种多管齐下、齐头并进的格局。递进式结构又称推进式结构或纵入结构,它对需要论证的问题采取一层深于一层的形式安排结构,使层次之间呈现一种层层展开步步深入的逻辑关系,从而使中心论点得到深刻透彻的论证。总分式结构是指先进行总体分析,然后逐步分层次或分部分进行阐述的结构形式,其目的就是对需要论证的问题进行深入分析,以达到实现论证的目的。混合式结构也称并列递进式结构或纵横交叉结构,有些论文的层次关系特别复杂,不能用一种单一的结构形式,需要把并列式和递进式结合起来,形成混合的结构形式。采取混合结构,又有两种形式:一是在并列的过程中,在每一个并列的面上,又展开递进(并列中的递进);二是在递进的过程中,在每一个递进层次上,又展开并列(递进中的并列)。这种方法比前两种更复杂,也更难掌握一些。为了避免内容过多而条理不清,写作本论时,常在各个层次之前加些外在的标志。这些外在标志的主要形式有小标题、序码、小标题与序码相结合及空行等几种。

(3)观点统帅材料,材料证明观点。本论部分的内容主要是由观点和材料构成,写好本论必须将观点和材料有机地结合起来,以观点统帅材料,以材料证明观点。从总体上说,材料应按照各自所要证明的观点来安排,即把所有的材料分别归到各个小观点之下,随着观点间逻辑关系及排列顺序的明确,材料自然也各得其位了。但是,在同一内容层次之中的观点与裁量应怎样安排,究竟是先出观点还是先列材料,在起草文章时需要斟酌一番。为了避免雷同,应该有所变化。一般是先摆观点,后列材料;有时也可先列材料,再摆观点;还可以边摆观点边列材料,夹叙夹议,由浅入深。总之,要把材料和观点紧紧地糅合在一起,有机地统一起来。

98 如何撰写教研论文的"结尾" ///

论文的结尾是最终的、总体的结论,不是正文中各章小结的简单重复。结尾应该观点明确、严谨、完整、准确、精炼,文字必须简明扼要。

【诠释】

(1)论文结尾开始时,可以有一个小过渡。因为这可以暗示读者文章将要结束,他们需要注意。虽然很多人在撰写论文最后一段之前会写一个过渡段,但如果觉得读者可以明确地知道将要结束文章时,就不需要再写过渡段了。过渡可以很简单,如:"总之,……""最后,……""综上所述,……"。

(2)简要总结文章的主要观点。试着把每个段落的第一个句子独立出来,用两个或三个句子将其主要观点重新进行表达。这将会加强文章的主题,提醒读者谈论或争论的是什么。结论是对文章所指向问题的宏观总结和回答,应该简洁。

(3)保持简短而亲切。结论的长度应该是5~7个句子。如果句子过少,可能还不能全面地总结观点;如果句子过多,结论就可能过分散漫,没有重点。

(4)写论文的时候,一定要以一种或两种方式把文章论点引入结尾。如果论文有论点,即使是附加的,也要把它引入文章来作为结尾。请记住,论点是文章的核心观点,是所论述的中心。如果有人读了结论,仍然不知道论文是什么,那么论文就没有很好地让人理解。与此同时,要注意避免结尾简单地重申论文。使用不同的语言和特殊的方式使文章的论点以一种令人感兴趣的方式展现出来。

(5)试着让主题看起来更加权威。要想让文章看起来更加权威,意味着要使用正确的词汇,要引用其他来源的证据,而且要相信自己有能力写出权威的文章。

(6)以一种积极的态度结尾。文章最后一句话应该写得很好、很中肯,并且掷地有声。这说起来容易做起来难。但是这一切都源于对文章观点的解释。要问自己:"我的文章论述的是关于什么的问题,我论述了什么?"然后从这一点开始继续阐述。

(7)试着以带有一点讽刺意味的方式结尾。让最后一句以俏皮的方式结束,并且就在谈论的问题提出一个具有讽刺意味的问题。然后,文章将会显得尤为具有挑衅性。

(8)文章要有呼吁性。很多时候,论文是很理性的,这一定程度将会忽视情感的因素。这就是通过呼吁可以使文章有一个强有力结尾的原因。以正确的方式完成文章结尾的写作,将有助于文章核心内容的表达。可以包括一个呼吁人们行动起来的号召(要审慎地使用)。如果文章的目的就是呼呼人们进行改变,那么呼吁人们采取行动的号召将会很好地响应出发点。但一定要谨慎使用。

(9)注意事项:第一,如果可能的话不要引用。没有必要在文章的结尾中引用别的东西,因为这些引用和分析应该出现在主要段落中。如果有必要引用的话,可以简单地总结这一引用告诉了什么,并应将这一引用与文章论述的问题联系起来。第二,不要使用肤浅的语言。不要使用太多飘在空中、模棱两可的话作为结论。应该使结尾尽量容易让人读懂,不应该让它像计算机代码一样让人费解。也不要使用"第一""第二""第三"等词组来引出观点。要清楚在论述什么,论点有多少。第三,不要把读者引入与主题无关的新的观点中去。现在还不是时候引入新的想法或内容,这只会混淆它们。不要杂乱的东西——只需要简单地概括论文在论述什么,是怎么分析这一问题的。第四,不要专注于文章中的某一小点或某一问题。事实上,文章的结尾应该专注于文章的大局。确保结尾是对全文的总结,而不是专注于文章的某一点。

99 论文中的"引文"怎么写

引文是借鉴前人或他人研究成果的一种方法。有的引文可以作为文章的观点,有的可以用作分析阐述,多数情况是用来充当论据的。在论文中引用"引文"要做到完整、精确、贯通。

【诠释】

写作论文,是一种创造性的劳动。任何创造性的劳动都是要有一定基础的。论文写作是在借鉴前人或他人研究成果的基础上的一种创新活动。而引文就是借鉴前人或他人研究成果的一种方法。用引文来代替、说明、辅助思想的表达,在教研论文中是常见的。有的引文可以作为文章的观点,有的可以用作分析阐述,多数情况是用来充当论据的。不论是哪一种情况,其目的都是充实文章的内容,增添理论色彩,增强论辩的力量。在论文中引用引文的基本要求是:

（1）完整。引文是选取别人的观点来证明和解说自己的思想，所以，必须忠于原意。不管是引用原文还是引用原意，都要作完整的表述。特别是成段地引用原文、原意时，只有自己真正理解了，完整把握了，才能引用。不能为了装潢门面，显示高深而不加咀嚼地摘取只言片语，更不能为了某种目的而断章取义地引用。

（2）精确。引文是论证的辅助手段，不管是在什么情况下，它都不能完全代替引用者所要表述的思想。一篇论文不用引文未尝不可，但如果引用过多，则容易使文章零散、杂沓，影响主体内容的连贯性和完整性，不利于思想淋漓畅快地表达。同时，连篇累牍尽是别人的东西，还会引起读者的猜疑和不快。好的文章，应尽量多使用自己的语言。只有在非引用不可，引用了确有效果，或用自己的话解释效果不佳，或那些具有话权性的言论和令人信服的证据之类不引不足以说清问题，或为了争辩的需要时才采用。一般情况可不必采用。所谓精确，就是要少而恰当，把最精彩、最恰当的引文，用之于引文的最关键之处。

（3）贯通。引文的内容，在文章中作观点使用时，可以不作解释、说明，但作为论据使用时，则必须加以适当的阐释，使其内容与自己表达的思想合拍、融会贯通起来，使其语气、格调与前后的文字甚至全文和谐一致。而不可采取贴标签的方法，引文为引文，自述为自述，彼此界限分明，格格不入。

100 教研论文怎么写"参考文献"

　　参考文献的内容包括：期刊、专著、报纸等。数量一般为5～10条。撰写参考文献要坚持权威性原则、阅读性原则、公开性原则、紧密性原则、准确性原则、时限性原则。

【诠释】

　　参考文献是作者为标明论文中某些论点、数据、资料与方法的出处，供读者参阅、查找而引用的有关文献。它表明了论文的科学依据和历史背景，以及作者尊重他人的研究成果,向读者提供引用原文的出处,便于检索。

参考文献的内容包括期刊、专著、报纸等。数量一般为 5~10 条。

撰写参考文献要坚持以下原则:第一,权威性和专业性原则。参考文献多选取该领域权威专家或具有代表性观点的论文,或引用全国中文核心期刊、特色期刊上的论文。第二,阅读性原则。参考文献必须是作者亲自阅读过的原著。第三,公开性原则。参考文献必须是公开发表的关键文献,资料、译文、文摘、转载、内部资料、非公开发行书刊的文章等,均不能作为参考文献被引用。第四,紧密性原则。所引用文献必须和所写文章主题紧密相关。第五,准确性原则。引用或著录时应准确、清晰、完备,用规范化、标准化格式,有利于文献的理解、阅读、检索和国际交流。第六,时限性原则。参考文献应尽可能引用最新发表的文献资料(医史文化类除外)。

撰写参考文献的格式。期刊格式:[序号]作者.题名[J].刊名,年,卷号(期号):起止页;专著格式:[序号]作者.书名[M].出版地:出版单位,年:起止页。注意:作者在三个以内全部署名,人名间加",",最后用".";如超过三人,若只想列出前三位者,后加",等"。

常用文献类型与标志代码。普通图书专著用"M"表示;会议录用"C"表示;汇编用"G"表示;报纸用"N"表示;学位论文用"D"表示;数据库用"DB"表示;期刊用"J"表示。

101 如何修改教研论文

论文修改的内容和范围一般包括对标题的修改、对思想观点的修改、对材料的修改、对结构的修改和对语言文字的修改等。

【诠释】

论文修改有广义和狭义两种理解。广义的修改包括写作过程中每一个环节的修改,狭义的修改则专指草稿完成之后的加工修改。

(1)对标题的修改。论文的题目是论文的"眼睛",如果题目短小、精炼、鲜明,就能传神生辉,使读者产生浓厚兴趣。所以对初稿的题目进行斟酌、推敲和改动,是论文修改的重要环节。论文写作,文和题是相互作用、相互影响的。文要切题,题要配文,如果文不对题,题目过长或太笼统,都必须加以修改,使题目能准确概括表达论文的中心论点,以起到画龙点睛的作用。

(2)对思想观点的修改。写文章的主要目的是表达自己的思想,宣传自己的主张。文章的论点是文章的统帅,如果认识肤浅,见识不高,要想把文章写好是根本不可能的。所以,修改论文首先要考虑论文的主题和观点是否正确,认识是否深刻,文章是否有新意。第一,要纵观全局,立足全篇,审视文章的中心论点是否正确、集中、鲜明、深刻,是否具有创新性,文题是否相符,从属论点与中心论点是否一致。第二,对于论文中出现的主观、片面、空泛的地方,要进行强化、增补等改写工作,使偏颇的改中肯,片面的改全面,模糊的改鲜明,粗浅的改深刻,松散的改集中,陈旧的改新颖,有失分寸的改恰当,立意太低的加以升华。

(3)对材料的修改。对材料的修改主要是指对论文引用的材料增加、删减或调整。材料是文章中的"血肉",是证明观点的论据,是论点成立的依托,因而对材料选用的基本要求有三:一是必要,即必须选用说明观点的材料;二是真实,即所用的材料必须符合实际,准确可靠;三是合适,即材料引用要恰当,不多不少,恰到好处。这就要求在论文修改中,要看引用的材料是否确凿有力,是否能说明论点,是否发挥了论证的作用,是否合乎逻辑,是否具有说服力。要把不足的材料想法补齐,把空泛的陈旧的平淡的材料加以调整,把不实的材料和与主题无关的材料坚决删除。论文材料修改一般分两步进行:第一步,查核校正,即先不考虑观点、结构、语言的校正,只查核材料本身是否真实、可信、准确,以保证论文建立在坚实可靠的基础之上。第二步,根据论证中心论点和各分点的要求,对材料进行增补、删减、调换,对于缺少材料或材料单薄的,就要增补;对于材料杂乱、重复或材料与观点不一致的,就要删减;对于陈旧、过时的材料,就要调换。

(4)对结构的修改。结构是论文表现形式的重要因素,结构的优差,直接关系着论文内容的表达效果。对结构的调整和校正,关系着全文的布局和安排。修改结构,应注意抓好三个方面:一看层次是否清楚,思路是否通畅。一般可从大小标题之间的关系来看文章的思路和层次。二看结构是否完整。一篇论文要有绪论、本论、结论三大部分,既要有引人入胜的开头,又要有材料充分的论证,还要有鲜明有力的结尾。同时还要审视各个部分的主次、详略是否得当。三看结构是否严密。一篇论文必须是论点与论据、大论点与小论点之间有着严密的逻辑性。如果论文结构松散，要加以紧缩，删去多余的材料，舍弃离题太远或无关紧要的句段。对全文各部分的过渡和照应、结构的衔接、语气的连贯等方面，也要认真加以修改。

（5）对语言文字的修改。语言是表达思想的工具，要想写出一篇高质量的论文，就必须在语言文字上反复推敲修改。论文的语言修改主要在三方面下功夫：一是文字表达要简练，把笼统的话改为清晰的文字，把重复的话改为精炼的文字。二是文字表达要准确，把隐晦的话改为明快的文字，把似是而非的话改为准确的文字。三是文字表达要顺畅，把啰唆的话改为简洁的文字，把拗口的话改为流畅的文字。

102 撰写教研论文的态度

> 撰写教研论文，要克服神秘感，提高写作的勇气和信心；克服自卑心理，虚心学习和实践；克服急功近利思想，树立严谨治学精神；克服惰性，养成勤奋刻苦的好习惯。

【诠释】

（1）克服神秘感，提高写作的勇气和信心。教科研论文其实并不神秘，从理论层次上，有深有浅；从题材把握上，有难有易；从篇幅文字上，有长有短。初写论文的教师要由浅入深，由易到难，由短至长，逐步提高写作的水平。

（2）克服自卑心理，虚心学习和实践。有的教师总是写不出好文章，其原因主要在理论学习方面深入不下去，在实践方面缺乏写作的实际锻炼和切身体验，还未尝到撰写论文的甘与苦。写好论文，首先必须做到，在读别人的文章时能品出别人的文章好在哪里；同时在写的过程中，要找出自己的薄弱环节，要具体体验撰写论文难在哪里。这样才能自觉地向别人学习。

（3）克服急功近利思想，树立严谨治学精神。我们写文章不排斥吸取别人的东西，但不能囫囵吞枣，要经过"吃下去，消化掉"才行。在别人的文章基础上加上自己的发现、发明和创新，才能变成自己的东西。

（4）克服惰性，养成勤奋刻苦的好习惯。一是要学会科学地支配时间，发扬"钉子"精神，在忙中挤时间，挤出节假日、双休日及平时的部分休闲时间来写作。二是要学会化整为零，在平时备课、上课等活动中注意积累材料，思考写作，记下点滴的认识、感想，到一定时候再综合起来，就可以形成论文。

103　撰写教研论文的步骤

一篇论文从构思到最终定稿，一般经历选题、拟定标题、拟定提纲、搜集整理材料、写作草稿、修改润色六大步骤。

【诠释】

（1）选题。选题就是选择论文的中心论题。教研论文的题材主要来自教育教学工作的实际需要和实际感受。身在教学第一线的教师，天天上课，天天与学生打交道，只要做写作的有心人，题材俯拾皆是。教师之间讨论或争论一个问题，听其他教师的课得到的一点启发，学生在学习中存在的典型问题，对教材教法的一种见解等，都是极好的写作素材。

选题要坚持两个原则。一是"能不能写"——量力性原则。怎样才算是量个人的"力"？只要自己感觉了解比较确切，感受比较深刻的，就是适合写的题目；自己觉得了解不怎么确切，感受不怎么深刻的，虽然是值得写的题目，也不要勉强写。要量个人的什么"力"？一要量个人理论认识水平；二要量个人实践经验和资料占有；三要量个人写作的文字基本功。二是"值不值得写"——价值性原则。为了使论文有价值，应从两个方面考虑：首先从宏观上考虑，论文的选题应有利于教育教学的改革和发展。其次从微观上考虑，论文的选题应有利于教师教育教学水平的不断提高。

选题的角度要做到"新"与"小"。"新"体现在：第一，选取别人没有涉及的话题；第二，虽然别人谈过某方面的内容，但本人可以转换角度进行论证；第三，在别人的文章基础上进行深化发展或者进行讨论商榷。所谓论文选题要"小"，就是采取"层层缩小包围圈"的方法，即从一个大的话题中选出一个较小的话题,再从这个较小的话题中选取一个更小的话题,直到个人认为从知识水平、资料占有和写作能力等方面都能胜任的这个话题为止。

（2）拟定标题。文章的标题就是文章的题目。标题如果太大,写时难以把握。标题如果小一些,则层次结构简单,立意清晰,素材容易集中,写起来也容易上手。

（3）拟定提纲。一般在确定写作对象和主题的同时,要拟出写作提纲。就是用大标题、小标题的形式,用简洁的语言,把要写文章的几个层次、几个角度、几个小论点概括出来,并引出每一部分或每一段所要论述的中心内容（即中心思想）。这样论文的轮廓、价值、成功的把握程度就可以显现出来,写作时才会思路不混乱,写出来的论文才会层次清楚、逻辑性强。

提纲的内容主要有二:一是论点,包括全文的总论点、分论点等;二是论据,即论点的依据、实例或引证等。提纲的分类有三:一是标题式,即把每一段、每一层次的要点用标题的形式写出来。二是简介式,即把每一段、每一层次的要点叙述出来,甚至还可列出比较具体的内容或关键性的话语及关键的例证等。三是混合式,即以上两种形式的综合。

拟定提纲大体要经历三个步骤:第一步,初拟纲目。包括初定文章的标题是什么,开头怎么写,中间分为几段,每大段又分几小段,每段的标题或每段的内容要点是什么,主要例证有哪些,要引用的名句名言有哪些,怎样结尾等。第二步,添减材料。对初拟的纲目进行斟酌推敲,先看论点是否正确,有无错误,有无片面性;再看论据是否充分、新颖和恰当,有无论点与论据不符之处。发现不足的要补充,要重新找材料;觉得不当的要删除。第三步,修订完成。要看层次是否有条理,主次是否分明,特别是要考虑动笔起草是否方便。

拟定提纲要注意两点:一是要给文章的每一部分拟定适合贴切的小标题。小标题应是本部分内容的简练概括和集中反映;平级提纲的小标题应做到字数相近（最好是字数相同）,内容相称,这样精心拟定的小标题更有利于起到提纲挈领的作用。二是要尽量使同级提纲下的各部分篇幅大致相近。如果同级提纲下的各部分篇幅悬殊,不但影响文章整体的结构美,更会影响文章内容布局的合理性。为此,写作之前就要对文章每一部分所要运用的素材、所要提出的基本观点等作出统筹安排。

（4）搜集整理材料。搜集整理材料及准备论据,要对照写作提纲所涉及的方面搜集必备的材料,如回忆自己关于这方面的体会要点、查证相关的教育理论等。同时要注意取舍,去掉用处不大的材料,取其最有用的材料。材料准备充分了,写作时才会有话可讲,且言之有理、言之有据。

撰写教科研论文,需要积累的内容很多,重点应放在以下三点:第一,资料的积累。撰写教科研论文,离不开参考资料。在研究某一个问题之前,应充分了解他人在这个问题上的见解、成果以及所做的工作,搜集尽可能多的背景材料,这样能发前人之未发,成前人之未成。第二,知识的积累。丰富的知识积累,是撰写教研论文必不可少的基础。要积累知识,不仅要动眼看、动脑想,还要动手写,将有用的东西记录下来,以防止遗忘。第三,经验的积累。在教学实践中,我们创造了许多成功的经验,探索出了不少有益的做法,萌发了许多想法和感受。对这些想法和感受都应该做好记录。

从时间上来说,搜集和积累材料可分为日常性的搜集和积累、有针对性的搜集和积累两种类型。搜集和积累材料的途径主要有三:一是通过读书学习与查阅资料搜集和积累材料;二是参加教学实践,在平时的实践中积累材料;三是上网搜集资料,这也是当前搜集和积累材料最常用、最有效的途径。

(5)写作草稿。写作草稿是依据提纲顺序,把各个要点、材料、数据文字化,它是作者对论文的精心设计和不断深化的过程,是最艰巨的劳动。打草稿时要尽可能把想说的话都写出来,如果时间允许的话最好一气呵成。

(6)修改润色。教研论文的初稿完成后,不要急于打印成文,要进行反复的检查与修改。修改论文首先应当着眼于内容,要紧紧围绕着论点是否准确鲜明,材料是否妥当,逻辑是否严谨等几个主要问题进行修改。其次是形式的修改,要着重从段落是否完整,衔接是否恰当,句子运用是否合适,词语是否精确,标点符号是否准确,书写是否合乎文面要求等方面进行修改。修改论文要有整体观念,要虚心听取别人的意见,要反复修改。

修改语言的办法,可用"增、删、改、调"四个字来概括。"增"是指文字不足以表达内容时,就需要增字或增句;"删"是指删减文字,要尽可能删去一切多余的文字;"改"就是更换,进一步锤炼;"调"就是在准确表现内容的前提下,为使语言活泼并具有节奏感而调整句式和文字。

104 教研论文写作中常见问题及对策

教研论文写作常见问题："临时抱佛脚"——言之无物，积累不够；"画龙未点睛"——面目可憎，拟题不够；"脚踏西瓜皮"——东拉西扯，布局不够；"采得百花不酿蜜"——堆砌材料，提炼不够；"被人牵着鼻子走"——缺乏独到见解，特色不够；"大题大做"和"小题小做"——缺乏深度高度，转换不够；"初级产品出口"——效益低下，修改不够。

【诠释】

（1）"临时抱佛脚"——言之无物，积累不够。厚积才能薄发，要写好教研论文，离不开教师在教育教学过程中的长期积累。针对一些教师遇到职称评定时才想到写论文不知所云、所写论文言之无物这一问题，建议要加强平时积累，做到三多，即多读、多思、多记。

（2）"画龙未点睛"——面目可憎，拟题不够。文章题目好似人的眼睛，给一篇文章拟一个好题目，其效果无异于画龙点睛。针对一些教师忽视拟题或者轻视拟题这一问题，建议重视拟题，力求三要：一要"明"，即让读者能从题目中就能大概明了文章的主旨，明白文章所探讨的问题；二是要"小"，即教研论文的题目宜小不宜大；三要"新"，即给文章拟题时不能太俗气，要追求一种新意，给读者一丝新奇。

（3）"脚踏西瓜皮"——东拉西扯，布局不够。文章的结构犹如人的骨架，结构合理，整篇文章才能筋骨强健，才会更具说服力。针对一些人不注重论文的谋篇布局，东拉西扯、不着边际的这一问题，建议撰写文章要列好提纲，做好两点：一是要给文章的每一部分拟定适切的小标题，二是要尽量使同级提纲下的各部分篇幅大致相近。

（4）"采得百花不酿蜜"——堆砌材料，提炼不够。一篇教研论文如果只是一味地堆砌材料，只"叙事"不"研究"，把教研论文写成了"记叙文"，无疑会失去教研论文应有的高度与深度。针对一些人只会做蚂蚁的工作——"搬运"，而不会做蜜蜂的工作——"酿蜜"这一问题，建议要注重对文章的分析提炼，以提升其实践价值。

（5）"被人牵着鼻子走"——缺乏独到见解,特色不够。撰写教研文章不能跟风、随大流,要有自己的独到见解,要写出特色来。要走出"被人牵着鼻子走"的误区,需要我们着重研究自己、扪心自问:一问自己已做什么,重点是要从自己已做的工作中获取经验,吸取教训;二问自己能做什么,重点是要对自己有一个清醒的认识,特别是要明确自身的优势和特长所在;三问自己想做什么,重点是要明确自己长期或短期的目标,并注意围绕这个目标去思考、去实践。

（6）"大题大做"和"小题小做"——缺乏深度高度,转换不够。所谓"大题大做"和"小题小做",是指有的教师在撰写论文时,不注意或不善于转换,发现大问题就做大文章,碰到小问题就做小文章,结果往往是分析大问题深度不够,分析小问题高度不够。故要走出转换不够的误区,一是要大题小做,即发现一个较大问题时,要找一个或几个比较小的切入点来对这个问题进行分析研究。二是要小题大做,即碰到一个较小的甚至是细节性的问题,可以从横向或纵向对这个问题做深入的分析,把小问题做大。

（7）"初级产品出口"——效益低下,修改不够。我们的一些教师,论文刚一写成,还未修改润色,便匆匆忙忙投寄到报刊社去了,其结果往往是泥牛入海,有去无回。其实,刚写好的论文,就如刚造好的毛坯房。而文章的修改润色,犹如文章的装修。故笔者建议,要重视文章的修改完善,坚持自我修改与征求他人意见相结合。首先要进行自我修改。文章写好后,无论是整体结构、素材运用,还是遣词造句,甚至标点符号的运用,都要进行认真的推敲与斟酌。其次,要善于征求他人的意见和建议。刚写好的论文作者自己往往很难发现的问题,旁人却很容易就能看出来端倪。当然,对别人提出的意见和建议,一要诚恳虚心,二要清醒慎重。对合理的吸纳修改,对不合理的则坚决放弃。

105 教学重在反思

撰写教学反思,旨在:在教学中反思,在反思中感悟,在感悟中总结,在总结中提高。

【诠释】

所谓教学反思，是指教师利用科学的教育教学理念，对主体的教育教学实践进行审视与思考的教育教学研究活动。叶澜教授曾经说过："一位教师写一辈子教案不一定成为名师，而坚持写三年教学反思就有可能成为名师。"可见，一名教师坚持写教学反思，对于自身专业化发展有着不容忽视的作用。

教学重在反思，作为教师要学会静下心来不断叩问自己内心深处发出的声音。如果只知重复，一味照搬，教育教学工作"年年岁岁花相似"，又哪会出现"岁岁年年人不同"的新气象呢？因此，走好教学反思这一步很重要，思广则能活，思活则能深，思深则能透，思透则能明。反思要有"绝知此事要躬行"的手，要有"留心处处皆学问"的眼，要有"吾日三省吾心"的心，还要有"跳出庐山看庐山"的胆。

教学反思一是对每堂课的成功之处进行反思；二是对课堂教学中的失误之处进行反思；三是对教学环节的疏漏之处进行反思；四是对如何进一步提高课堂教学效率进行反思；五是对学生反馈的问题进行反思；等等。

撰写教学反思，一要贵在及时，一有所得，及时记下；二要贵在求实，要写得实实在在，有话则长，无话则短，摒弃华而不实的做法；三要贵在坚持，要持之以恒，有执着的追求；四要贵在实践，以记促思，以思促教，以教促研，以研促进。

106 教学反思"五记"

记成功之举，记"败笔"之处，记教学机智，记学生见解，记再教设计。

【诠释】

（1）记成功之举。教师课后要把课堂的成功之举详细如实地记录下来，供以后教学时参考使用。记录内容包括：教学过程中达到预先设计的目的、引起教学共振效应的做法；课堂教学中临时应变得当的措施；层次清楚、条例分明的板书;某些教学思想方法的渗透与应用的过程;教育学、心理学中一些基本原理使用的感触;教学方法上的改革与创新;等等。

(2)记"败笔"之处。即使是成功的课堂教学也难免有疏漏失误之处,对失误之处进行回顾、梳理,并对其作深刻的反思、探究和剖析,使之成为以后再教该内容时应吸取的教训。

(3)记教学机智。在课堂教学中,随着教学内容的展开,师生思维发展及情感交流的融洽,往往会因为一些偶发事件而产生瞬间灵感。这些"智慧的火花"常常是不由自主、突然而至,若不及时利用课后反思去捕捉,便会因时过境迁而烟消云散,令人遗憾不已。

(4)记学生见解。在教学过程中,学生是学习的主体,他们总会有"创新的火花"在闪烁。教师应当充分肯定学生在课堂上提出的一些独到的见解,这样不仅使学生的好方法、好思路得以推广,而且对他们也是一种赞赏和激励。同时,这些难能可贵的见解也是对课堂教学的补充和完善,可拓宽教师的教学思路,提高其教学水平。

(5)记再教设计。记录内容包括:这节课摸索出了哪些教学规律?教法上有哪些创新?知识点上有什么发现?组织教学方面有何新招?解题的诸多误区有无突破?启迪是否得当?训练是否到位?等等。一节课下来,静心沉思,及时记下这些得失,并进行必要的归类与取舍,考虑一下再教这部分内容时应该如何做,并写出再教设计。这样可以做到扬长避短、精益求精,有利于把自己的教学水平提高到一个新的高度和境界。

107　课后反思"五思"

思所得,发扬长处,发挥优势;思所失,汲取教训,弥补不足;思所疑,加深研究,解惑释疑;思所难,突破难点,化难为易;思创新,扬长避短,精益求精。

【诠释】

(1)思所得,发扬长处,发挥优势。对教师而言,每一堂课总有自己满意的地方,也就是成功之处。或是教学过程中达到预先设计目的的做法,或是课堂教学中突发事件的应变过程,或是教育学、心理学中一些基本原理运用的感触,或是教学方法上的改革与创新,或是双边活动开展的经验,或是在备课时未曾考虑到而在课堂上突然迸发出的灵感和火花,等等。无论是哪一方面有益的收获,课后及时反思,这样日积月累、持之以恒,并把它们归类整理提升,形成一些带有规律性的东西,供以后教学时参考使用,并在此基础上不断地改进、完善,推陈出新,这样对提高课堂教学能力,探索课堂教学改革的思路,形成自己独特的教学风格,会大有益处。

(2)思所失,汲取教训,弥补不足。任何一节课,即使教师的备课十分细密,慎之又慎,也不可能十全十美。如:对教材处理不当,对教学中偶发事件估计不足,对某个问题阐述有失偏颇,对某个问题的处理感到力不从心,等等。对它们进行回顾、梳理,并作出深刻的反思、探究,使之成为引以为戒的教训。只有敢于正视自己的不足,汲取教训,及时弥补不足,才能不断走向成功。因此,思所失既是教师对学生高度负责的表现,也是不断提高自身教学水平的客观需要。

(3)思所疑,加深研究,解惑释疑。这里的"疑"包括两个方面:一方面是学生的疑点。每节课下来,学生或多或少会存在某些疑问,有时课堂上无法及时解决,教师把从学生方面反馈过来的疑点记录下来,细加琢磨,有利于今后的教学和复习更具针对性。另一方面是教师的疑点。教师对教材中的问题并非一下子就可以理解得十分透彻,有时甚至似是而非。教师通过把这两方面的疑点记录下来,促使自己今后对疑点问题的加深研究,使之明白透彻。

(4)思所难,突破难点,化难为易。在课堂教学中,对教材难点的突破事关整个教学的成败。所谓教材的难点,是指教师难讲、学生难懂的知识点。如果我们每一轮教学都把教材难点的处理方法、今后改进教学的设想记录下来,并且进行深入细致的分析、比较、研究,必将化难为易,极大地提高教师处理教材难点的能力。

(5)思创新,扬长避短,精益求精。一节课下来,教师应静心沉思:摸索出了哪些教学规律,教法上有哪些创新,知识上有什么发现,组织教学方面有何新招,解题的诸多误区有无突破,启发是否得当,训练是否到位,等等。及时记下这些创新点,并进行必要的归类与取舍,长期坚持下去,既能增强自身的教学能力,又能提高自己的教研水平。

108 怎样撰写教学随笔

> 教学随笔又称教学心得。撰写教学随笔，首先要捕捉题材，最重要的是要锤炼题材。

【诠释】

教学随笔，又称"教学心得"，主要是写教学中某一点体会最深的心得。它的主要特点是题目小、篇幅短，层次和结构比较简单，内容单纯，涉及面比较小，写作材料便于收集、整理和使用。

（1）捕捉题材。对于一线教师来说，不敢说每一节课都有体会最深的心得，但每天都有不同的教学内容，面对不同的学生，只要我们善于发现，做个有心人，教学随笔的素材就有很多。第一，写成功的喜悦。在教学中，每一位教师都会有令人欣喜的、成功的实践。成功了，静下心来想一想：为什么会取得成功？主要收获在哪里？抓住自己的成功之点，好题材就这样诞生了。第二，写失败的教训。教学中的失误是不可避免的。面对失误我们应该冷静地想一想：为什么会失误？主要症结在哪里？用什么方法弥补？应该吸取什么教训？……好题材又诞生了。教材是我们的教学依据，但它不一定是完美的，只要我们深入而冷静地研究思考，你也许会有新的认识或新的疑点。在讲课过程中，你也许会突然得到某种悟性与启示，产生平时没有想到的观点，发现平时没有注意到的材料。在听课过程中，通过比较，找出差异，差异就是思维之源，就是产生新观念和新思想的源泉。从课后师生交谈中、学生学习的成功或失败中捕捉教学随笔的题材。也可以通过阅读别人的教育教学论文或从浏览教育教学报刊中捕捉。

（2）锤炼题材。有了题材，如何得到一篇高质量的随笔？你可能通常会觉得有话说不出、说不好，这是因为尚缺乏理论积累，还不能从理论高度对手中的素材进行加工、整合，形成并表达出自己独到的视角。而这个至关重要的锤炼过程要求我们：第一，注重积累相关理论。理论积累并无任何捷径，只有平常扎扎实实地研读并作好摘抄，久而久之，再处理起素材来自然会得心应手。第二，认真解读他人的教学随笔成果。一般报刊上都有一些非常贴近我们工作实际的教学随笔,可以细细地分析一下它们是如何总结提炼得出自己观点的,久而久之,我们也会受到启发,感觉也会豁然开朗。

（3）写教学随笔的注意点:第一,立意要新。也就是你所写的教学心得体会,不仅自己觉得有新意,而且让别人看后也觉得耳目一新,不可重复别人的观点。第二,列举实例要具体生动。在举例时一定要把事实讲明白,使读者看后即懂。第三,要做到小中见大。从个别具体的事例出发,能体现出一般规律。注意把中心思想集中到一点上来,反映较深刻的问题和道理。使读者透过现象看本质,通过个性看共性。第四,文章结构可多样化。教学随笔没有一个固定的格式,可以先简述文章的中心以及写此文的目的,再列举实例说清楚事实及过程,最后再归纳其心得体会。

109 教育随笔其特色就在一个"随"字

> 教育随笔其特色就在一个"随"字——随手、随时、随便、随心等。

【诠释】

随手、随时。随笔中涉及的往往是一些即时发生的事件和看到事件当时产生的想法,那种想法也有点像火花闪动似的,所以需要及时捕捉、记录下来。倘若扔了一段时间之后,你对事件的记忆可能就不那么清晰了,故事就很难说得完整,思想的火花可能也消失不见了。所以要养成随手、随时写的习惯。如果能坚持记教育日记,那么你会发现那其中有很多你可能已经不太记得的事,但是在当时它是如何地让你受到震动。

随便。随笔没有什么格式的要求,不需要有什么论点论据,文字也可长可短,如果用200字就能把你想说的话说清楚了,也不一定要凑到1 000字。如果你没想好这件事说明了什么,但是这件事却让你有所触动,不说不快,你也不必硬要找什么理论做依托,你可以把事情先写出来,让读者自己去理解。

随心。随心有两层意思,一是随心所欲,没有太多的限制;二是笔要随脑,文章是笔写出来的,但却是大脑想出来的,所以随笔是笔要随脑。

随笔要想写好,必须有自己的独到之处,或是切入一个事件的角度不同于以往,或是自己的观点不同于常俗。这一切都需要我们有一双善于发现的眼睛,有一个善于思考的大脑,所以工作之中要注意观察。教师生活于学生之中,我们的工作对象是活生生的人,这就给我们提供了丰富的素材。每个学生都是一本待读的书,和同学们每一次倾心的谈话,都可以成为我们写作的素材。

要想写好随笔,关键还在于动笔。动笔写了,才能有好的随笔。很多人说,要我反思一下教学没问题,但要写成一篇反思随笔,则有了压力。如果是你深思熟虑后的短短几句话也是一篇好随笔。比如:今天的课堂导入不够理想,因为没有引起学生的注意力,主要是选择的素材太陈旧了,时间也用得太多了,今后我得改变。这篇随笔虽然是五句话,但发现了教学存在的问题,找到了问题的原因,并提醒自己要改变。而且这样的随笔对工作繁忙的教师来说,更符合实际。当然,笔者并不是说写随笔只用五句话,而是说要具体情况具体分析,有话则长,无话则短,有时间写则长,无时间写则短。

有感而发是随笔的主要特征。而发出的感想是不是精华,则与教师的教学理念、知识结构、理论素养、语言表达能力等直接相关。

写是一个人内在素养的外化过程,要使外化质量的提高,必须有一个不断内化的过程。因此,学习是必要的,把他人的观点、知识、方法内化为自己的观点、知识、方法,才能不断地写出令人耳目一新的好随笔。

110　什么是教学案例

教学案例是真实典型且含有问题的事件。一个教学案例就是一个包含有疑难问题的实际情境的描述,是一个教学实践过程中的故事,描述的是教学过程中"意料之外,情理之中"的事。

【诠释】

(1)教学案例是事件。教学案例是对教学过程中的一个实际情境的描述。它讲述的是一个故事,叙述的是这个教学故事的产生、发展的历程,它是对教学现象的动态性的把握。

（2）教学案例是含有问题的事件。事件只是案例的基本素材，并不是所有的教学事件都可以成为案例。能够成为案例的事件，必须包含有问题或疑难情境在内，并且也可能包含有解决问题的方法在内。正因为这一点，案例才成为一种独特的研究成果的表现形式。

（3）教学案例是真实而又典型的事件。教学案例必须是有典型意义的，它必须能给读者带来一定的启示和体会。它所反映的是真实发生的事件，是教学事件的真实再现。它不能用"摇摆椅子上杜撰的事实来替代"，也不能从抽象的、概括化的理论中演绎的事实来替代。

111 教学案例撰写的"五大要素"

撰写教学案例一般应包括案例背景、案例主题、案例细节、案例结果和案例评析五大要素。

【诠释】

教学案例是指由教师撰写的叙述性的教学实践记录。撰写教学案例，是教师不断反思、改进自己教学的一种方法，也是教师自我教育和成长的过程。由于教学案例是教师教学行为的真实、典型记录，也是教师教学理念和教学思想的真实体现，因此它不仅是教育教学研究的宝贵资源，也是教师之间交流学习的重要媒介。教学案例的要素主要有五：

（1）案例背景。所谓背景，即向读者交代清楚"故事"发生的时间、地点、人物、事情的起因等。背景介绍也不必面面俱到，重要的是说明"故事"的发生是否有什么特别的原因和条件。背景是案例很重要的环节，描述的是事件的大致场景，是提供给读者了解"事件"有用的背景资料。如所在学校的情况、个人的工作背景、事件发生的起因等。

（2）案例主题。每篇案例都要有一个鲜明的主题，即这个案例要说明的某个问题，是反映对某个新理念的认识、理解和实践，或是说明教师角色如何转变，或是教的方式、学的方式怎样变化，还是介绍对新教材重点、难点的把握和处理,等等。

(3)案例细节。有了主题,就要对原始材料进行筛选,有针对性地选择最能反映主题特定的内容,把关键性的细节写清楚。要特别注意提示人物的心理。因为人物的行为是故事的表面现象,人物的心理则是故事发展的内在依据。面对同一个情景,不同的教师可能有不同的处理方式。为什么会有各种不同的做法?这些教学行为的内在逻辑是什么?执教者是怎么想的?揭示这些,能让读者既知其然又知其所以然。在这个环节中,要讲明问题是如何发生的,问题是什么。这是整个案例的主体,要做详尽地描述。

(4)案例结果。案例不仅要说明教学的思路,描述教学的过程,还要交代教学的结果——某种教学措施的即时效果,包括学生的反应和教师的感受,解决了哪些问题?未解决哪些问题?有何遗憾、打算、设想?等等。以"问题"为主线,有矛盾、冲突甚至"悬念",更能引起读者兴趣和深入思考。

(5)案例评析。评析是在记叙基础上的议论,表明对案例所反映的主题和内容的看法和分析,以进一步揭示事件的意义和价值。评析可以是自评,就事论事,有感而发,也可请专家点评、深化。通过对背景、问题、解决问题方法的描述,以反思自身的教育教学行为,进而总结利弊、得失和启示。

112　教学案例的特点和撰写要求

　　教学案例具有真实性、疑难性、典型性、浓缩型、启发性和价值性的特点。撰写教学案例,不同于撰写教研论文,也不同于撰写教案、教学设计、教学实录。

【诠释】

撰写教学案例的基本特征:一是真实性,案例必须是真实发生的事件;二是疑难性,案例必须是含有问题或疑难情境在内的事件;三是典型性,案例必须是包括特殊和典型案例问题的故事;四是浓缩性,案例必须多角度地呈现问题,提供足够的信息;五是启发性,案例必须是经过研究,能够引起讨论,提供分析和反思的事件;六是价值性,通过对教学情境的描述、反思,既能提升自己教学工作的专业化水平，又能为其他教师分享教学经验、加强沟通提供一种有效方式。

教师撰写教学案例要做到：第一，要写自己认为有重要意义的教学经历或教学故事，即要有选择性、典型性，不要事无巨细都罗列进去，要围绕中心问题进行选择。并不是所有的事件都可以成为案例，要善于捕捉教学过程中的"亮点"。第二，教师应根据以往的经历撰写案例，尽量保持案例中资料的真实性，使读者有身临其境的感觉。也可以深入到学生中去询问、调查他们的真实感受。第三，撰写教学案例不同于教研论文。从文体和表述方式上看，教研论文是以说理为目的，以议论为主；教学案例则以记录为目的，以记叙为主，兼有议论和说明。从写作的思路和思维方式来看，论文写作一般是一种演绎思维，思维的方式是从抽象到具体；案例写作则是一种归纳思维，思维的方式是从具体到抽象。第四，撰写教学案例也不同于教案、教学设计、教学实录。教案和教学设计是事先设想的教学思路，是对准备实施的教学措施的简要说明；教学案例则是对已经发生的教学过程的反映。一个写在教学之前，一个写在教学之后；一个是预期，一个是结果。案例与教学实录的体例比较接近，它们都是对教学情景的描述，但教学实录是有闻必录，而教学案例则是有所选择的。

113 教学案例撰写"六要"

案例特点要明晰，案例素材要适当，案例主题要鲜明，案例描述要完整，案例评析要深入，案例形式要灵活。

【诠释】

（1）案例特点要明晰。教学案例，是指含有问题或疑难情境在内的真实发生的典型性教学事件。其特点主要有四：第一，真实性。事件是在课堂教学中真实发生的，不是杜撰的。第二，问题性。作为案例的事件必须包含问题在内，且有解决这些问题的方法或设想。第三，过程性。案例是对一个事件实际情境的动态性的描述，有事件发生的具体过程。第四，典型性。事件中存在的问题要具有一定的普遍性,对他人有较大的借鉴作用。

（2）案例素材要适当。案例素材的选择对于教学案例的编写非常重要。教师每天遇到的事件往往很多,但并不是任何教学事件都能作为教学案例的素材。在选择案例素材时,教师必须要看事件是否适宜做教学案例。如事件是否有问题性,问题能否引发人们的思考,是否给读者带来一定的启示和体会;事件是否有典型性,能否反映事件发生的特定的教育背景,是否隐含普遍存在的某一方面的问题;事件是否有价值,解决问题的措施是否有利于他人学习和借鉴;事件的过程是否跌宕起伏,能否使读者的心灵受到震撼;等等。总之,选择案例素材要符合教学案例的特点,切忌事件干瘪、平淡、虚假、无意义。

（3）案例主题要鲜明。主题是案例的灵魂,故教学案例必须要有鲜明的主题。教师既可以从日常积累的教学素材中发现问题,思考困惑,从中选择主题;也可以先确定主题,然后根据主题搜集相关的案例素材。确定案例主题应做到:第一,案例主题应当是事件发生中最突出、最鲜明、带有倾向性的问题。第二,案例的主题要新颖,有时代感,使读者耳目一新,能引起读者共鸣。第三,案例主题要体现一定的教育理念,符合教育教学的基本规律,给读者带来深刻启示。第四,案例主题的切入点要小,切入点越小,案例分析就越透彻,案例的价值就越高。

（4）案例描述要完整。对事件的描述既要篇幅简短,又要力求完整。关于过程的叙述,既要有按照时间顺序从开始到结束的完整情节,又要有发现和解决疑难问题的过程。既要说明教师的心理活动,又要注意说清学生的心理变化。关于结果的叙述,要说清教学中产生的即时效果,说清学生的反映和教师的感受。结果的叙述要实事求是,观点鲜明。

（5）案例评析要深入。案例中对事件的分析评论是其精华所在。这就要求教师运用先进的教育思想和教学理念,围绕案例主题评析成功或失误之处,针对教师外显的教学行为分析其内涵的理论依据,进而提炼出具有普遍意义的新理念、新观点、新策略,给人以启迪。在撰写案例评论时,一要密切联系案例实际,二要评论客观中肯,三要论述重点突出,四要分析独到深入。

（6）案例形式要灵活。教学案例作为一种文体,有它自己的写作结构。其基本要素有四:标题、背景、案例、评析或反思。规范其格式有助于教师掌握案例的撰写技巧,从而撰写出规范的教学案例。但过分讲究格式,有时也会束缚作者的研究思路和研究空间。其实,撰写教学案例本身没有撰写学术论文和研究报告那样严谨,故教师在撰写时,可根据事件的具体内容,形式可以适当灵活一些,语言也可以自由一些。只要是教师能从教育教学实践中发现问题,并利用教育教学理论寻找到解决办法,通过反思与讨论,产生出新的感悟和想法即可。

114 怎样撰写教育调查报告

> 调查报告顾名思义,一是调查,二是报告。教育调查报告是对教育现象中的客观事物或问题进行深入细致的调查研究之后,将获得的成果写成的书面报告。

【诠释】

教育调查报告是反映教育调查过程和结果的一种报告形式。调查报告是在一定教育思想指导下,在对教育调查材料的整理、分析基础上写成的有事实、有分析、有理论观点的文章。

(1)题目。题目可分为:第一,公文式,即"调查对象+文种"。如《关于留守儿童家庭情况的调查报告》。第二,文章式,灵活多样。如《××背景下线上教学对学生学习有什么影响》。第三,新闻式,要求鲜明醒目。如果用双行标题的形式,一般正题揭示主题,副题指明调查的地点、内容或范围,起限定作用。如《初中开设心理品质修养课势在必行——××市中学生心理品质修养课学习现状的调查报告》

(2)前言。调查报告的前言一般要交代清楚调查的问题、目的、意义、任务和方法。首先,简要说明调查的是什么问题,为什么要调查这个问题,主要调查内容和国内外对这个问题的研究概况,以及此次调查的意义和价值。并说明调查的具体情况,包括调查时间、地点、对象、范围、取样的方式、调查的具体方法等。

(3)正文。正文是要把调查中所搜集到的材料通过调查表、统计数字展现出来,并运用这些材料进行分析和推理,有条理地、准确地把主要调查内容展现出来。正文的阐述方式通常有以下两种形式:一是展示调查事实,进行问题分析。要求先展示调查的基本事实,然后对这些事实所反映的问题进行分析。这样可以让读者对整个调查中搜集到的材料有一个整体的认识,再从不同的角度来对这些材料说明的问题加以论述,比较清楚地表达出调查的结果。这种写法中对调查结果的分析可以是对现象所产生的原因的分析。二是运用调查材料,分部统一阐述。要求综合运用调查中所取得的材料,按照事物本身的逻辑关系,将所研究的问题分成几个部分统一阐述。这种写法是调查中所搜集到的材料中提炼出若干个问题,运用调查的材料来阐述作者对于一些问题的认识,运用这种方法可以明确地表述研究者对一些问题的看法和对现实中存在问题的综合认识。

(4)结论与建议。在对调查结果的分析与阐述的基础上,概括出一些具有规律性和倾向性的问题,或提出一些改进意见。这是对上面分析的概括,需要作者提出由调查的结果所得出的结论和对这个问题的看法。

(5)附录。必要时要把调查工具或部分原始材料附在报告后面,这一方面可使正文内容更集中,另一方面也使读者更方便地分析和运用这些资料。

115 怎样撰写教育叙事案例

写好教育叙事案例要遵循主题鲜明、思想正确、意义深刻、情节生动、形象感人的原则。撰写教育叙事案例,要注意观察,要重在思考,要提出问题,要注意学习,要重研究过程。

【诠释】

教育叙事研究的方式主要有两种:一种是教师自身同时充当叙说者和记述者,而当叙述的内容属于自己的教育实践或解决某些教育问题的过程时,教师的叙事研究就成为"教师叙事的行动研究"。这种方式主要由教师自己实施,也可以在教育研究者指导下进行。另一种是教师只是叙说者,由教育研究者记述。这种方式主要是教育研究者以教师为观察和访谈的对象,包括以教师的"想法"或所提供的文本等为"解释"的对象。

写好教育叙事案例要遵循以下原则:第一,主题鲜明。一个好的教育叙事案例要把注意力集中在一个有趣的论题上,它应是生动事例的再现,必须有一个中心论题。第二,思想正确。教育叙事案例要有先进教育思想的支撑。教师叙写自己的教育叙事案例,应该在正确的、先进的教育思想的指导下进行。第三,意义深刻。要求所述故事必须有"意义",也就是让听者听完故事之后能被"感动",且明白某种"教育道理"。第四,情节生动。一个好的教育叙事案例必须要有有趣的情节,它是日常教育教学生活的一个起伏,一个跌宕,显得曲折、委婉而动听、可读。第五,形象感人。教育叙事案例中要有"人",刻画人物要形象、生动、感人。作为一种研究,教师仅仅"用事实说话"是不够的,应该融入叙述者个人在事情发展过程中不同阶段的感受、体验,特别是伴随这种体验、感受而带来的思考、反思。

撰写教育叙事案例要注意几个事项:第一,要注意观察。一要观察教学情景的发展变化,二要观察当事人的态度,三要观察学生的反应和发展状况。可以借助技术(照相机、录像机、计算机等)记录观察的过程,要注意保存观察的原始资料。第二,要重在思考。教育叙事案例不是简单的"镜像"记录生活,而是观察与思考生活。思考不是填写模板,而是创意和灵感的碰撞。第三,要提出问题。一要明确研究的问题,二要清晰地表达问题,三要把问题细化,便于处理和研究,四要注意随时抓住教学活动中出现的新问题,五要不断追问问题。第四,要注意学习。一要从文献资料中学习,二要从网络上的资源中学习,三要向身边的同行学习,四要向所教的学生学习,五要注意从历史经验中学习。第五,要重研究过程。在研究过程中,既要清晰地说明观察对象的特征和研究背景,明确表达研究的方法和程序,简要说明资料收集的技术与可信度,准确、生动地描述现场情景,如实地记录当时的心理活动,又要对现象和发现进行清晰充分的解释,要给出适当、有条理、有证据的结论,并提出进一步研究的设想与建议。

在写教育叙事研究报告时,往往采用"深描"的写作方式。"深描"即教师比较详细地介绍教育问题或教育事件的发生与解决的整个过程,留意一些有意义的具体细节和情境,在叙事研究的报告文本中引入一些原汁原味的资料,这种"深描"能使叙事显得真实、可信而且富有情趣。

116　漫谈撰写教学文章的技巧

> 撰写教学文章,其写作点在教材中"挖",在教学中"捕",在学生中"寻",在研讨中"思",在生活中"悟",在他人中"挑",在学习中"得",在潮流中"赶",在经验中"炼",在听课中"捡"。

【诠释】

(1)坚持"十个写点"。一线教师写教学文章,首先需要解决写什么的问题,即寻点的问题。要从以下十个方面寻找写作点:在教材中"挖",在教学中"捕",在学生中"寻",在研讨中"思",在生活中"悟",在他人中"挑",在学习中"得",在潮流中"赶",在经验中"炼",在听课中"捡"。

(2)坚持"聚焦课堂"。学好教学文章,要聚焦课堂。一要聚焦自己的课堂。课堂的每节课都是新的,因为你不能确定自己的课堂上会发生些什么。很多教师喜欢按部就班的课堂,其实,波澜起伏的课堂更容易让人难忘。而这些难忘课堂,往往是产生一些佳作的契机。二要聚焦别人的课堂。听、评课是我们每学期必备的工作,除了以学习、借鉴的态度去对待外,最重要的还是要保持反思状态。从他人的课堂联想自己的教学,看他人的成败得失联想自己的点滴感悟。聚焦别人的课堂,就要以跟随者的身份、解剖者的心态、思想者的眼光,汇聚教育教学的众生相,为自己的教学与思考注入新鲜的情感,其情感就是教育写作的另一种素材。

(3)坚持"五点话题"。教学文章的选题很重要,应在热点、重点、疑点、细点、新点上考虑。热点,即目前大家都在关注的问题;重点,即带有普遍性、重要的话题;疑点,即容易混淆产生疑义的问题;细点,即大家都在关注但有些细微处容易忽略的问题;新点,即另辟蹊径、观点新颖且有说服力的问题。

(4)坚持"一根""三性"。写教学文章要做到"一根""三性"。"一根"就是教育写作的"根"在课堂。教育写作是为提高课堂教学效率服务的,高效的课堂教学又为教育写作提供源源不断的经典素材,二者互相联系,相互促进。"三性"就是创造性、新闻性与通俗性。创造性是教育写作的内容必须是创新的结果,不然对读者无益,就无法被采用。新闻性是指要与时代联系,写出富有新意的作品,特别是紧跟时代,不能老生常谈。通俗性是语言要通俗,不要故意用一些难懂的术语来吓人。

(5)坚持做好"四个一"。教育写作要坚持"四个一":即制一个好标题,定一个好结构,拟一个好开头,选一组好材料。记住六句箴言:随时收集材料,不断酝酿构思,变换角度多写,各类征文优先,百字小稿莫嫌,精益求精修改。做到"四多":即多阅读,吸收各方营养;多练笔,提高写作水平;多修改,减轻编辑难度;多反思,不断总结提高。

117 好文章是写出来的

好文章是写出来的。写文章最笨的办法也是最好用的办法,就是坚持每天动笔写上一点点。时间长了,边书写,边琢磨,边思考,文章自然就越写越好了。

【诠释】

好多教师说自己不会写作,怎么办呢?笔者觉得很简单,先去写,在写的过程中自己慢慢就会有所获有所悟,可见好文章是写出来的。如果你不去写的话,别人跟你说得再多,告诉你再好的技巧,你不动笔实践,文章也不会从天而降。

不会写文章怎么办?最笨的办法也是最好用的办法,就是坚持记录自己每天的教育心得,记每节课的教学反思,记每天的教育感悟,记对学生的点滴教育,记课堂的精彩之处,记对教材的独特感悟等等,都可以下笔入文,都可以成为我们每天的教育教学日志,这样积少成多、时间长了,边书写边琢磨边思考,文章自然就会越写越好了。

其实,读书写作都是很孤独的事,要耐得住寂寞,扛得起失败。没有人天生就会写文章,能写文章的人总是从一次次的"泥牛入海无消息"中走出来的,因此,坚持不懈、持之以恒非常重要。当然,我们写文章并不只是为了发表,能发表当然是值得庆贺的事儿。将读书写作作为教师的一种生活状态,那才是我们应有的态度。实际上拥有一双发现的慧眼,带着一颗思考的头脑,去从事教育教学工作,你就时常会有文思泉涌的感觉。

118　教研写作是当代教师的必备素养

写作是人类特有的技能和发明,是教师"自我实现价值"的重要途径,是教师创造性的高级生命形态。

【诠释】

(1)写作是人类特有的技能和发明。首先要明确人为什么要写作。写作是人类所特有的技能和发明,是人类作为万物之灵的专利。通过写作,能够突破时空的局限,创造延续文明。作为文明传播者和创造者的教师,能拒绝这种技能和需求吗?叶圣陶说:"从前人以为写文章是几个读书人特有的技能,那种技能奥妙难知,几乎跟方士的画符念咒相仿。这种见解必须打破。……能写文章算不得什么可以夸耀的事儿,不能写文章却是一种缺陷,这种缺陷跟瞎了眼睛聋了耳朵差不多,在生活上有相当大的不利影响。"(《〈文章例话〉序》)

(2)写作是教师"自我实现价值"的重要途径。美国心理学家马斯洛把人类需求分为五个层次,其最高层次是"自我实现的需要"。写作能提升生活品质,更具有收获的成就感和快感,是"自我实现"的重要途径。有位哲人说得好:"你不能决定生命的长度,但可以控制它的宽度。"写作不但可以拓展人生的宽度,还可以增强人生的亮度。人生苦短,匆匆如过客。作为一名教师,一个与知识相伴为业的人,一生不发表几篇文章,不出一本专著,不为社会留下点精神财富和美好记忆,我们短暂的人生不是太狭窄、太暗淡了吗?我们的教师生涯不是留下太多遗憾了吗?教师不能只做别人作品的"读者",甘当"两脚书橱",像沙漠一样,只能吸进水,却喷不出一丝清泉。还要争做创造作品的"作者",成为一个精神产品的生产者。"写作"应该像阅读一样,成为教师的一种生活常态、生存方式和生活习惯,就像空气和水一样,须臾不可或缺。有写作习惯的人都有这样体验,写作有着比阅读更大的惬意和幸福感,一段时间不写作,就会技痒难耐、跃跃欲试。

（3）写作是教师创造性的高级生命形态。写作赋予我们无限的想象空间,激发着人们必须去创造。因为写作是一项创造性活动,是为社会创造精神财富的高级生命形态。写作的乐趣是不从事写作和创造性活动的人难以体验的,这种"美妙体验"就是马斯洛所说的"高峰体验"。曹禺说:"创作是非常艰苦的事,但也是一种愉快。"热切追求人生宽度和亮度的教师们,难道不想体验一下写作的乐趣,感受一下这种"高峰体验"吗?

119 写作与教学相辅相成

　　写作与教学是一把尺子的两面,写作可以提升教学境界,写作是更重要的"大备课"。

【诠释】

（1）写作可以提升教学境界。有人说教师搞教研、写论文影响教学,此言差矣。教学与写作是相辅相成、互为促进的。如果说有影响,那也是积极正面的影响——"研"能更好地促进"教"。至于某些人所秉持的"论文写得好,课不一定教得好"的说法,实则属于个案,现实中极少看到这种现象。倒是课教得虽说还可以,论文写不出的大有人在。而这种教师上的课,也绝不会好到哪里去,充其量说得过去。这种教师往往是"经验型"教师,上课跟着感觉走,不善于总结升华,缺乏科学的理论指导——没有理论指导的教学,往往是盲目低效的教学,不可能使教学达到较高的境界。

（2）写作是更重要的"大备课"。具体备课是"小备课",是战术性的备课;而平时的阅读、摘抄、写作等学养积累,是更高意义的"大备课",是宏观的、战略性的备课。战略的成功可以弥补战术的不足,而战略的不足则不能用战术的成功来弥补。衡量一名教师是否成熟,主要标志有两条:一是看有没有明确一贯的教育思想的追求;二是看是否具有独立处理教材的能力。教师备课有四层境界:一是写在备课本上,二是写在教科书上,三是写在教师心上,四是写在论文、著作上。前两者属于"小备课",后两者则属于"大备课"。

(3)教学和写作是一把尺子的两面。课堂教学是判断一位教师业务水平高低的重要尺度,但能否善于理论总结,减少失误,扩大交流,经验共享,也是判断教师业务水平的一把重要尺度。可见,教学和写作其实不是两把尺子,而是一把尺子的两面,失去任何一面,尺子就不复存在了。

120 善写,是教师的最大优势

　　善写的教师好读上进,具有源头知识活水,能永葆课堂青春的活力;善写的教师思维敏锐,常有所悟,大多是研究型、学者型教师。

【诠释】

(1)善写的教师好读上进,具有源头知识活水。善写的教师教育教学理念必然是与时俱进的,知识信息必然是鲜活丰富的,知识结构必然是合理扎实的。善写的教师,也必须好读,否则缺少源头活水,写作之河就会枯竭断流,难以为继。

(2)善写的教师能永葆课堂青春的活力。善写的教师见多识广,博采众家所长,具备先进的教育理念,知识丰富鲜活,教学技艺精湛,教学效率大多较高。善写不仅能提升教师口头语言表达品质,也能使课堂多一些朝气活力,少一些暮气匠气。

(3)善写的教师思维敏锐,常有所悟。善写的教师在日常读书看报、听报告讲座等学习活动中,对所接收到的信息有更强的目的性、针对性、筛选性,能敏锐感知捕捉有效信息,其学习效率往往更高。这类教师会时常受到"读""听"的启发感染,与自己所"作"、所"写"、所"思"的问题碰撞交流,产生思维火花,迸发灵感顿悟,反过来加深其认识,使自己的"写"更上一层楼。

(4)善写的教师大多是研究型、学者型教师。善教者勤于思,善思者方致远。善写的教师大多善于发现问题、总结提炼,多有所获。善写的教师往往是研究型、学者型教师,其素养必然是较高的,其思维必然是清晰有深度的。

121　如何写好一篇"美文" ///

　　写作是心有所感、自然抒发,要写好文章,就要能压得住浮躁,耐得了寂寞,多观察、多思考、多阅读、多写作,如此这般,相信你一定收获满满。

【诠释】

　　什么叫美文?传统的说美文实质上是散文的一种,重于感性,长于抒情。随着网络的发展,自然形成了一种更开放、更自由的网络文化,美文的概念也已经不局限于某类内容,赋予了更多的开放自由的元素,写得好的文章就应该算是美文。好散文、好诗歌是美文,好的鸡汤文也是美文,精彩、优美、生动、有趣,有阅读价值,有欣赏价值,能与读者产生共鸣的文章就是美文。要写好美文也不是个简单的事情,以下几点是写好美文的基本功。

　　(1)勤于观察,善于观察。多观察可以让我们胸中有丘壑,仔细、细致地观察事物的特征是写好美文的基础。立文还需心先行,留心生活,注意观察生活中的草木虫花,身边人的喜怒哀乐,以便汲取更多的素材,积累多了自然也就有"内容"可写了。

　　(2)多多读书,有效读书。古人云:"读书破万卷,下笔如有神。"有效的读书,把书中的精华吸收其中,很自然地就借鉴运用在自己的文章里了。而且书读得多了,自然就形成了语感,那些优美的句子、成语、语法就会镌刻在自己的脑海,久而久之就能让你的文笔变得生动、优美。

　　(3)勤于思考,善于联想。写文章是一项脑、心、手共同合作、协调配合的工作,除了要观察事物、多读多写之外,还得善于思考和联想,才不至于因为思维过于狭窄狭隘写不出好文章。要善于围绕主题展开思考与联想。思考与联想就像是写作的翅膀,飞得高才可以让思维更开阔。

(4)勤于写作,多多写作。有想象、有观察,有思考,还得有实践,这就需要去"做",在写作中锻炼自己的文笔,否则就眼高手低了。养成写作的良好习惯,把总结的心得体会适用于自己的写作,把这些观察到的、思考到的、阅读到的慢慢变成自己的内容,变成自己的文字,慢慢地由这些文字变成一篇篇的美文。写一篇文章就是对自己的一次磨炼,写得多了,自然就妙笔生花了。

122 多写一些"给力"式论文

抄袭剽窃他人的论文,是"整容"式论文;东拼西凑硬编的论文,是"花瓶"式论文;论题简单重复的论文,是"克隆"式论文;质量效益俱佳的论文,是"给力"式论文。

【诠释】

时下,中小学教师通过撰写教研论文,可以迅速提高自己的业务能力。实践证明,常把自己成功的教学经验写成文字,再上升到理论高度使其成为教研论文,是迅速提高教师教学水平的有效捷径。尤其是青年教师,更要把教学与教研结合起来。只有做学者型教师才能适应当代教育教学的需要,只有教学和教研水平都高的教师才可能成为学科的尖子。写教研论文,既可以在教学空闲取得创作成功的乐趣,又可以在本专业奠定自己的学术地位而受到同行们的尊崇,还可以获得一定的社会荣誉和经济效益。

近些年,我国中小学教师撰写教育教学论文的热情高涨,论文数量突飞猛进。但令人遗憾的是为数众多的教师过于追逐个人名利,有的将他人发表的论文改头换面,或原封不动地换上自己的名字;有的通过"剪刀+糨糊"东拼西凑、复制粘贴,将多人的观点拼凑成自己的"大杂烩"论文;有的论文则论题简单,观点陈旧,非常认真地重复他人早已论述的观点。而真正质量上乘、社会效益俱佳的"给力"式论文则是凤毛麟角。

123 教师写作"三要素"

> 与实践相随,实践积累教师的底气;与阅读同行,阅读滋养教师的才气;与思考为伴,思考造就教师的灵气。

【诠释】

教师写作不仅是一种教研行为,更是一种精神上的积极态势。不少教育大家之所以成就卓著,除了他们孜孜不倦地大量阅读、深入思考之外,更重要的是经年累月地笔耕不辍。可见,教师写作不是单纯的写作,它必然伴随着实践、阅读与思考。

(1)与实践相随。实践是写作的源泉和基础,同时教师通过写作又能指导教学实践。教师只有经常处于一种不间断的写作状态和写作行为之中,教育实践才能转化为教育思想,吸纳的教育智能才能转化为教育艺术,个人的教育特色才能转化为教育风格。

(2)与阅读同行。阅读是写作的必要条件,也是教师写作产生灵感的重要途径。如果教师不阅读更多的好文章,就不知道如何写出更好的文章。不少教师从来不读教育理论著作,也不看教育类期刊,缺乏经验"输入",自然就写不出有新意、有水准的好文章。

(3)与思考为伴。思考决定着文章的思想深度,真正的写作不是玩弄文字卖弄技巧,而是情感的表达。只有自己感动了才能让读者感动,只有自己思考了才能引发读者的思考。教师通过写作,可以进一步梳理自己的工作思路,更好地反思自己教育教学工作中的得失,也可以在更大的范围内交流自己的思想和经验,加快自己成长的步伐。

124 教师之间较大的差距在于写作

> 教师与教师相比,教学能力的差距并不大,教学水平的差距并不高,教育管理的差距并不明显,其较大的差距就在于写作。

【诠释】

写作能力是一个人综合素质的重要标志之一。一般而言,能写好文章的教师也能够上好课。因此,我们一般将写作看成提升教师职业能力、促进教师专业成长的一条有效途径。正如肖川教授所说:"造就教师书卷气的有效途径,除了读书,大概就是写作了。"传统的说法是,做一个教师要有"两支笔",一支红笔,一支蓝笔,批改和写作并行。更老的说法,则有"读十篇不如写一篇"之类的感叹。现代有人用物质"三态"作喻,用以表明及时写作或即时写作的重要性,也很令人憬悟:思想存储在头脑中是"气态",以口头方式表达出来是"液态",写成文章才是"固态"。

教师写作的意义,除了应对工作岗位需求外,更重要的还在于能够提升生活品质,获得精神动力。教师写文章,就是教师在思考。写作就是条理化的思考过程,这个过程一开始可能是痛苦的,但坚持下去就成了一种生活方式,甚至成为一种快乐。

然而在现实中,许多中小学教师对写作往往不能为之、不愿为之、不善为之。不少教师对写作存在畏难心理,认为写作是专家才能做好的事情,"写"是作家才能干好的事情。其实,写作是教师工作实践的总结和升华,是教师思想和情感的流露,也是教师反思与成长的心灵日记。教师写作可从以下六个方面入手:一要从细节入手,以小见大;二要提出一种新的观点或设想;三要写大家忽视的普遍现象;四要视觉独特或具有争鸣性;五要充满着教育的智慧与思想;六要多写散文式的论文,既生动又感人。

125 教育写作——教师最好的成长方式

> 一个教师要开启卓越而幸福之旅,就应该从写作开始。坚持写作,不断写作,成长,便是生命的一种常态。

【诠释】

教育写作,就是教师围绕教育教学工作,把在教育教学过程中的一些现象、事件和做法,通过思考和研究,诉诸笔端,形成书面文字的一种过程。教育写作,包括写教学反思、教育随笔、教育评论、教育叙事、教育日志等等。教育写作可以让一个普通教师成为响当当的名师。教师课上得好,只能成为好教师,一个教师要成为真正的名师,除了课上得好,还得文章写得好。坚持写作,不断写作,成长,便是生命的一种常态。

(1)写作不能带有功利。做人做事不能太功利,教育写作同样不能有太多的功利色彩。带着强烈的功利心去做一件事情,是不可能持续的,也是做不好的,更不可能达到一定的境界。一些教师写作,通常是冲着职称评定、应付检查,或是仅仅为了获得某种专业荣誉称号,带有很强的功利性和目的性,一旦目的达到,便大功告成,马放南山,很难将写作深入、持久地进行下去。因此,教师的写作必须远离功利,必须点燃兴趣的火花,必须把它作为生命中重要的事。

(2)写作不须"自我设限"。对于教育写作,它不同于文学创作。文学创作或许需要天赋,而教育写作只需立足当下,立足课堂,立足教学,发生了什么,就写什么;想到了什么,就写什么;感悟到了什么,就写什么。教育写作,人人都能写,个个都能提高。最要紧的是,要有勇气突破"自我限制",勇敢地拿起笔,笔走龙蛇,勇敢地举起手,敲击键盘。写着写着,便能够产生写作的热情,收获写作的自信。

(3)写作需要"倒逼"。人,都有惰性,再优秀的人亦是。为了克服惰性,往往需要对自己"倒逼"一把。写作需要忍受孤独,需要学会独处,需要付出心智,很多教师容易半途而废,停下脚步,所以更需要一种"倒逼"。在一个人没有养成写作习惯之前,需要"倒逼",即或是有了良好的写作习惯,同样也需要"倒逼"。

（4）写作贵在坚持。教师中或许写作的很多，但是能够坚持写作的却很少，能够长期坚持写作的教师，那就更少了。坚持作为一种专注，一种执着，一种信念，一种力量，一种走向成功的可贵品质，不管是对于做事，还是写作，都太重要了。有梦想就有希望，有付出就有收获，有坚持必有奇迹。

（5）写作应该注重积累。写作是一种输出的行为，而平时的积累就是一种输入，有输入才有输出，输入的数量和质量决定了输出的效果。一是从阅读中积累。平时多阅读，多吸收，不断积累写作的资源、素材，需要运用时才能够厚积薄发，信手拈来，得心应手。写作时，根据写作计划，拟定阅读清单，带着目的，有选择性地去阅读，迸发灵感，消化吸取，积极借鉴，智慧"拿来"，便能为我所用。二是从思考中积累。从对教学环节的预设与生成的思考，对课堂结构的探索与驾驭的思考，对学生作业的设计与布置的思考，对特色课程的研发与开设的思考，对师生关系的建构与确立的思考，对立德树人的目标与路径的思考，在思考中，既找到解决办法与举措，实现改进与提升，又能寻觅到一些写作的主题，捕捉到相应的写作线索。三是从实践中积累。课堂、教室、校园，乃至一切教育教学实践，都蕴藏着巨大的写作财富，积淀着丰厚的写作素材，都可以成为写作的"试验田"，关键是我们必须做有心人，善于整理，善于积累。四是从生活中积累。平常的日常生活，大家在相互交流中，在对教育的议论谈吐中，在对学生的教育转化中，总会有一些好的观点，好的做法，好的金句，有时会给我们以灵感启发，这同样可以给我们带来写作的话题与契机。

（6）写作要追求自然朴素。写作应该坚持"我手写我心""我心言我情""我情达我意""我意传我为"，忠实于自己的内心，力求构思简洁明了，语言朴素朴实，通俗易懂，不堆砌辞藻，不故作高深，不故弄玄虚，不把简单的问题复杂化。朴素的文字，寓真知灼见于朴实无华的语言中，如拉家常，如叙友情，如品芳茗，如饮甘泉，给人以亲切之感，最直击人心，最影响人，也最能打动人。

（7）做得好，才能写得好。教育写作是教师对自己教育生活的真切反思和真实记录，不是搜肠刮肚的拼凑，也不是绞尽脑汁的杜撰。做是写的前提与基础，写是做的归纳与总结。只有做得好，才能写得好。只有做得精彩，才能写得精彩。教师的写作必须从做的现实出发，有感而发，有情而抒，有做而写，绝不能无病呻吟，为了写作而写作。

（8）给写作不断赋能。要想写作激情不断，持续不断，除了喜欢写作，有良好的写作习惯外，还必须善于为其注入强大的动能。一方面要善于搭建写作平台。进入自媒体时代，教师通过打理公众号、开微博、弄博客、写简书，将自己的文章予以公开，让更多的人受益的同时，也倒逼你坚持写作，不断更新。另一方面要有勇气给报刊投稿。一旦自己的文字被发表，手捧油墨飘香的报刊，会涌动一种莫名的激动与幸福，这是对自己最大的激励。写作达到一定程度，能够将自己的文章结集出版，能够将自己的著作上网上架发行，为此影响、引领更多的人，那将是对写作最大的赋能。

126　为文三要义：准确、简练、美观

> 为文务求准确、简练、美观。准确是第一需求，简练是基本要求，美观是更高追求。

【诠释】

为文务求准确、简练、美观，这是评判文章好坏的重要标准。写作者可勤加练习，用好这三项标准，反复打磨，定能锤炼出佳作精品。

准确是第一需求。准确关乎是与非，不准确意味着谬误，会给文章留下"硬伤"。一是避免错别字和语病，这需要作者打好基本功，同时用心用情地严肃对待每一次写作。在以电脑作为主要书写工具的今天，错别字现象大大减少，但如果出现就是"低级错误"，给人带来不好的观感，甚至遭到"一票否决"。另外，也要注意正确使用标点符号，它们也是文章的组成部分，承担一定表达功能。我们在上网时经常看到，很多文章、段落通篇没有一个标点，均用空格代替，这样的作者未免有只顾自己方便、不管读者体验之嫌。二是文章涉及的关键信息一定要写准确，不能单凭印象，觉得主题不偏"大差不差"即可。"文章千古事"，白纸黑字一旦落定，就有一份沉甸甸的责任落在作者肩上——文章可以不美，但是务求无过。

简练是基本要求。《文心雕龙》中讲："随事立体，贵乎精要；意少一字则义阙，句长一言则辞妨。"能用一个词表达清楚的不用一句话，能用一句话讲

明白的不用三五句——要大胆地给文章"挤水分",提高文章的信息浓度和美感纯度。在写作技巧层面,可有可无的助词、介词、连词等尽可省去,"删繁就简三秋树",要让每个字、每句话都掷地有声,发挥实际作用。当然,简练不意味着篇幅短小,在关键处反复着墨,使主题更加鲜明,说理更加通透,情感更加丰沛,更解读者之渴。作文犹如排兵布阵,作者胸中要有一番大谋略,攻坚克难时"大举进攻",无关紧要处"精兵简政"。

美观是更高追求。在大多数场合,对大多数人来说,能写出一篇准确、简练的实用性文章就难能可贵了。但我们的目标不应止于此,写文章也是一种艺术创作活动,作者应追求文章在内容和形式上的美感,发挥文章的审美功能。追求文章美观不是某几个"天赋型"作家的特权,也不应是一件高门槛的事情,每一位作者都可以通过学习相应技法,加上在日常生活中认真观察、深入思考,将眼中之美、心中之美融入文章,提高文章美感。语言是否生动,结构是否清晰,情感是否真挚,修辞、用典、逻辑、说理等是否妥帖,这些都是影响文章美感的重要因素。美的标准从来都是多元的,创作一篇美文也是一项极具个性化的活动:以明白晓畅的话语记录身边的平凡人、平凡事是美的,用严谨翔实的数字、实验阐明一个问题是美的,用充满哲思的语言揭示人类社会历史发展规律更是美的……正是因为作者对美的孜孜以求,文字才超越它的实用功能,成为读者陶冶性情、启迪智慧的精神养料。

总之,准确有助于简练,用词精当往往有四两拨千斤的效果。简练是美观的一个方面,清清爽爽、干干脆脆的文字表词达意效果更佳,更显作者功力。美观是更高追求,那些流传于世的经典文章大都做到了景美、情美、理美,成为人类文化宝库中的璀璨明珠。

127　教师写作的三个层次

> 教师写作分为"写教案""写论文""写散文"三个层次。

【诠释】

教师,应该是学习者,也是研究者。无论学习还是研究,都离不开写作。

教师写作分为"写教案""写论文""写散文""写诗歌"四个层次。

第一个层次是"写教案"。写教案是教师的基本功,也是教学得以顺利开展的基础。有人曾争论教师到底"要不要写教案",要不要写教案本身并不是一个问题,如何写教案才是关键。关于写教案,需要教师准确把握:一是写谁的教案?是写别人的教案——抄教案,还是写自己的教案——将自己的教学设计文字化。如果是机械地照搬别人的教案,甚至是从教案集上简单地"复制""粘贴",这种教案确实是不写也罢。二是为谁写教案?是为学校写教案——纯粹为应付学校及有关部门的检查,还是为自己写教案——用来理清自己的教学思路、导航自己的教学进程。如果是为应付检查而写,这种教案不写也罢。三是写怎样的教案?是写死的教案——只有预设,没有生成,还是写活的教案——既重预设,又重生成。如果只写"死"的教案的确是存在问题的。四是教案写了之后怎么办?是把教案作为终结性成果,课后束之高阁,还是把教案作为过程性成果,持续地在教学过程中加以完善、提升。如果是把教案作为终结性成果一用了之,则写教案的作用也是得不到充分发挥的。

第二个层次是"写论文"。如果说教案写的是如何教、如何学的问题,那么教师在备课时还要思考为何要这样教、这样学。在教学实施之后,还要思考这样教和学好不好,如何才能教得更好、学得更好。这就牵涉到说理、论证的问题了。教师把说理、论证的内容或过程,用文字表述出来,就是所谓的教学论文了。行动之前先思考如何做、为何做,行动之后再思考做得怎样、该如何做得更好,这是教师教育教学工作的应有之义。离开了这些问题的思考,教师的工作就将不可避免地陷入盲目,教师自身的专业发展也会陷入停滞状态。因此,教师真的不能光写教案而不写论文。我们平常所说的论文,其实有广义和狭义之分。广义的论文,即指教研论文,包括教育教学反思性文章、教育教学经验总结性文章、教育教学实践问题探讨性文章,等等。这些文章形式不一,但其共性都有三个基本要素:一是明确的观点,亦即论点;二是支撑观点的论据,或案例呈现,或引经据典;三是逻辑严谨的分析。这类论文的写作,既需要教师有丰富的实践积累和广泛的阅读积累,也离不开教师对实践的深度反思和高度提炼。狭义的论文,则指具有严格规范的学术论文。这类论文,具有明显的论辩、论证性质,要求写作者广泛收集材料,比较甄别,大胆假设,小心求证,形成自己的观点。

第三个层次是"写散文"。这里说的散文,不是作为文学体裁的"散文",

而是作为教师写作的散文,仅是相对于教育教学论文而言的一种教育写作形式,常见的如随笔、杂文、感悟、故事等。之所以将散文列在论文之上,是因为从写论文到写散文,往往意味着教师从对教育教学具体问题的关注转向了对教育深层问题的思考,也意味着教师已具有跳出学科看学科、跳出教育看教育的更广阔视野。生活即教育,真正的教育必然要去发现生活、感悟生活,最后又回归生活。散文在这个过程中,起着不可替代的作用。好的教育文字,除了惠及师生,也应该给教育之外的人以心灵的温暖、成长的震撼。教育散文,以"散"的外在之形,寻觅、探求、描绘和传递教育的不散之神。

128　教师写作"六字"方针

> 时——时尚新颖;序——结构有序;物——言之有物;理——富有哲理;味——生动有趣;美——文辞优美。

【诠释】

教师写作要坚持"时、序、物、理、味、美"六字方针。时,即新颖、时尚;序,即思维有序,结构合理,流畅明了;物,即言之有物,无空话套话,不说自己都不相信的大话;理,即有思想,能让读者获得理智提升;味,即生动、有趣、幽默;美,即文辞优美,文章秀美。

具体地说,以下几个写作细节要特别关注:第一,阅读优秀的文章。如果你不读更多的好文章,你就不知道如何写出更好的文章。第二,坚持每天笔耕不辍。写得多了,也就写得好了。第三,随时随地记录下你的灵感。灵感总是转瞬即逝,一旦有灵感要及时地记录下来,日后有可能会成为你写作的素材。第四,集中精力写作。要有一个安静的环境,清除与写作无关的一切杂念,全身心进入写作状态。第五,重视文章修改。好的文章总是要经过反复的推敲和修改而成的,这会让你的作品从平庸中脱颖而出。修改的目标是让文章更清晰、更直接、更鲜活。第六,文章要简明扼要。要把文章中无关主题的文字统统删掉。第七,文章中要有富有感染力的句子。要多写能够吸引人、感动人的句子。第八,获取别人的反馈。让别人读一读你的文章,给你提提意见或建议,这样会让你的文章锦上添花。第九,要有好的开头和结尾。要投入更多的时间去考虑怎么写好开头,再巧设一个精彩的结尾,这会让读者更加期待你的下一篇佳作。

129　说说"教研"文章

撰写教研文章,一要具备一定的"学术性";二要围绕教育教学问题展开;三必须是原创。

【诠释】

什么样的文章算是"教研"文章?恐怕很难准确定义和罗列。但什么样的文章算不上"教研"文章,在教师这一群体却有大致的"共识",比如零碎偶发的只言片语,主观的个人感想体会,常规的工作计划、总结,单纯的经验描述之类,就不能算是教研文章。再比如有的文章通篇只有"文",没有"论",其"研究性"几乎为零,对教师的教学、科研也没有直接的指导和借鉴作用,所以仍然不能算"教研"文章。

对教育工作者尤其是教师而言,文章既然冠以"教研"二字,大致可理解为首先需要具备一定的"学术性"。什么叫"学术性"不好界定,但是文章文字太少、认识过于肤浅、观点明显偏颇、结论过于武断片面,这类文章就背离了"学术性"。其次,论文须围绕教育教学展开,发现问题、分析问题,并解决问题乃至指导教学实践和教育管理。它应该是对教育教学及教研的感悟、反思、概括、升华,应该有鲜明的观点、充足的论据、翔实的资料数据、严密的逻辑论证、通畅的语言表述。再次,也是最重要的一点——必须是原创,也就是不能东拼西凑,不能大量的复制粘贴,或不能改头换面"洗白"他人的文字据为己有,更不能直接剽窃抄袭。除此以外,那些教育随笔、教学反思、反复修订的课程标准、个人编写的教材教辅资料等对教学教研而言也很有价值,也具有独创性,甚至不乏学术性,毫无疑问应该算作教研成果,但似乎也不能称之为"教研"文章。

中小学教师要想写好"教研"文章,一是要有比较充裕的时间。如果一周二三十节课,还当着班主任,别说"教研"文章,就是想写个新闻稿、年终总结什么的恐怕也静不下心来。二是周边要有比较浓厚的"学术"氛围。俗话说环境造就人,周围的教研氛围往往能产生潜移默化的正向引导作用,通俗地讲就是需要有人"带一带"。三是撰写教研文章闭门造车不行,不懂硬写更走不通,必须选取自己擅长的知识领域和熟悉的专业方向发力才有可能达成。

130 提笔三思

> 写教研论文提笔需三思:一思主题是否明确,二思资料是否充分,三思内容是否有新意。

【诠释】

写一篇教研论文,在论题确定以后,也要想好了才能下笔。那么,下笔之前,应该考虑一些什么问题,怎样才算想好了呢？笔者主张提笔三思。

一思主题是否明确。有了论文的题目,不等于主题就明确了。一方面,同样一个题目,可以从不同视角、不同层次,用不同方法,写出几篇主题不同的文章。另一方面,同一个题目,对不同对象,也有不同的写法。因此,在下笔之前,既要明确写作的视角,又要明确文章的侧重点和要表达的主要意思,即要把这篇文章的主题搞清楚。

二思资料是否充分。文章的主题明确之后,要问一问自己有关这一话题的资料是否准备充分了。所谓"资料",主要是指关于这个话题前人或他人已经发表过的意见和见解。如果想到一个问题就写,也不调查了解别人关于这个话题的研究文章,不知道别人已经发表过的意见和见解,那么很可能你写出来的文章,别人早已发表过,甚至比你论述得更深刻。这样,你写出来的文章只能是"马后炮",根本没有发表的可能。因此,在你确定了论题、明确了主题之后,一定要找几篇别人关于这个话题的文章来读一读,要全面收集这个话题的有关论述。资料不准备充分,尽量不要急于动笔。想写教研论文的教师,平时要养成阅读教研杂志的习惯,而且要做札记,注意平时资料的积累。

三思内容是否有新意。作为一篇教研论文发表在杂志上,总要有一点新意。一篇文章,如果说的确实是一个新观点、新思想、新方法,当然是新意盎然。如果说的是别人已经发表过的观点、思想、方法,那就要选择一个新的角度,或者换一个更为典型的例证,或者就某一方面补充自己新的见解,甚至提出自己不同的看法。

131 撰写报刊文章的特点

撰写并刊登在报刊上的文章,一般具有"新""精""小""巧""实"的特点。

【诠释】

报刊是报纸和期刊的总称。这里所说的"报刊文章",是指发表在报纸和专业性较弱的或者读者对象为学生的期刊上的有关教育教学方面的文章,即我们通常所说的"小论文"。这类文章一般具有以下特点:

(1)"新"。所谓"新"包括三层意思:首先是文章的立意要新,要见人所未见、发人所未发,做到人无我有、人有我新;其次是见解论述要新,力求以自己独到的见解给人以新的感觉和启迪,避免落入俗套;再次是取材要新,尤其是要多关注人们关心的热门话题等。

(2)"精"。所谓"精"内含两层意思:一是选材要精,所选的材料要紧扣文章的观点,力求精益求精,这是撰写教研文章的基本要求;二是指文字要精,力求生动、透彻、形象,以增加文章的可读性和吸引力。

(3)"小"。所谓"小"包含两层意思:一是文章的题目要尽量小,论述的角度要尽量小,应在字里行间体现出"小中见大"的特点,避免"大"而"空";二是文章要短小精悍,字数一般在1 500字左右,尽量不要超过2 000字。

(4)"巧"。首先,文章标题要设得巧,要有新颖别致的"题眼",会产生"标题效应",以求达到先声夺人、先入为主的目的;其次,文章阐述的方法、角度、形式及其语句表达,要具有技巧性;再次,文章所选取的材料必须生动形象,使文章产生吸引力。

(5)"实"。"实"即实事求是,撰写教研文章的材料、数据,要真实可靠、准确无误,符合客观事实,所参阅的文献资料应清楚翔实地进行记录说明,以增加文章的可信度和权威性。

132　报刊编辑最喜欢的四种文章

> 报刊编辑最喜欢言之有物的文章,喜欢有新意的文章,喜欢文笔通畅的文章,喜欢没有错别字的文章。

【诠释】

我们撰写的文章投给报刊社后,要经过编辑初审,那些有创新、有内涵和文笔好的文章会最先进入编辑的"法眼"。编辑选中的文章,经过初次编辑加工后,进入发稿环节,经过复审和终审的文章才算获得了发表的资格。文章终审后进入三校和通读环节,由编辑经过三次校对和杂志社内外专家的两次审读,最终确定发表。所以,每篇发表在杂志上的文章都是经过三审(初审、复审、终审)、三校(一校、二校、终校)、两通读(社内、社外)。那么,报刊编辑最喜欢什么样的文章呢?

首先,编辑喜欢言之有物的文章。实践是检验真理的唯一标准。能在实践的土壤里生根发芽的文章才算是对读者真正有价值的好文章。编辑不喜欢一拍脑门臆想出来的教学研究作品,不喜欢不切实际的高谈阔论,更不喜欢好大喜功的泛泛而谈。作为一名读者,当你读一篇文章不知所云,肯定是最懊恼的事。所以,你写文章的时候,心里、脑子里必然会很清楚自己通过这篇文章告诉读者什么? 这篇文章的价值何在? 如果你对此很有信心,你的投稿就成功了一半,命中率也会大大增加。

其次,编辑喜欢有新意的文章。有人说,天下文章一大抄。编辑最不喜欢的是千篇一律的文章,相似的主题、相似的内容,不仅编辑不喜欢,读者更是反感。故在动笔写文章之前,你需要做一些调查研究。首先要研究你要投稿的杂志,投稿的栏目,栏目的风格和范围都需要做到心中有数。自己要写的内容是否符合栏目要求，不符合栏目要求的稿件一般都不会被采用。此外，还要研究自己想要撰写的文章是否与已经发表的文章内容有重复，如果自己要写的内容，别人已经写过了，那么，请尽量避免重复劳动。但你可以从别人没有写过的角度来写，最重要的是文章的题目和小标题要有新意。

再次，编辑喜欢文笔通畅的文章。一篇文笔流畅、文采斐然的投稿肯定是编辑喜欢选用的。所以教师写教研文章第一步必须做到让自己的表述完整，让每一个句子都表达一个完整的含义，做到文笔通顺流畅。第二步再进行逐字修改润色，尽量做到文采斐然，令人赏心悦目。

最后，编辑喜欢没有错别字的文章，这是投稿最基本的要求。无论你投过去的稿件是什么内容，都应该是经过认真、仔细、反复修改过的。自己写的文章往往会因为手误打错了字，这是在所难免的。但如果你能够在文章写好之后多检查几遍，这类错误还是可以避免的。投到投稿平台的文章中应该是没有错别字的，这一点对于作为教师的你不是什么难题，然而导致所投文章错字连篇的原因，往往是有的教师缺乏对自己文章修改的耐心和责任心。

133 报刊编辑最欢迎的六类文章

> 报刊编辑最欢迎的文章：从细节入手，以小见大；提出一种新的观点或设想；重视大家忽视的普遍现象；视觉独特或具有争鸣性；充满着教育智慧与思想；散文式议论文，生动感人。

【诠释】

(1)从细节入手，以小见大。从细节入手，即对细节进行具体生动、细致逼真的描绘，以深化作品的主题。注重文章细节，需要来自作者对生活细致入微的观察、深刻的分析和独立的思考。"以小"是为了"见大"。"小"既是具体的事例，又是典型的事例。"大"是文章的主题。以小见大就是以个别反映一般，以一些细小的具体的事例来反映一个重大的主题。文章要做到以小见大，一要细心观察生活，合理筛选材料；二要写有价值的生活小事；三要联系实际,挖掘材料的闪光点;四要重视细节描写,于细微处见精神。

（2）提出一种新的观点或设想。文章要有新的观点或设想,即见解新颖;文章表现的中心思想或基本论点要新鲜、别致、独到,也就是立意新颖。当然也包括文章内容有某些新鲜、别致、独到的看法、观点或主张。常事见常理,这是正常的思维。常事见新义,换一种角度思考,换一种眼光看问题,这是创新思维。写文章常因新颖的见解而高出他文一筹,给人耳目一新的感觉。这里的"新颖"通常有三层含义:一是于常事中见出别人看不出的事理,别人只看到人所共知的,你却看到其他角度的,这可谓之"博";二是于常事中见出别人看不到的深度,别人只看到表面,你却看到实质,这可谓之"深";三是于常事中看到与别人相反的事理,别人按正常的思维想,你却看出蕴含在正常之外的意思,这可谓之"新"。

（3）重视大家忽视的普遍现象。在教育教学中,难免有一些普遍现象容易被大家忽视。如果能从某个不起眼的现象入手,加以深入分析,并找出解决办法,肯定能受到编辑和读者的青睐。例如,关于"举例"问题,是课堂教学中一个普遍想象。但怎样举好例子,却是教师普遍忽视的问题。

（4）视觉独特或具有争鸣性。视野决定创新,视野决定高度,角度决定创意。写作贵在创新,角度的独特是一条最佳的创新方法。写作中有三种独特的视角:物的视角、人的视角、物我一体的视角。具有争鸣性的文章,是指某些问题已有许多人在进行探讨,但说法不一甚至有争论,这就要在众说纷纭的基础上拿出自己的意见,要有新的见解、新的突破。撰写这种文章关键在于寻找争鸣中各种观点的分歧焦点所在,只有针对焦点问题提出自己的观点、见解,才有实际意义。

（5）充满着教育智慧与思想。写作是人类抒发情感、表达思想的一个重要途径。要让文章有思想、有深度,写作者必须自己有思想,能看到事物的本质。因此,教师要写出有深度的文章,必须让文章有智慧、有思想、有哲理。这里所说的哲理,是指那些中外哲学家关于宇宙、人生等方面的基本观点,它展现了人类的最高智慧,是我们认识世界的思想工具,能让我们透过繁杂的表象看到其背后的本质。

（6）散文式议论文,生动感人。散文式议论文,又称议论性散文或哲理散文,是以散文形式阐发道理的议论性文章。这种形式的议论文通常以对某一事件、某一现象的议论,或借某些富有哲理的事物来抒发情感。因为它是散文形式,所以行文的言论兼具形象性、抒情性和哲理性的特征。换句话说,它是让读者在某些形象和情感的体验中接受或感悟某种哲理。所以,写作议论性散文,务必学会融情、理、形于一炉,阐发深邃的哲理。因为它是散文,其"形散"之特点便于作者在"神不散"的原则下发挥博闻强志的特长,进而表现"厚积"的修养;因为它是散文,与一般意义上的议论文相比,文章构架灵活,能给人以耳目一新的感觉;因为它是散文,与一般意义上的议论文相比,语言兼具形象性和哲理性,显得更为丰富,使人读着容易动情悟理。

134 如何提高投稿的命中率

　　要想让自己的文章发表,除了稿子质量高和勤投稿之外,还要研究杂志的风格,注意投稿的进度,严格规范文章的格式。

【诠释】

　　首先,研究杂志的风格非常重要。有的杂志喜欢刊登案例,你去投很深奥的论文,肯定不会发表。反过来,有些杂志学术性比较强,一般发论文和课堂实录比较多,你投一些比较小的案例,就比较难发表。有的杂志经常有主题征文,你可以关注,有适合自己的可以写一写。有些杂志有话题讨论,如果你对某个话题感兴趣,你还可以邀上两三位志同道合的同行,围绕一个感兴趣的或是正在研究的专题写一组文章。只要你的文章有价值,就可能被录用。

　　其次,一定要注意进度。一般来说,投稿要遵循"提前四个月"原则。对稿件要求质量高的杂志,一般都是三审制(一审、二审、终审),从投稿到出版,要有四个月的周期。对名师的教学实录的评析,也要关注时间节点。一般秋冬两季(下半年)课文中的文章,要在上半年投稿,春夏两季的文章,要在下半年投稿。

　　再次,文章的格式要规范。文章的标题、姓名、单位、摘要、正文、参考文献,都要规范。尤其是参考文献,很多人不注意格式,这个很致命。编者常常一看文献,就知道是外行,这样的文章采用概率很低。文章末尾要有这些基本信息:姓名、邮寄地址、邮箱、联系电话,现在还有银行卡号和开户行信息。尤其是电话号码很重要。有时候,编辑看到你的一篇稿子,内容不错,但希望你加急修改一下。你却只有个邮箱地址,没有电话。等你打开邮箱,可能已错过了编辑联系你的时间。

最后,还有一个重要窍门,要结识一些编辑。客观地说,大部分编辑是以质量来选稿的。你的稿子质量高,一般是会被编辑发现的。但如果编辑认识你,知道你写稿不错,有时候急需一些特别的稿子,他们也许会主动问你有没有这方面的文章。要认识编辑,你可关注征文启事,可以按照联系方式给编辑留言,提前沟通,一来二去,和编辑就熟识了。

其实,投稿的质量才是王道。投稿之前,尽可能多找几个朋友对你的稿子提提意见,反复修改。每个人都要对自己的文字负责,尽可能保证出手就是精品,至少从自己的角度看是最好的。

135 期刊的审稿步骤

期刊审稿的过程一般分三步:第一步是编辑初步审查;第二步是专家评委外审;第三步是责任编辑决定是否录用。

【诠释】

论文审稿的过程,对不少投稿者来说觉得很神秘。其实审稿遵循的程序大体相似,一般都需要以下三个步骤。

第一步,是将提交的稿件编号,发送到一位编辑的手中。该编辑对稿件进行初步审查,看看稿件是否符合本刊发表的要求,是否要寄发出去审评。不合格的稿子在这一轮就可能被刷下。

第二步,初审合格的稿子被编辑发给几位熟悉相关领域或专题的评委。有的期刊要求一篇文章有几位评委,而最少的也要有两位。一旦稿件寄发给评委,就进入了稿件的"外审"阶段,通常需要1至2个月的时间。很多期刊采用匿名评审的程序,也就是说评审者不知道稿件的作者是谁,作者也不知道谁在审查自己的稿件,这样就避免了人情因素。

第三步,评审专家将意见反馈给本稿件的编辑之后,编辑就可以综合考虑是否录用此稿件了。

　　复杂的期刊稿件评审程序多达几轮,简单的则责任编辑就可以直接拍板决定。每一篇稿子大概有三种结果:接受;接受但需修改;拒绝。很少有稿件是全文一字不改刊登的,如果只是需要修改个别字句,编辑一般会自己动手;如果内容上需要有大的修改,则编辑要与作者本人反复联系才能最终敲定。

136　投稿被拒的补救措施

　　如果接到了稿件的拒绝信,应该以积极的心态处之。文章不厌百回改,每次修改都会使其更加完美。与其早发表一篇有问题的、留有遗憾的稿件,还不如多花些时间打磨一篇精品论文。

【诠释】

　　很多人都经历过稿件被接受的喜悦和被拒绝的沮丧。其实,刊物上的很多文章都是曾经被拒绝过,又经过反复修改才被刊登的。如果接到了稿件的拒绝信(一般期刊不直接发退稿信,但可以打电话问到结果),应该以积极的心态处之。这并不代表你的稿件没有发表的价值,只能说是还有不完美的地方,或者有不适合此类刊物的地方。有的期刊会给作者反馈审稿人(匿名)的意见,我们可以按照这些建议进行修改。所以,每次投稿都是一个获得指导和帮助的过程,是一次难得的学习机会。

　　稿件经过修改之后,可以再次向期刊投稿。如果主要内容改动不大,建议不要投同一家期刊,可以试试投相同领域的其他期刊,或者投给级别较低的期刊。投级别高的权威性期刊,一旦录用固然影响较大,但等待时间长且被拒的概率也大;投级别较低的期刊,尽管其影响力较小,但等待时间短且录用的可能性较大。有些教师自我期望高,一定要投全国中文核心期刊,那么就要做好被拒的心理准备。对于教研新手来说,建议可以先从一般的期刊起步,不断积累经验和自信,等水平提高后再投级别更高的期刊。须知每一个专家都是从新手开始的,凡事需要积累,做研究更是如此。

　　优质课赛讲选课要坚持难度适宜、活动有效、扬长避短和设计创新的原则,备课要坚持归零心态、以生为本、注重实效、操作易行原则。其赛讲备课步骤依次为:把握课程标准,钻研教材文本,巧用教学参考,分析学生学情,渗透社会热点。教师参加优质课赛讲,应重内容而非形式,重落实而非表演,重实效而非作秀,重学生而非教师。在优质课赛讲中精彩发挥,就要:教学设计,独特新颖;课堂教学,精彩纷呈;教学风格,独树一帜;教学语言,精练丰富;教学礼仪,大方得体。

　　教师说课,要坚持课程意识、首尾意识、分层意识、创新意识;要说教材分析准不准,学情定位当不当,目标阐释清不清,教学流程简不简,教学设计新不新。说课的基本要点:抓住"课"字,突出"说"字;遵循"课"路,选准"说"法;变换"说"法,找准"说"点;把握"说"度,把课"说"活。其基本流程为:说教学思想、说课程标准、说所教教材、说教学方法、说学情学法、说教学过程、说教学创新。

　　教师评课要从六个角度入手:教学目标是否落实,教材处理是否得当,教学程序是否合理,教学方法是否科学,教学基本功是否扎实,教学效果是否高效。评课主要是从教学目标上分析、从教材处理上分析、从教学程序上分析、从教学方法和手段上分析、从教学基本功上分析、从教学效果上分析。要想评好一节课,就要认真听课,做好记录;深入思考,全面分析;倾听自评,取舍得当;有效点评,促进发展。

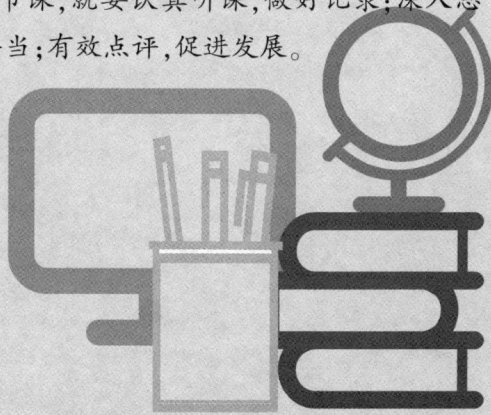

137　优质课赛讲的选课原则 ///

优质课赛讲选课要坚持难度适宜、活动有效、扬长避短和设计创新的原则。

【诠释】

优质课赛讲通常采用赛前抽课的方式确定参赛内容,也有赛方为了确保赛课的效果,会在赛前让参赛教师自己挑选一节课参赛。自选授课题目,其选择余地大,灵活度高,可以整合教学资源,集中集体智慧,优化课堂教学。但在一些优质课赛讲中,往往会出现自选课的参赛者由于选课不当,导致课堂组织失控,教学目标难以实现,教学效果自然不佳。因而选好课是上好优质课的前提,选择一节能够展现自身教学特色、体现自己教学水平的课尤为重要。选课要坚持的原则是:

(1)难度适宜原则。让学生学习知识是课堂教学的基本任务。在课堂教学中,有些课的内容比较浅显易懂,学生只要通过自学就可以掌握;有些课的内容则需要通过教师分几节课讲解,并且需要反复训练才能掌握。所选知识过于简单,教师的指导作用难以发挥出来,难免会"满堂转";所选知识过于深奥,学生的主体作用发挥不出来,免不了"满堂灌",这就要求参赛教师在选课时注意知识的难易度,既要让学生学得"有嚼头",又要让教师教得"有讲头"。

(2)活动有效原则。新课程倡导让学生充分参与到课堂学习中,成为学习的主人。通过组织课堂活动可以让学生在参与、体验中提高认识水平,增强学习的积极性。课堂活动组织有效,必须依托一定的活动形式,如课堂小组竞赛、辩论赛、情境表演等。因而教师在选课时必须考虑,本节课的内容是否适合开展课堂活动,通过何种活动形式来活跃课堂气氛,设计何种情境以提高学生的参与度。

(3)扬长避短原则。每位教师都有自己的教学特色和擅长的教学模块,选课一定要结合自身的教学实际和教学水平,这样才能有效调控课堂,取得最佳参赛效果。有的教师善于逻辑推理、思维缜密,选课时需要结合自己的教学优势,选择有梯度、有难度、有跨度的课,充分展现自己的教学魅力;有的教师富有激情、擅长抒情,选课时需要选择教学目标在学科素养方面要求较高的课;有的教师幽默风趣、开朗活泼,选课时要考虑课堂内容是否紧密联系时政要闻、社会热点等。切不可盲目模仿别人的课选课,讲课时依葫芦画瓢,出现东施效颦的闹剧。

(4)设计创新原则。一堂成功的优质课需要精心设计,大胆创新。选课时要注意教学内容的延展性,教学方式的灵活性,课堂生成的自然性。选课时要本着提升学生认知水平和基本技能的目的,充分考虑教材知识是否可以创新整合,课堂组织是否可以变换方式,教学实施是否可以运用新技术、新手段,让课堂"焕然一新",让学生"耳目一新"。

138　优质课赛讲的选课大忌

优质课赛讲选课"四忌":一忌"六神无主",二忌"群策群力",三忌"生搬硬套",四忌"盲目自大"。

【诠释】

一忌"六神无主"。遇到自主选课,一些参赛者往往眼花缭乱,翻遍所有的教材,这节课觉得可以,那节课感觉也不错,选来选去举棋不定。课题不能定,备课就无法进行。眼看比赛时间一天天临近,时间紧、任务重,不可久等,索性胡乱选一节课了事,结果无亮点、无新意、无特色,这样选课效果肯定不佳。

二忌"群策群力"。赛前自主选课,参赛者的教学设计往往会得到本校、本县甚至本市的教学专家的指点。专家们的指点对参赛者来说无疑是如虎添翼,然而专家们有时也会"专断",他们往往用经验告诉参赛者,什么样的课会"出彩",什么样的课会得到评委的"青睐",这样无疑为参赛者的选课设定了范围,使参赛者在选课上失去了"自我",最后在大家集体智慧的指引下把课选定下来。如果这节课适合教师参赛,当然无可厚非。但在一些讲赛中往往出现教学设计很精妙,参赛教师却驾驭不了,造成了"台上教师玩不转,台下专家满头汗"的结局,着实令人遗憾。

三忌"生搬硬套"。赛前自主选课,在选择性较大的同时,学习借鉴的面也很广。历届各级优质课大赛不乏优秀课例,可供参赛者学习的资料较多,可借鉴的地方也不少。一些参赛者在观摩其他教师的优质课例时,常常在为其精妙设计叫绝的同时,往往会出现选课的倾向性,觉得选这节课可以借鉴其巧妙的教学设计,增添课堂魅力。其实,这样往往是聪明反被聪明误,殊不知每一个精彩的教学设计一定与实施它的教师的气质、素养、技能密切相关,生搬硬套只会导致课堂的生成度不够,难免影响教学效果。有时还会出现一场比赛选同样的课,使用同样的课件,用同样的教学方法,实施同样的教学活动场面,出现这种尴尬,课堂效果自然也好不到哪里去。

四忌"盲目自大"。选课一定要结合教师本人的实际和学生的实际,切不可高估自己的教学水平,觉得自己的能力无与伦比,越是难讲的课就越能展现自己的教学水平,就越能体现自己的教学智慧。其实这样做是出力不讨好,因为参赛教师的水平再高超,学生的水平达不到要求,教师能力和学生认知就不匹配,课堂教学组织的难度便可想而知了。

总之,参赛教师选课如选得称心如意,备课就会锦上添花,上课就会如鱼得水,教学效果就会皆大欢喜。所以赛课有风险,选课需谨慎。

139 优质课赛讲的备课原则

> 优质课赛讲备课要坚持归零心态、以生为本、注重实效、操作易行原则。

【诠释】

参赛教师选好课题或抽出课题后,就要着手备课了。依据教材、教参写教案,这是大多参赛教师的常规做法,但是这样做的结果常常是理不清思路、找不到灵感、设计不出新意。参赛教师必须做到"脑中有课标,心中有课程,眼中有学生,手中有教法",只有整体规划、理清思路、循序渐进,才能做到心中有数、有的放矢。

（1）归零心态原则。教师作为课堂教学的实践者，以往的教学经验是财富也是包袱。参赛教师在备课时只有以归零的心态，以初教者的姿态，认真投入备课中去，才会品读课标，品味教材，虚心学习，认真钻研。这种归零的心态，绝不是让教师摒弃以往的教学经验，而是让教师潜下心来，沉到深处，去思考挖掘课堂教学的价值，探寻课堂教学的魅力。

（2）以生为本原则。新课程改革特别强调以学生为本，备课过程中应当充分考虑学生的认知和兴趣，找准学生的兴奋点，摸清学生的薄弱点，找到学生的疑惑点，选择恰当的情景激活兴奋点，补充适当的知识夯实薄弱点，采用精妙的方法辨清疑惑点，注重学生的主体地位，珍视学生的个性体验。以生为本，采用自主探究、合作交流的学习方式，让学生积极参与到学习中，努力让程度好的学生"吃得饱"，让中等学生"吃得好"，让程度稍差的学生"吃得了"。

（3）注重实效原则。备好一堂课，需要精心思考，潜心研究，需要创造性地使用教材，让教材为学生的成长服务，为教师的教学添彩。备课过程中遇到的疑惑问题，要分析透彻，不留知识死角；备课中预设的课堂活动，要着眼于学生发展；备课中安排的教学手段，要服务于课堂教学。备课中要注重实效，敢于取舍，虽然一些教学手段非常"出彩"，但如果偏离教学主线，也要忍痛割爱，切不可让内容为形式服务。

（4）操作易行原则。备好课是上好课的前提。备课备得精，上课好轻松；备课备得巧，上课乐逍遥。备课中教学环节的设置既要灵活，也要可行；备课中教学策略的运用既要创新，也要易行。只想点子，不想法子，备课就会流于形式；只想新奇，不落实地，备课就会漫无边际。备课只有从客观实际出发，课堂教学才能有的放矢；备课只有密切联系学情，课堂教学才能操作易行。

140　优质课赛讲的备课步骤

　　优质课赛讲备课步骤依次为：把握课程标准，钻研教材文本，巧用教学参考，分析学生学情，渗透社会热点。

【诠释】

（1）把握课程标准。课程标准是规定某一学科的课程性质、课程目标、内容目标、实施建议的教学指导性文件，是教材编写、开展教学和考试命题的依据，也是教学的源头、方向和方法。把握好课程标准，就像砍柴前磨刀一样，让备课事半功倍。因此，有效备课应先从研读课程标准开始。

（2）钻研教材文本。教材是教师落实课程标准的基本载体，是最基本的课程资源。在使用教材上要创造性地理解和使用教材，要用教材教而不是教教材。钻研教材要做到：第一，解读教材文本，与编者对话。每一本教材都倾注了编写者的心血，解读教材就是了解教材编写者的教育理念，理清教材设计思路。只有把握教材的精髓，内化教材的精神，与编者交流，与智者对话，才能了解教材的编排体系，把握教材的特点，明确教材的教学目标，清楚教材中的重点，解决教材中的难点。第二，阅读教材章节，把握本节课在教材中的地位。阅读教材通常要经历"通读""细读""精读"三个过程。"通读"教材主要是通览整本教材，目的是了解教材各章节之间的联系，了解各部分内容的来龙去脉，把握教材内容的整体性。而"细读"则要求细致深入地钻研教材，把教材弄通弄懂，搞清概念的引入、知识的应用与实际问题的关系，把握教材的实践性。"精读"则是对教材中的定义、公理、定理、公式与法则要逐字、逐句、逐步地推敲，揭示其本质属性的关键字句，搞清其间的逻辑结构，把握教材的科学性。

（3）巧用教学参考。人教版《教学参考》在"致老师的话"中指出："教师教学用书仅仅是供教师参考的，它对课文的评析比较简略、宽泛，提供的资料较多，而且是几种意见兼收并蓄，教学时要有所取舍。"可见，教师教学用书只不过是教师备课时的一个辅助工具，并不是我们教学活动的指挥棒。在使用教参的过程中，要充分了解教学参考中对疑难问题准确严谨的解释，巧妙挑选教参中丰富翔实的典例。在汲取教学参考丰富营养的同时，还要做到不迷信权威，敢于质疑，去粗取精，消化吸收，为我所用。

（4）分析学生学情。新课程理念的核心是一切为了学生发展。备课时，充分了解学生的认知情况，掌握学生的年龄特征，熟悉学生的身心发展特点，了解学生的理解能力，对教学方法的确立起着关键性作用。备课时，掌握学生的知识基础是为了更好地确立教学重点和难点。对于学生已经掌握的知识，在课堂上如果过多用力，就会造成时间上的浪费，同时也会削弱学生的学习兴趣，最终影响教学效果。备课时，要了解全班学生的个性特点，教学目标的确立更有针对性,课堂教学的角色分配更有个体性,使每个学生在课堂上都有所发展。

(5)渗透社会热点。教学的目的是学以致用,备课过程中适当融入当前社会热点,可以提高课堂的生动性和灵活度,激发学生的学习兴趣。备课过程中融入社会热点要注意以下几点:一是运用时事热点应把握正确方向,多用正面、积极的事例激励学生;二是所举事例要生动有趣,真实可信,具有感染力和说服力;三是所举热点力求在时效上接近学生,在情节上贴近生活;四是准确把握学生的思想动态,将学生关注的热点问题自然、贴切地引进教学中。

141 优质课赛讲课件的制作要求

> 优质课赛讲课件的制作,要做到平台通用、结构完整、版面简洁、流程明晰、突出重点、自然舒适。

【诠释】

当今优质课赛讲,基本上都要求参赛者制作教学课件。教学课件具有容量宽泛、展示迅速、形象生动、变幻无穷的独特优势。教学课件是教学设计的呈现,课件的制作质量不仅影响着教师教学水平的发挥,也影响着课堂教学的效果。一般来说,课件的设计与制作要做到:

(1)平台通用。课件应该具有通用性,能够很方便地在其他电脑上正常应用。目前,PPT的通用性最好,几乎任何一台电脑上都安装有该软件。其他如 Flash 或 Authorware 等软件,则必须注意做好打包或生成可执行文件,以避免更换设备无法正常使用的情况。

(2)结构完整。作为一份完整的教学课件,应该具备"封面、目录、正文、封底"四大块。封面应展示课件的主题,并突出标题;目录可单列,也可现于教学正文中,以便随机选择所需内容;正文是教学课件的主体部分,内容最多,包括段落标题、文本解说、相关图片、例题、解答、练习布置等;封底虽然不一定在教学中显示,但可存放作者、单位、时间等相关信息。

（3）版面简洁。版面只有简洁，才能更加突出教学主题，避免干扰，进而达到教学目标。但简洁绝不意味着单调和乏味，适当的修饰和美化处理能够较好地吸引学生学习的注意力，并激发其学习兴趣。同时简洁美观的版面能够体现参赛教师良好的综合艺术修养，且有利于在潜移默化中熏陶学生的审美意识。

（4）流程明晰。流程明晰有两层含义：一是指教学内容的展示流程要清晰明确，内容递进展开关系清楚，不能含混不清；二是指内容展示流程不应局限于线性流程，还应该包括可选择的分支流程，以便根据具体情况灵活选择教学内容。

（5）突出重点。突出重点是指让教学的重点内容可以突出显现，起到强化的作用。可以通过字体的大小对比、内容色彩的对比、下划线的运用等方式来突出重点，以引导学生对重点知识的把握。

（6）自然舒适。自然舒适是指课件语言编写与其他教学手段和语言协调配合，自然融入教学活动的整个过程中，避免出现为使用课件而使用课件的情况，真正使教学课件成为教学活动中自然出现和无可替代、不能省略的一个重要环节。

142　优质课课件的色彩搭配

> 优质课课件的色彩搭配，要避免五彩的画面、单调的画面和随心所欲的色彩画面，要做到因人而异、因境而异。

【诠释】

多媒体教学课件设计并不是简单地把文字、声音、动画、图像组合在一张幻灯片或页面上，而是要求遵循教育心理学、教学媒体理论等知识，设计出符合学生心理的、高质量的课件。国际 CAI 界有一句关于课件设计的名言："课件设计一半是科学，一半是艺术。"得体的课件要有助于激发学生的学习兴趣，有助于提高其学习效率。

课件制作中色彩搭配的误区主要有三：一是五彩的画面，背景色和字体颜色反差大,色彩纯度过高。如绿色背景红色字体,这样的搭配会扰乱学生的视线,造成画面文字看不清,让学生感到刺眼,容易产生心理波动。二是单调的画面,背景色和字体颜色反差小,色彩明度差过低。如白色背景黄色字体,在这种情况下,学生看到的是一个十分模糊的画面,字体和背景混在一起,为教师的授课设置了障碍。三是随心所欲地选择色彩搭配,忽视了课件营造课堂气氛的作用。

课件制作中色彩搭配的策略。第一,要因人而异。小学到初中的学生偏爱纯度高的鲜艳的色彩,如纯粹的红色、黄色、蓝色、绿色等;高中学生则喜爱低纯度的色彩,如橙色、粉红色、蓝紫色、黄绿色等。合理地针对不同年龄的学生来配合使用相应的色彩搭配,不仅可以使学生感到身心愉悦,还可以使他们轻松地完成学习任务,保证其学习效率。第二,要因境而异。色彩能唤起各种情绪,借以表达情感,制作课件可以根据教学氛围的需要进行色彩搭配。第三,要通盘考虑。在课件设计中对色彩的选择应该通盘考虑。一个课件应该有一种主色调,其他的色调只起补充或陪衬作用。一个课件所具有的统一色调,对于统一课件的整体风格,保持学生稳定的学习情绪十分重要。在一个课件中或某一页面中,应将课件文字控制在三种色彩之内,尽量避免使用过多的颜色。使用过多的颜色有时会适得其反,给人以纷繁杂乱的感觉。

143　优质课赛讲前的服饰准备

优质课赛讲在服饰的准备上要做到:整洁大方、合乎时宜、色彩明快、款式得体。

【诠释】

服饰,是指人的着装、配饰,是人的仪表的重要部分,是师生交流的重要视觉对象。服饰可以反映出一个人的职业特征、文化修养和审美情趣,故参加优质课赛讲的教师应通过服饰展示自己良好的职业形象,在服饰准备上要注意以下几点:

（1）整洁大方。参加优质课赛讲，不仅是个人教学水平的展示，也是个人形象的展现。因此，教师的着装应整洁大方，不论其质量好差、新旧如何，都要做到平整、妥帖、干净。男教师发型干练、神采奕奕，女教师略施粉黛、眉清目秀，这样的装饰不仅是给自己加分，也显示了选手对学生和评委的尊重。

（2）合乎时宜。参赛者选择服饰不仅要与自己的身材、体态、肤色、年龄相配，而且要与授课环境氛围、授课内容相协调。既要避免给人以不修边幅、落拓不羁的印象，也不要过分追求时兴华美、雍容华贵的假象。在款式、颜色的选择上，要避免俗气、呆板、千篇一律，力求适合自己的年龄和性格特征。

（3）色彩明快。一般来说，教师的衣着款式宜简洁、大方、明快和自然，色彩宜雅致，不宜太鲜艳、太刺眼。服饰的搭配，颜色不要超过三色。女教师如果选择职业装，可以挑选一条色彩明亮的丝巾。男教师穿深色西服时，配一条色彩柔和的领带，会起到画龙点睛的效果。

（4）款式得体。在款式选择上，要得体、大方，尽量弥补自己身材上的不足。参加优质课赛讲是在公众场合展示自己的形象，因而参赛教师最好着正装。女教师穿裙子、着高跟鞋，可以体现女性的柔美和端庄，为自己的形象增分。男教师穿西装、打领带着皮鞋，给人笔挺帅气的感觉，为自己的气质添分。如果男教师穿圆领衫、牛仔裤、着运动鞋讲课，会给人懒散随意的感觉。

144　优质课赛前的情绪准备

> 优质课赛讲教师在赛前要保证充足的睡眠，合理补充饮食，学会放松情绪，进行适度运动，保持一颗平常心。

【诠释】

（1）保证充足的睡眠。只有晚上得到充足的睡眠，白天才能够精力充沛。所以在优质课赛讲前夕，必须让身体得到充分的休息，切不可熬夜，更不能为了准备课而彻夜不眠。身体在疲劳的情况下是不听大脑指挥的，休息不好会影响赛场上的正常发挥。

（2）合理补充饮食。食物可以为人体提供必要的能量。有的教师在参赛前会因紧张、焦虑而吃不下饭，遇到这种情况，切不可不想吃就不吃。补充适当的营养对于保持精力的充沛十分关键，如果实在没有胃口，可以吃一些水果，喝一些粥，上场前吃一块巧克力也是不错的选择。

（3）学会放松情绪。当一个人长期处于精神紧张状态时，容易形成应激性障碍。参赛教师要在自己绷紧的神经里放松一根弦，运用系统脱敏法逐渐摆脱焦虑。具体做法是：选择一处安静适宜、光线柔和、气温适度的环境，然后坐在舒适的座椅上，伴随着音乐的起伏开始进行肌肉放松训练。依次从手臂、头面部、颈部、肩部、背部、胸部、腹部以及下肢各部进行训练，这样可以使全身的肌肉在得到放松的同时心情也得以舒缓。另外，上场前如果紧张，不妨多做几次深呼吸，这样也可以放松心情，有利于赛讲的正常发挥。

（4）进行适度运动。运动不仅能强健体魄，还能使人心情愉悦。参赛教师赛前的适度运动，可以促进身体和心情一齐进入良好状态，保证个人精力充足，调动兴奋细胞，活跃个人情绪。参赛前可以适当进行慢跑，做一些有氧运动，但是运动不能过量，过量的运动反而会引起身体的疲劳，从而引发不适。

（5）保持一颗平常心。参加优质课赛讲，对于每一位参赛教师来说，都想精彩呈现自己的教学功底，都想取得最佳成绩。但是赛讲高手如云，赛场上每一个参赛教师都有自己的看家本领，得什么样的名次，获什么奖项都不是自己能决定的。保持一颗平常心，对于参赛教师非常重要。安心准备好自己的课，静心去考虑每一个教学细节，把自己最独特、最精彩的一面呈现出来，这才是参赛教师应当努力去做的。心理学研究表明，人的心理应激性越高，就越容易紧张，越紧张就越容易出错。在一些优质课赛讲中，参赛教师由于期望值太高，求胜心太切，导致在课堂中遇到突发问题，手忙脚乱，满头大汗，不能化险为夷，课堂效果自然不佳。还有一些参赛教师赛讲顺序靠后，于是就去听其他选手的课，当发现别人有许多值得借鉴的地方时，赛前开始对自己的课进行匆忙修改，结果乱了阵脚，失去了自己的特色，令人遗憾。

145 怎样在优质课赛讲中精彩发挥

> 教学设计,独特新颖;课堂教学,精彩纷呈;教学风格,独树一帜;教学语言,精练丰富;教学礼仪,大方得体。

【诠释】

(1)教学设计,独特新颖。教学设计,是根据课程标准的要求和教学对象的特点,将教学诸要素有序安排、最佳呈现的过程。教学设计一般包括教学目标、教学重难点、教学方法、教学步骤与时间分配等环节。第一,教学目标要明确清晰。确定教学目标要处理好与课程目标的关系、与学情的关系、与教师个人因素的关系、与课堂生成的关系、与课堂时间的关系等。第二,教学重难点要灵活突破。为了更好突破重难点,教学中一要创设情境,生动直观;二要师生互动,激发兴趣;三要运用多媒体,增强说服力。第三,教学方法要彰显快乐。快乐教学法的类型主要有想象引导式、动态图片式、情境表演式、实践操作式、巧设悬念式、猜谜引趣式、竞赛激励式等。快乐教学法应遵循率先垂范、言传身教的原则,尊重个体、有教无类的原则,理解宽容、巧妙暗示的原则,晓之以理、动之以情的原则。第四,教学步骤要细化安排。特别是要合理分配教学时间。第五,要准确把握课堂教学节奏。做到课堂教学要讲究"教""学"互补、"疏""密"有致、"快""慢"结合。

(2)课堂教学,精彩纷呈。第一,课堂导入,眼前一亮。课堂导入形式多种多样,不拘一格。导入虽无一定之规,但有一定之妙。总的原则是要坚持启发性、趣味性、知识性、概括性原则。课堂导入的方法有复习导入法、设问导入法、故事导入法、情境导入法、举例导入法、小品导入法等。第二,课堂活动,别开生面。或大胆放手,"小老师"闪亮登场;或注重探究,"探究者"体验过程;或激活课堂,"辩论者"焕发活力;或角色分配,"扮演者"引领课堂。第三,课堂小结,简明扼要。课堂小结是对一节课的简要归结,是从总体上对知识的把握,不是对知识的简单重复。故要求教师:一要紧扣教学目标,巩固已学知识;二要突出重点难点,找出规律和方法;三要启发思考,造成悬念;四要设计好教学结尾,不落俗套。

（3）教学风格，独树一帜。良好的教学风格是提高教学质量的润滑剂，更是优质课赛讲不可或缺的元素。每个教师的教学风格是在长期的教学实践中形成的，与教师本人的性格特点密切相关。所以在优质课赛讲中需要根据本人的气质，展现真我本色，切不可随意模仿，导致画虎不成反类犬。要培养良好的教学风格，一要提高职业修养，二要认真学习教育理论，三要提高语言表达能力，四要提高专业基本技能，五要提升教学组织能力，六要培养良好的教学心境。

（4）教学语言，精练丰富。教学语言是教师教授知识、启迪智慧、塑造心灵的最基本手段，也是教师最基本的教学技能。参加优质课赛讲，教师要根据教学内容和学科特点，力争做到教学语言规范科学、精炼准确、通俗有趣、适当妥帖、生动幽默、推理严密、感染力强，且能够启迪学生思维，促使学生深度思考。

（5）教学礼仪，大方得体。课堂教学礼仪是教师在课堂教学活动中应遵循的尊重学生、讲究礼节的规范，是教师必须掌握并娴熟运用的师生交往技能。教师在开始课堂教学、引入新学习项目、组织课堂活动、展示和操作教学用具、指导学生学习和结束课堂教学的诸多事项上，都应当展示得体的礼仪。教师的教学礼仪是多方面的，主要包括端庄的仪表、亲切的表情和优雅的举止等。

146 优质课赛讲应重实效而非作秀

> 　　教师参加优质课赛讲，应重内容而非形式，重落实而非表演，重实效而非作秀，重学生而非教师。

【诠释】

时下，各级教研部门组织的优质课大讲赛，课堂热热闹闹，形式花里胡哨，无论是讲课教师的表演，还是教学的设计、教学手段的运用都做得天衣无缝、无懈可击，堪称完美。但问题在于，为了参加优质课大赛，有的学校特意请来专家、名师为讲课教师"把脉"，反复修改教案、学案，对课堂的每一个细节都"精雕细琢",然后精心排练,多次试讲。其结果优质课变成了作秀课,同头课教师在讲赛前研究"做秀",讲课教师在评委面前精心"做秀",所教学生在赛场上配合"做秀",以赢得听课教师的掌声和赛讲的名次。这样的优质课赛讲真实吗?

现有的优质课评价指标也过于量化,从表情、语速、板书,到时间安排、课堂气氛等,一一划分等级,一定程度上也影响了教师教学水平的发挥。况且完全用量化指标评价课堂教学,也不一定能完全反映授课教师的真实水平。这样的优质课赛讲值得吗?

鉴于此,笔者认为,中小学教师参加优质课赛讲,应重教学内容的教与学,而不要把过多精力花费在教学形式的"翻新"上;应重教学目标的有效落实,而不要本末倒置,用过多时间花费在学生的"表演"上;应重学生学习效率的真正提高,而不要把过多心思放在教师自身的"做秀"上。

147　一节好课犹如一篇好文

一节好课必是一篇隽永深刻、令人难忘的好文:有所取舍,结构明晰,方法得当,掀起高潮,拓展升华,真实有效。

【诠释】

课堂是教学的主阵地。其实,一节好课就像一篇好文:条理清晰,重点明确,内容丰富,使人受益。

(1)有所取舍。主题是文章的灵魂,材料是文章的血肉。我们写一篇文章,动笔前要构思,确定主题后,要围绕主旨对材料进行取舍,然后把最能反映主题的典型材料呈现出来,并辅以浓墨重彩。同样,教师备课也要有所取舍,不能眉毛胡子一把抓。备课时,教师要在吃透教材的基础上,掌握大量的第一手材料,围绕本节课的内容和重点进行取舍,精选好的文本、例题、问题、练习题等,在此基础上进行补充、拓展,这是上好课的前提。

(2)结构明晰。写文章要结构明晰。结构是骨架,骨架搭建好了,文章才能条理清楚;结构是纲,纲举才能目张。同样上好一节课,教师要根据教学内容和学情,设计好课堂的主线,一层一环,层层递进,环环相扣,水到渠成。在讲新课时,我们常采用这样的顺序:导入新课—探究新知—巩固新知—拓展延伸。这样,学生才能在教师的引导下,一步步有条不紊地进行学习,从而取得好的课堂效果。

(3)方法得当。一篇文章,作者根据文章主旨,采用恰当的写作手法突出重点内容,这样的作品才会摇曳生姿、生动有趣,才能使读者留恋品鉴、回味无穷。同样上好一节课,教师也要根据教学内容和学情,采用恰当的教学方式,如讲解、演示、讨论、练习、留白等形式,吸引学生参与,提高教学效益。只有方法得当,才能收到事半功倍的效果。

(4)掀起高潮。一篇文章,不能平铺直叙,要抖包袱,有矛盾,有冲突,情节曲折,跌宕起伏,方能引人入胜。一节课也要像一篇好文一样有波澜。教师要调动学生的积极性,激活课堂,让学生思维活跃、各抒己见。教师根据教学内容和进度,能在课堂上掀起一个个学习的小高潮,才是一节好课。

(5)拓展升华。好的文章不是就事论事,不是泛泛说教,而是以小见大、由此及彼,使人有所感悟、有所收益。同样,教师在教学内容的基础上,进行学法指导和拓展、升华,实现知识的迁移,由知识到技能,由课堂到课外,激发起学生旺盛的求知欲,这才是一节成功的课。

(6)真实有效。我们提倡朴实的文风,不无病呻吟,为赋新词强说愁,不堆砌辞藻,做表面文章,要讲真话、抒真情。课堂也要力戒假大空和玩花样。教师要根据教学内容和重点,采用合理有效的教学方式和方法,认真落实课标,提高学生的能力,使学生每节课都有所得。

148　如何上好一堂公开课

公开课≠"表演"课;公开课="推门"课;公开课≈"常态"课。

【诠释】

(1)公开课≠"表演"课。不知从何时起,公开课慢慢被异化了,变成了开课前多次彩排、反复"打磨"、学生多次排练、语言刻意美化、环节花样百出的"表演"课。在这样的公开课上,我们看到的是"群体"智慧——把各个专家的想法择优选取整合成一堂公开课,教师失了"自我",更丢了"特色"。因为"博采众长",多次打磨,反复排练,再加上教师多才多艺,整堂课热闹非凡。我们似乎是在看"表演",教师动作标准、语言优美,教学环节紧凑,学生对答如流,个个表现不凡,公开课成了教师炫技、学生表演的舞台。课后只有一元评价"同声叫好",可是这样"优美""流畅"的公开课真的好吗?笔者认为,公开课应是师生真实水平的体现,执教者将自己的教学理念、教学艺术、教学风格进行公开展示,将课堂中的教学问题、学生问题进行公开思考和探讨,在开放、多元的评价中,深入思考课堂教学。

(2)公开课="推门"课。笔者认为,公开课仅仅是公开而已,与常态课并没有什么区别。不少学校的公开课就是"推门"课。所谓"推门"课,就是所有的课堂都对所有人开放,只要你愿意听,你随时可以推门进去听任何教师的课,你也可能随时被听课。而这种"推门"课,不会提前打招呼,也没有人告诉你谁会来听,可能校长或者其他教师走着走着就走进了你的课堂,所以你的任意一堂常态课都可能会变成一堂公开课。当我们把公开课定性为一种互相学习、互相促进、相互公开的开放性课堂教研,公开课才具有其本真的研讨意义。正是因为公开课有可以圈圈点点、评评议议的研讨价值,才有其存在和发展的价值。公开课应该是真实情境再现,应该近乎平时课堂的真实风貌。

(3)公开课≈"常态"课。为什么公开课是约等于、近乎常态课?既然是公开,上课的教师和学生就不可能如平常一样随意,但也无需"装潢"与"作秀",只需在平时课堂的基础上教学策略有所改进,教学特色有所体现,教学艺术有所展现即可。既然公开,那这堂公开课最好能提供一些教学的"亮点""美点""遗憾点""价值点"供大家研讨,给听课者留下思考和探究的空间。基于这些考虑,公开课略不同于常态课,可以说是常态课的"升级版"。你多次把常态课当成公开课来上,你的公开课水准自然不会低,你的公开课上得好,你的常态课也不会差,公开课与常态课是相辅相成的。我们提倡公开课的"平实"之美,一堂公开课不妨精心设计,但又要浑然天成,有如行云流水般自然。教师的精心准备,使得公开课的教学内容、结构、环节经得起推敲,成为一堂有含量、有灵魂、有底气、有思考的课。这样的公开课展现出教师独特的教学风格和教学艺术,即使难免有缺憾,这种缺憾也会是教师不断修炼和磨炼自己的阶梯。

149 什么是"说课"

> 说课既不同于备课,也不同于上课,它是介于备课和上课之间的一种教学研究活动。相对于备课,说课是一种深化,它比备课研究问题更深入。相对于上课,说课是一种拓展,它比上课更为科学、更为缜密。

【诠释】

什么是"说课"?说课是教师在钻研教材与充分备课的基础上,在没有学生参与的情况下,向听课教师介绍教材结构、教学目标、教学重难点、教法学法、教学程序等的一种教研活动。说课作为一种教研活动,其意义主要有三:一是说课有利于教师对所教知识的深层次把握,二是说课有利于教师提高课堂教学能力,三是说课有利于教师提高自身业务素质。

说课与备课既有区别又有共同点。其共同点为:第一,主要内容相同,其对象都是某一教学内容。第二,主要任务相同,都是课前的准备工作。第三,主要做法相同,都要学习课程标准,吃透教材,了解学生,选择教法,设计教学过程。二者的区别为:第一,侧重点不同。备课属于教学活动;而说课则属于教研活动,它比备课研究问题更深入。第二,对象不同。备课是要把教案展示给学生,即面对学生去上课;而说课则是对其他教师说明自己为什么要这样备课。第三,目的不同。备课是面向学生,目的是促使教师搞好教学设计,优化教学过程,提高课堂效率;而说课则是帮助教师认识备课规律,提高备课能力。第四,活动形式不同。备课是教师个体进行的静态教学活动;而说课是一种集体进行的动态的教学备课活动。第五,基本要求不同。备课特点在于实用,注重教学活动的安排,只需要写出做什么、怎么做即可;而说课教师不仅要说出每一具体内容的教学设计,说清做什么、怎么做,而且还要说出为什么要这样做,说出设计的依据是什么。

说课与上课有共同之处,但更有自己的特点:第一,要求不同。上课主要解决教什么、怎么教的问题;说课则不仅解决教什么、怎么教的问题,而且还要说出"为什么这样教"的问题。第二,对象不同。上课的对象是学生;说课的对象是具有一定教学研究水平的领导和同行。由于对象不同,因此说课比上课更具有灵活性,它不受空间限制,不受教学进度的影响,不会干扰正常的教学秩序。同时,说课也不受年级、教材的限制,不受人员的限制,大可到学校,小可到教研组。

从某种意义上说,说课是介于备课和上课之间的一种教学研究活动。相对于备课,说课是一种深化,它比备课研究问题更深入。相对于上课,说课是一种拓展,它比上课更为科学、更为缜密。

鉴于说课与备课、上课的以上关系,一线教师在说课中应注意以下几个问题:第一,说课不是备课,不能按教案来说课。第二,说课不是讲课,教师不能把听说课的教师和领导视为学生,不能按照正常上课那样说课。第三,说课不是"背课",也不是"读课",要突出"说"字。既不能按教案一字不差地背下来,也不能按说课稿一字不差的读下来。一节成功的说课,一定是按照自己的教学设计思路,有重点、有层次,有理有据的把说课内容展示给大家。第四,说课的时间不宜太长,也不宜太短,通常可以安排一节课的1/2或1/3的时间为宜。

150　说课要坚持四种意识

教师说课,要坚持课程意识、首尾意识、分层意识、创新意识。

【诠释】

所谓说课,就是教师以口头或书面的形式,向同行系统地阐述自己对某一节课的教学设想及其理论依据。说课是备课与上课之间一个过渡环节,属于教学的准备阶段。说课要坚持四种意识:

(1)课程意识。所谓课程意识,就是要清楚所教的课程与具体的章节、内容和培养目标的关系。既要说清如何研究教材、研究学生、研究教法,确定教学的基本思路,又要说透如何坚持让学生"获取知识、提高素质、发展智力、培养能力"的教育教学原则。

(2)首尾意识。说课与写文章一样,讲究开头、结尾。开头开得漂亮,能吸引听者;结尾收得精彩,能让听者有所回味。说课要做到这点,就必须认真分析、处理教材,精心设计说课的导入和结束语,且语言简洁、生动,以充分激发听者的兴趣。

(3)分层意识。说课应体现特殊性,即充分体现班级、学生的特点,在说课中要做到全面和重点相结合。分层推进,包括设计不同程度学生的学习要求,布置不同阶梯难度的练习,分层解决重点、突破难点的过程等。

(4)创新意识。教学有法却不可拘泥于成法,说课也一样。说课应因课、因时、因地、因人的不同,勇于实践,敢于创新,创造出有效、实用、有特色的说课方式、方法,不断丰富、充实说课活动。好的说课,是智的启迪,意的开掘,能的升腾,情的升华。

151　说课的"说"点

教师说课要说:教材分析准不准,学情定位当不当,目标阐释清不清,教学流程简不简,教学设计新不新。

【诠释】

说课主要是说"教什么""怎么教"以及"为什么这么教"。在说课活动中,教师要关注以下几个方面:

(1)教材分析准不准? 教师必须对教材内容进行深入准确的解读,不能浅化,也不能偏颇,要有自己的见解。在高度把握的基础上,再结合学段目标、单元训练重点、教材的前后联系、篇章结构特点等进行适度解说。所以,说课一般应该从对教材的解读入手。

(2)学情定位当不当? 即对学生知识水平起点的分析,对学生技能水平起点的分析,对学生态度起点的分析要适当。学习态度起点分析包括学生学习的兴趣、情感态度认知的水平、情感思想认识上的盲点等。

(3)目标阐释清不清? 制订教学目标时一定要表述准确,确定重点和难点时要注意前后联系,在教学过程中是怎样体现的,重点是怎样解决的,难点是怎样突破的等都要交代清楚。

(4)教学流程简不简? 这里的"简",是说教学流程要紧紧围绕目标与重点,进行简约的环节设计。教学流程展现的是教学过程,教师对教材的理解和把握、教学设计的优劣以及教学理念都在这一部分中得到充分的展示。所以,说课稿的优劣80%由这一环节决定。因此,说教学流程是说课的最重要环节。

(5)教学设计新不新?这里的"新"不是花样的翻新,而是指教师自己对教学独特的理解,以及对相关环节独特的创意。

152　说课的基本要点

> 抓住"课"字,突出"说"字;遵循"课"路,选准"说"法;变换"说"法,找准"说"点;把握"说"度,把课"说"活。

【诠释】

说课是在教师备课的基础上,向同行或专家叙述教学设计及其依据的一种教学研究活动。教师说课的基本要点主要有以下四个方面:

(1)抓住"课"字,突出"说"字。说课,要用一节课1/4或1/3的时间说出一节教学环节齐全的课,必须包括课堂教学的各个环节。对常规课型来说,要经历铺垫—新授课—举例—巩固—置疑—小结—练习等过程。因此,说课者要根据课型抓住这节课的基本环节去"说",说思路、说方法、说过程、说结构、说内容、说训练、说学生等。无论说什么,都要说得有理有据,使听者叫好,达到"听君一席话,胜读十年书"的效果。

(2)遵循"课"路,选准"说"法。教学思路是教师课堂教学思想的具体体现,是教师实施教学过程的基本构想。教师在讲课时,要紧紧围绕教学思路进行。教师在说课时,当然也要环环紧扣课堂教学思路展开。能否围绕教学思路展开"说"法,无疑是说课者进行说课成败的关键。诚然,说课的方法很多,需要因人制宜,因材施"说"。说理论、说实验、说演变、说现象、说事实、说规律,正面说、反面说、横向说、纵向说,等等。但无论怎么"说",都要遵循课堂教学思路这一主线去"说"。

(3)变换"说"法,找准"说"点。说课的对象是教师,而不是学生。面对的听众或是说课的评委、本学科的教师、本教研组的教师,或是其他学科的教师及教务处、教研部门、教育行政部门的领导等。但无论怎样,这些听众都竭力站在学生的角度去对待说课者所说的课,去审视说课者说课时的一字一句、一举一动,包括教法的采用,教学重点的突出,教学难点的突破,教学环节的把握以及教学语言、语气、表情、称呼等。因此,说课者必须置于听众思维和学生思维的变化处,站在备课、讲课的临界点,变换"说"位,编写"说"案,研究"说"法,找准"说"点。

(4)把握"说"度,把课"说"活。讲课的重点当然应放在实施教学过程、完成教学任务、反馈教学信息、提高教学效率上。而说课的重点则应放在"教什么、怎么教、为什么这么教"的问题上,这就要求说课者要说清思路、说清教学过程、说清教学方法。换句话说,讲课重感性和实践,说课重理性和思路。因此,用极为有限的时间(一般为20分钟内)顺利完成说课,必须详略得当。

153 说课的基本流程

> 教师说课其基本流程为:说教学思想、说课程标准、说所教教材、说教学方法、说学情学法、说教学过程、说教学创新。

【诠释】

说课说什么,要说清哪些环节,这是说课者必须理清的首要问题。只有掌握说课的基本流程,才能达到说课的最佳效果。

(1)说教学思想。教学思想是保证教师教学活动大方向的指示灯,也是教师说课时采用教学方法、设计教学程序的理论支撑。故说课首先要说清本节课教育教学依据的教学思想是什么。

(2)说课程标准。课程标准是规定某一学科的课程性质、课程目标、内容目标、实施建议的教学指导性文件。说课要说清课程标准对本节课内容的基本要求,说清课程标准中对学生的能力要求,说清本节课内容应该贯彻课程标准中规定的哪些教学原则以及可采用课程标准中的哪些教学方法。

（3）说所教教材。说教材主要说以下三个方面:第一,说教材地位。主要说对教材的整体把握,明确本章节内容在教材系统中所处的地位及其作用,把握本章节内容与前后知识的内在逻辑联系。第二,说教学目标。教学目标体现着教学方向,预示着教学应达到的效果。说教学目标主要说本章节内容的教学目标及确定教学目标的依据。依据新课程标准,教学目标主要围绕本学科学科素养的具体要求展开。确立教学目标的依据主要包括课程标准的规定、单元章节的要求、课时教学的任务和教学对象的具体实际等。第三,说教学重点和难点。教学重难点是教学过程中需要重点突破和解决的问题,说课要说出根据课程标准要求和教学内容实际所确定的教学重点和难点。教学重难点的确定既要依据课标、教材,又要依据学情可适当进行微调,一定要切合学生的实际和教学的实际。

（4）说教学方法。说教法主要是说本节课采用何种教学方法向学生传授知识和技能。说教法可理解为说某种教学方法,或者教学方法中某个具体的教学方式和手段的选择和应用,如为完成教学任务所采用的课堂教学模式及其理论依据;为突出重点和突破难点所采用的手段和理由;为处理某个习题所采取的策略和措施等。无论采用什么样的教学方法,都要始终贯彻启发性、主体性、思维性的原则。"教学有法,教无定法,贵在得法",教学过程是一个比较复杂的过程,在教学方法的选用上,应有多种多样的教学模式和教学手段与之相适应,千万不要用一种教学模式生搬硬套。

（5）说学情学法。学情学法是课堂教学的基础。学情的分析是否到位,直接影响到课堂教学效率;学习方法运用得是否恰当,直接关系到课堂活动的有效推进。首先,要认真分析学情。要分析学生在学习新知识前他们所具有的基础知识和生活经验,这种知识经验对学习新知识会产生怎样的影响;分析学生是否具备学习新知识所必须掌握的技能和态度;分析学生由于身体和智力上的个别差异所形成的学习方式与风格。其次,要进行学法指导。要把学生作为学习的主体,充分尊重学生的主体地位,发挥其主观能动性,使其在掌握学习方法的过程中自我明确学习目标、自我激发学习动机、自我保持学习兴趣、自我反馈调节学习行为与策略,从而加速学生对学法的内化过程。从学科内容与特点着眼,针对学生的年龄差异、心理特征、学习基础、学习能力、学习速度、思维特点、学习环境和条件进行相应的指导。坚持学习方法指导与学生学习心理、学习规律研究的结合,坚持智力因素与非智力因素同步提高的结合。

（6）说教学过程。教学过程是说课的最重要部分。只有通过教学过程的展示才能反映说课者独具匠心的教学安排，呈现教师的教学思想、教学个性与风格。教学过程通常要说清楚以下几点：第一，说教学环节的设计及其依据。在导入新课环节既要说出采用何种方式导入新课，又要说出依据及好处。在讲授新课环节应围绕三点展开，即如何精心设疑，引导学生积极思维；如何循序渐进，启发学生进入学习主体角色；如何举一反三，提升学生认知水平。在检测训练环节要说明试题设计的目的、题型的挑选、设置的依据以及达到的效果等。在课堂小结环节要说清以何种形式呈现，呈现的价值是什么。第二，说教学重点、难点的处理。这是教师在教学活动中投入精力最大、付出劳动最多的方面，也是展现教师教学水平的标志。因此教师在说课时必须有重点地说明突出教学重点、突破教学难点的基本策略。要从知识结构、教学要素的优化、反馈信息的处理和强化等方面去说明突出教学重点、难点的步骤、方法和形式。第三，说各教学环节的时间分配。要结合教材实际、学生实际和教学方法等说明各个教学环节时间安排及其依据。特别要说明一节课里的最佳时间（20～25分钟）和黄金时间（15分钟）是如何充分利用的。第四，说板书设计及其依据。说板书设计，主要介绍这堂课的板书类型和板书的展现形式。板书设计要注意知识的科学性、系统性与简洁性，文字要正确、精炼。说板书设计依据可联系教学内容、教学方法、教师本身特点等加以解释。

（7）说教学创新。根据教材精心设计课程，是教师对教材进行的再创作，也是对教学资源的再整合，包含有教师的教学创新。教学创新可以是与众不同的课堂导入，也可以是课堂活动的精彩组织，也可以是重难点的巧妙突破，也可以是诗情画意的课堂小结，只要有新意、有启迪，均可以在说课时加以说明。

154　说课基本要素"五要"

　　说课一要语言精练，二要节奏适中，三要内容准确，四要方式灵活，五要仪表大方。

【诠释】

说课是开展教研活动必不可少的一种形式。说课要想说出"彩"来,除了精心的备课、巧妙的设计之外,说课教师本人的素养也是说课成功不可或缺的重要因素。

(1)说课语言要精练。说课时在语言上要做到用词恰当,句法规范,通俗简练,语言连贯,表述流畅,生动形象。在朴实之中有文采、有情趣,还要善于描绘,使抽象的概念形象化,使深奥的道理浅显化。说课语言还应依据说课的内容,快与慢、低与高相结合,不能从头到尾始终一种语调。要合理运用语言的幽默艺术,通过比喻、夸张、诙谐等手法,使听者在轻松活泼的气氛中领会说课的内容,留下良好的印象。

(2)说课节奏要适中。说课的节奏是指说课者说课时声音的高低和语速的快慢。说课时要掌握好节奏,该快则快,该慢则慢,该重则重,该轻则轻,张弛有致,抑扬顿挫,这不但能提高语言的表现力,而且还能提高语言的感染力。说课时,要运用叙述的语调,中速,声音不轻不重。说课的过程,就像弹奏一首乐曲,自始至终都要注意控制好节奏。说课前应根据规定的时间,对各部分内容所需的时间,大致做一个估算,以便心中有底。在具体地说课过程中,应尽量做到按计划时间说课,切忌脚踏西瓜皮,说到哪里算哪里。要尽量做到整个说课节奏统一和谐,不慌乱,不紧张,在规定的时间内有条不紊地说完该说的全部内容。

(3)说课内容要准确。在说课中,做到所说内容准确是十分重要的。一切教学艺术的运用,都应建立在教学内容的准确之上。如果内容出现谬误,意味着学生在课堂上接收的将是一种错误的信息,这是说课绝对不允许的。说课内容准确,主要包括两个方面:一是对教材的分析、理解准确,包括教材的中心思想、结构、重点、难点和透过教材所要达到的教学目标都必须说得准确无误。二是在处理教材述说教学过程时,不能出现知识性的差错,所涉及的名词、术语、概念等都必须科学正确、表述无误,而且所传授的知识也必须是反映客观事实及其规律性的知识,所教的基础知识和基本技能、基本方法以及所举例子,都应当科学准确,不允许有任何疏忽和失误。

(4)说课方式要灵活。说课,其实与课堂教学一样,也是一个动态的过程。说课者随时随地都要根据说课的不同情况和不同需要,调整、补充和修改说课的思路和内容。不管预先准备得如何充分,"智者千虑,必有一失",而且听的对象、说课的时间、说课现场的氛围也不是一成不变的,这就要求说课者在现场要灵活处置,不可抱着预先准备的说课稿完全照本宣科。说课一定要注意发挥自己的特长,在不违背说课原则的前提下,可以根据具体情况,适当调整说课的个别环节或对某个环节做一些拓展等,以达到说课的最佳效果。

(5)说课仪表要大方。说课者的仪表风度是指教师本人内在的素质的一种外在表现,如整洁的仪表,亲切、自然的教态,轻松自如的谈吐和恰到好处地运用体态语言等。优美的说课仪表风度,展现了说课艺术,"风度"不是矫揉造作,不是故作姿态,而是自然爽朗、落落大方,"风度"也是自信、自强的表现。在说课时,无论面对的是同行、评委还是专家、领导,说课者都要不卑不亢,要轻松、自然、洒脱,但又不能眉飞色舞、手舞足蹈,不能像演戏一般;要庄重,但又不能拘谨或过于严肃。说课时教师的站位,一般要求相对固定,不要随意乱走动。眼睛也不能只盯着讲稿,而要和听者建立视线上的接触,其目光和眼神应该十分自然。

155　教师评课的角度

教师评课要从六个角度入手:教学目标是否落实,教材处理是否得当,教学程序是否合理,教学方法是否科学,教学基本功是否扎实,教学效果是否高效。

【诠释】

(1)教学目标是教学的出发点和归宿,它的正确制订和落实,是衡量一节课好差的主要尺度。所以评课首先要分析教学目标是否落实。

(2)评课时,既要看教师知识传授得是否准确科学,更要注意分析教材处理和教法选择上是否突出了重点,突破了难点,抓住了易错点。

(3)教学程序评析首先要看教学思路设计。教学思路是教师上课的脉络和主线,评课者评教学思路,一看教学思路的设计是否符合教学内容和学生实际,二看教学思路的设计是否有一定的独创性,三看教学思路的层次、脉络是否清晰,四看教学思路实际运作是否达到预期效果。其次要看课堂结构安排。课堂结构也称为教学环节或步骤,通常一节好课应该结构严谨,环环相扣,过渡自然,时间分配合理,密度适中。

(4)教学方法包括教师的教学活动方式和学生在教师指导下的学习方式。评析教学方法好差的主要标准主要是三看:一看是不是因材施教,二看是不是超凡脱俗,三看是不是改革创新。

(5)评价教师的教学基本功主要有四:一看板书设计是否艺术,二看教态是否大方自然,三看语言是否精炼生动,四看多媒体操作是否熟练。

(6)看课堂教学效果是评价课堂教学的重要依据。评析课堂教学效果一看教学效率是否高,二看学生受益面是否大,三看学生学得是否轻松愉快。

156　评课应遵循的原则

教师评课要坚持激励性、层次性、针对性和客观性原则。

【诠释】

评课要以提高教师的业务素质和课堂教学水平为目的,倡导交流式、研讨式评课。具体说来,评课要坚持以下原则:

(1)激励性原则。评课要从调动教师教学的积极性、主动性和创造性出发,要善于发现教师教学过程中的闪光点,要给教师理论上的指导,方法上的点拨,过程上的反馈,使教师通过参与评课得到启发,受到教益。

(2)层次性原则。评课不能搞"一刀切",要根据评课对象具体问题具体分析。对于骨干教师,评课的标准要适当高一些,对于新任教师则标准可以适当低一点。同时要根据"优质课""示范课""研讨课""汇报课"的不同标准区分对待。

(3)针对性原则。评课要讲究效果,不要空话、大话连篇,不要面面俱到;要抓住关键和要害,突出重点;要针对不同的教师、不同的学科、不同的课型和不同的讲课内容进行评课,提倡"一课一得"的课堂教学评价。

(4)客观性原则。教学艺术的追求是无止境的,课堂教学没有最好,只有更好。且课堂教学也要与时俱进,也要不断创新,也要不断适应新的教学理念对课堂教学的要求。因此,评课一定要实事求是、客观公正,要一分为二,坚持两点论,不能走向极端。

157 评课的基本内容

评课主要是从教学目标上分析、从教材处理上分析、从教学程序上分析、从教学方法和手段上分析、从教学基本功上分析、从教学效果上分析。

【诠释】

(1)从教学目标上分析。教学目标是教学的出发点和归宿,它的正确制定和达成,是衡量一节课优劣的主要尺度。所以评课首先要分析教学目标。第一,从教学目标确定来看,看是否全面、具体、适宜。全面是指从知识、能力、情感等几个方面来确定;具体是指知识目标要有量化要求,体现学科特点;适宜是指确定的教学目标能以课程标准为指导,体现学段、年级、单元教材的特点,符合学生年龄实际和认知规律,难易适度。第二,从目标达成来看,看教学目标是否明确地体现在每一教学环节中,教学手段是否都紧密地围绕教学目标,为实现教学目标服务。

(2)从教材处理上分析。教材是教师组织课堂教学的依据,授课者对教材的组织和处理,展示了教师的教学理念、教学设计和教学特色。首先,从教材的运用来看,看是否突出了重点,突破了难点,抓住了关键。教学重点是一节课的灵魂,教学重点的教学要切合学生的认知特点,反映学生的认知规律,采用循序渐进的方法加以授课。教学难点的突破要灵活、巧妙,富有变化,让学生学会举一反三。其次,从教材的升华来看,看教学设计是否适用,教学方法是否实用,教学效果是否有用,反对课堂教学玩花样、找噱头,哗众取宠。

(3)从教学程序上分析。教学程序是教学过程的直观呈现,评课必须对教学程序做出评析。第一,看教学思路设计。教学思路是教师上课的脉络和主线,它是根据教学内容和学生认知水平的实际情况设计出来的,它反映了一系列教学措施,如课堂的编排组合、知识的衔接过渡、要点的详略、讲练的分配等。课堂上教学思路的设计是多种多样的。为此,评课者评教学思路,一看教学思路是否符合教学内容实际,是否符合学生实际;二看教学思路的设计是否有一定的独创性,是否清新脱俗,给学生耳目一新的感觉;三看教学思路的层次、脉络是否清新;四看教师教学思路在课堂上的实际运作效果。第二,看课堂结构安排。教学思路与课堂结构既有区别又有联系。教学思路侧重教材处理,反映课堂教学纵向教学脉络;而课堂结构则侧重教法设计,反映教学横向层次和环节。课堂结构也称教学环节或步骤,课堂结构不同,就会产生不同的课堂效果。评课主要看课堂结构是否严谨,是否环环相扣,是否过渡自然。

(4)从教学方法和手段上分析。教学方法是指教师在教学过程中完成教学目标、任务而采取的活动方式总称。但它不是教师孤立单一的活动方式,它包括教师的"教"的活动方式和学生在教师指导下"学"的方式,是"教"的方法和"学"的方法的统一。评析教学方法与手段主要包括:第一,看教学方法是否巧妙灵活。教学有法,教无定法,贵在得法。教学是一种复杂多变的系统工程,不可能采用一种固定不变的万能方法。一种好的教学方法总是相对而言的,它要因课程、因学生、因教师自身的特点而相应变化。巧妙的教学方法展示的是教师高超的组织艺术和灵活的掌控艺术,启迪的是学生的心智,滋养的是学生的心灵。第二,看教学手段是否生动有趣。教学手段最忌死板、单一。教学活动的复杂性决定了教学手段的多样性,故评课教师既要看教师是否能够面向实际恰当地选择教学手段,同时还要看教师教学手段的多样性。多样的教学手段,让课堂富有变化,常教常新,富有艺术性。现代化教育呼唤现代化教学手段,"一支粉笔一本书,一块黑板一张嘴"的陈旧单一的教学手段已成为历史。第三,看教学方法与手段是否改革与创新。评析教师的教学方法与手段,尤其是评析优质课,既要评常规教学,更要看改革与创新。要看课堂上思维训练的设计,看创新能力的培养,看主体活动的发挥,看新的教学模式的构建,看教学艺术风格的形成等。要坚决克服:一讲到底,满堂灌;一练到底,满堂练;一问到底,满堂问;一看到底,满堂看。

(5)从教学基本功上分析。教学基本功是教师上好课的一个重要方面,所以评析课也要看授课教师的教学基本功。通常分析教师的教学基本功主要是"四看"：一看板书。看板书是否设计科学合理，依纲扣本；是否言简意赅，富有艺术性；是否具有条理性，字迹是否工整美观，板书是否娴熟。二看教态。心理学研究表明，人的语言表达靠 55% 的面部表情 +38% 的声音 +7% 的言辞。教师的教态应该是明朗、活泼、庄重，富有感染力，要仪表端庄，举止从容，态度热情，面带微笑，以达到师生感情相互交融。三看语言。教学也是一种语言艺术，教师的语言有时关系到一节课的成败。教师的课堂语言，首先是普通话标准，吐字准确清楚、精当简练、生动形象，有启发性。其次教学语调要高低适宜，快慢适度，抑扬顿挫，富有变化。四看操作。看教师运用的教具是否得当，操作多媒体、投影仪、录音机等是否娴熟。

（6）从教学效果上分析。评析教学效果，一看教学效率是否高，学生思想是否活跃，课堂气氛是否热烈；二看学生受益面如何，不同程度的学生在原有的基础上是否有进步，教学目标是否达成；三看是否有效利用课堂 40 分钟或 45 分钟时间，学生学得是否轻松愉快，当堂问题是否当堂解决，学生课业负担是否合理。课堂效果的评价，有时也可以借助测试手段，即教师授课结束后，评课者对学生的知识掌握情况当场测试，而后通过统计分析来对课堂效果做出评价。

158　评课的操作流程及点评技巧

> 要想评好一节课，就要认真听课，做好记录；深入思考，全面分析；倾听自评，取舍得当；有效点评，促进发展。

【诠释】

（1）认真听课，做好记录。通常听课做记录有两种形式：一种是实录型。这种形式如同录音机一样，如实地记录课堂教学的全过程，等到课下再进行学习揣摩。这种记录可以使听课者听课更专注，精力更集中。另一种是选择型。在听课的过程中，有选择地记录某一侧面或某些问题，而选择记录内容的依据是根据听课者的需要，如自身的困惑处、讲课人的精妙处或存在的问题处等。

（2）深入思考，全面分析。任何一堂课，评课者既要从教的角度去看待教者的优势、特色、风格以及需要改进的地方或需要商讨的问题，还要从学的角度去看待教者的发挥程度、学生的学习效果和学生的可持续学习情况以及学生思维的活跃性、活动的创造性等。

（3）倾听自评，取舍得当。授课教师各具特色，各有差异。有刚参加工作的新教师，也有经验丰富的老教师；有教学新秀，也有教学能手；有普通教师，也有骨干名师；有外向型教师，也有内向型教师；有严肃型教师，也有活泼型教师。作为评课者，为了达到评好课的目的，一定要从教者的实际出发，学会倾听授课者自评，从而做出判断，以决定点评内容的取舍。

（4）有效点评，促进发展。分析授课教师的优点，其目的不是迎合教师，而是激励、督促、帮助教师。为了达到评课的最佳效果，评课可以采取以下策略：第一，先说优点或是值得学习的地方，再提出研讨的问题。这种点评比较常见，其点评最容易被教师所接受。第二，先谈需研讨商榷的问题，再把优点加以点评。这种点评开门见山，有针对性，但指出问题的量不宜太多，要抓住主要问题即可。第三，在每一条"优点"中，再重新加以设计，提出改进方向，以求更好。这种评课方式对评课者要求较高，既要有深厚的专业知识，又要有较高的语言组织能力，还要有严谨的逻辑思维能力。第四，评者只谈体会，不直接谈优点和不足。通过评课者富有哲理的体会，激励赞扬，蕴含希望，给授课者留下思考，留下启迪。这种点评层次最高，需要具有一定的教学理论功底，需因人而异。

159　评课常见的误区

在评课方式上，要避免"哄"评、"套"评、"替"评、"苛"评。

【诠释】

尽管我们常说"当局者迷，旁观者清"，但在现实评课中，评课者自身也会出现失误甚至错误。除了科学性不当和技术性欠佳的问题外，更多的是评课方式出现问题。主要表现在以下几种：

（1）"哄"评。即满是夸赞，笼统空泛。这种"皆大欢喜"的评课，主要是出于人情面子和各种利益的考虑，"课未讲完，评价已定"，这种"评课"起不到应有的效果，对于授课者和其他听课教师的成长也起不到积极的促进作用。

（2）"套"评。即用理论、理念、理想套教学。课堂教学实践当然需要理论层面的指导，但是指望一节课全面、彻底地体现理论、理念、理想的要求则是不切实际的，即使精心准备的"优质"课也难以实现。有些评课者带有理想主义色彩，总以为一节课只有用课改理念和教育理想"武装到牙齿"才算好课，这种评课方式好高骛远，看似繁花似锦，实则一头雾水，评课的目的很难实现。

（3）"替"评。即用自己的教学设想评析别人的课。一般来说，评课者在听课、评课时，心中重要的参照系就是自己对本节课的教学设想。一些评课者喜欢越俎代庖，把自己的教学设想强加于授课教师，认为自己的教学设计才是独一无二、无可比拟的，殊不知每一个讲课者对教材的理解和运用都会因个人的个性差异而有所不同，强人所难实际上也是对讲课者的一种不尊重。评课者的"代位设计"，并不能使被评教师真正受益。在实际教学中，评课者的教学设想往往是听起来很美，实施起来则很难。

（4）"苛"评。即评课中偏重细节，求全责备。在评课中，不重整体而偏好局部，不观大体而好抠细节，找到一点问题就上纲上线、大肆发挥。更有甚者，以偏概全，全盘否定，将讲课者说得"一团黑"。这样做表面看起来很认真、很负责，实际上是对授课教师自信心的打击和对教学探索的否定。教学固然要精益求精，但教学也是"遗憾的艺术"，有问题是正常的。面对授课者存在的问题，评课者只有善意指出，授课者才能虚心接受。

160 评课不能一味"唱赞歌"

　　要克服评课一味"唱赞歌"现象，需要组织者率先垂范，敢于说真话、说行话；需要评课者坦荡无私，敢于说实话、说狠话；需要执教者虚心倾听，达到真进步、真提升。

【诠释】

在一些评课活动中,总会看到这样的场面,当教师讲完课,到了提意见、说不足的环节,大家都是"唱赞歌"了事,让评课活动沦为走过场。

评课是中小学教师经常参加的重要教研活动形式。通过评课,不但可以有效检测教师参加听课的情况,让讲课教师汲取众人智慧,而且能够促进参加活动的教师学会观察、思考与交流,不断提升语言表达、教学研究、逻辑思维等多方面的能力。因此,在各级各类教育行政部门或学术团体组织的教研活动中,往往安排听课与评课活动,听课与评课可谓形影不离、相互促进。

但这种唱赞歌式的评课,根本没有发挥出应有的作用。究其原因,主要有三:一是部分教师在评课时,首先关注、考虑、顾忌的是执教教师的面子和感受,唯恐自己的"出言不逊"影响到自己与执教教师之间的关系;二是唱赞歌式的评课,容易被执教教师接受,即便是夸赞过了头,也不会被其他教师反驳;三是"唱赞歌"不需要动多少脑筋,还容易营造一团和气、其乐融融的氛围。

这种"唱赞歌"式的评课,完全远离了评课的根本宗旨,其所产生的负面影响,绝不可等闲视之。我们每一位教育教学工作者,都应该站在对教育负责、对学校负责、对教师负责、对学生负责的高度,齐心协力打好"组合拳",让评课活动重新回归到健康发展的轨道上来,以彰显评课本色,发挥评课功效。

作为教育教学活动的组织者,更需要率先垂范。听课、评课的组织者的站位、情绪、态度等,对所有参与听课、评课活动教师的影响,无疑是潜移默化的。因此,组织者需要善于抛砖引玉,激发大家真观察、真思考、真倾听、真评课的欲望。也就是说,组织者决不能只是"组织"一下而已,不仅同为评课者,而且要练就一身过硬的本领,还要敢于说真话、说行话。

作为教育教学活动的评课者,需要坦荡无私。评课者做"君子",敢于说实话、说狠话,不仅能成为执教者专业发展道路上的"诤友",赢得了其他评课教师的尊重,也倒逼自己认真听课、学会评课,奉献出货真价实的智慧。这样一来,听课者、评课者、授课者很自然地形成了学习共同体,一起收获真成果,实现真提高。

作为教育教学活动的执教者,需要虚心倾听。作为一名教师,执教一节汇报课、研究课或其他类型的课,需要付出艰辛而又繁杂的劳动。课后希望自己的努力能够得到大家的肯定,这是很正常的事情。然而要想使自己的专业水平真进步、真提升、真飞跃,就应该态度诚恳地渴望得到大家的不同看法,听到不同的意见,甚至是批评或否定。执教者只有闻过则喜,才能克服不足,从而使课堂教学达到锦上添花的境界。

161 磨课究竟磨什么

> 磨教材:深入研读,准确把握;磨过程:反复试讲,完善细节;磨学情:直面差异,灵活应对。

【诠释】

磨即研磨,磨课是教师在先进教学理念的指导下解读教材、设计教案、反复试讲、共同探讨,最终生成好课的过程。磨课是教师集体成长的过程,也是每位教师锻炼和提升的过程。那么,磨课究竟磨些什么呢？该怎么磨呢？

(1)磨教材:深入研读,准确把握。讲好一节课,教师首先要钻研教材,这里说的教材不仅包括课本,也应包括课程标准、教师用书等参考辅助资料。一是磨课标。教师是新课标的实践者,教学的实施必须用课标来引领和指导。课标是教学的基本依据,只有将新课标的理念融入课堂设计中,这样的课才是有生命力的。因此,磨课前教师必须充分认识新课标、解读新课标,把新课标倡导的教学理念转化为课堂教学行为。如果教师对课标的精神把握不准确,教学难免会出现偏差,也就无法有效达成教学目标。二是磨教材。课程改革要求教师"用教材教",而不是"教教材"。只有教师在备课前反复研读教材,有了自己深入的理解,并结合年段特点、单元、章节所承载的任务,才能够准确把握教材的编排意图、地位、作用、内容和主题,从而确立教学目标与重难点。三是磨教参。教师反复研读文本,对教材才会有透彻的理解和把握,但还需要认真阅读教学参考书,了解对教材内容的解析、学情的分析,对教学目标、教学重难点、教法学法等提出的一系列建议和要求。如此,教师才能够准确拟定设计意图、教学过程和教学方法。

（2）磨过程：反复试讲，完善细节。上好一节课，无论是交流展示还是参与竞赛，往往需要教师经过反复打磨。每一次试讲，对教师来说都是一个暴露问题和不断走向完善的过程，也是对自己教学设计进行熟练和优化的过程。教师在反复试讲中验证目标定位是否准确，方法是否科学合理，重难点是否突出，课时容量和时间安排是否适切等。只有经过实践检验，才能够判定自己的预设是否可行。初磨，教师可先在教研组以说课或无生讲课的形式，把自己的教学思路讲出来，将教学流程演绎出来，让听课教师对自己的教学有一个初步了解，提出改进完善的意见和建议，使自己在正式走上讲台之前对教案进行深入修改。再磨，教师可选取某个班级单独试讲一遍，将写在纸上的教学设计在试讲中演绎出来。通过首次试讲，把教学设想、教学流程真实展现出来，通过课堂反馈及时发现问题，对自己的课进行初步修正。多磨，是一遍遍邀请其他教师听课，此时他们会观察到自己课堂上存在的各种问题，提出许多有建设性的意见。虽然见解并非一致，甚至有矛盾冲突的地方，但在这个过程中，教师可以充分梳理吸收，筛选出有价值的内容并融入教案的修改中。有人说："磨课、磨人"。在磨课的过程中，不断试讲、倾听、评议，修改、否定、重构，对于执教者和听课者均是一种历练。

（3）磨学情：直面差异，灵活应对。教师在磨课过程中，由于面对不同班级的学生，学情也是不同的，所以，在某个班教师采用了一些方法试讲效果良好，但换另外一个班或另外一所学校再"如法炮制"，可能就会出现问题。这种现象表明，是学情决定了教学设计，而不是让学生来适应教师的设计。不同学校和班级的学生，其性格特征、知识水平、学习能力是千差万别的。因此，课前教师就要有多种预案，使自己的教学设计更具开放性、包容性和灵活性，当遇到不同班级的学生时，一旦发现他们属于什么样的层次水平、什么样的学习特点时，就可以自然切换到与之匹配的教学方式，这样方能实现灵活应变的效果。

162 莫让集体备课走样

> 备课,是教师一种自主研读、自主设计、自主创新的个体行为,还是让教师自己以个体为主精心备好课吧,千万莫让集体备课走了样。

【诠释】

近几年,教师集体备课又风靡一时,许多学校将集体备课常态化,集体备课已成为教师日常工作中一个必不可少的组成部分。集体备课需要事前准备、中心发言、集体研讨、修订提纲、撰写教案等环节。将集体备课常态化后,每一课都要通过集体备课来进行,无论是精力还是时间都是不允许的,但是学校又要求必须统一集体备课,于是乎,不知哪位教师首先提出了"分工备课,集体共享",这种方法很快在众多校园风靡开来。具体做法为:备课组先将全学期的备课任务分解给每位教师,大家分头备好课,然后在集体备课时间拿出来"讨论讨论",再印发给全组任课教师。这样一来,学校关于集体备课的要求落实了,每位教师的负担也减轻了,大家皆大欢喜。这种所谓的集体备课,笔者认为弊大于利。

一是不利于教师的专业发展,特别对青年教师而言,易于养成不读书、不钻研、随大流的不良习惯。试想,一学期大部分的课不是自己研读解析的,教案不是自己动脑动手编撰的,虽然有集体备课的主讲和讨论(这个过程能否真正落实还是个问题),但别人备的课和自己亲自备的课毕竟不是一回事,上课时只能照本宣科、人云亦云,思维自然只能停留在别人的教案上,全然没有自己的思考和解读,更谈不上在教学过程中的机智应变。长此以往,这些教师恐怕是离开教参或别人的教案就不会上课了,哪里还谈得上专业发展呢?再试想,如果别人撰写的教案都能拿来我用,那何苦要备课组分工合作呢?倒不如在全国范围内找一些名师专家来编一本教案,全国教师都用它去上课,质量岂不比备课组编写的更高?这样做岂不更省事?

二是容易扼杀教师的个性,形成"千人一面"的教学模式。统一的思想,统一的认识,统一的内容,统一的教案,统一的教学,听起来很美丽,但实际上这种统一的做法、统一的教案,只能上成统一的课,千篇一律的课,千人一面的课。加之现在有些人又特别热衷于推广所谓的教学模式,对某种教学模式奉为至宝,不能越雷池半步,那么,这样的教学会是什么样的呢?教师没有自己的个性,教学没有独特的风格,千人一面的教学模式只能使学生厌烦。现代信息技术已经很发达了,按说如果这样能行的话,是否可以通过现代信息技术,用一个名师在网络上上课就可以了,就像某些人鼓吹的那样,是否可以取消班级上课这种形式了呢?这岂不更经济高效?

三是影响教学任务的有效落实。每个教师所带的班级不同、学生不同、学情不同,即使同一个教师所带的不同班级也往往有所差异,教学时只能根据实际而为之。但这种"集体备课"所产生的统一的教学方案,把学情放在什么地位?是否考虑到了学情的差异?不同的学情,按照统一的教学方案,眼里还有学生吗?全都能贴合实际吗?教学任务能得到有效落实吗?更别说什么"高效"了。课堂教学任务的有效落实,靠的是对学情的精准把握,靠的是针对不同学情采用的不同方法,这绝不是集体备课所产生的统一的教案能够做到的。

笔者这样说,并不是一味地反对教师集体备课。集体备课作为一种教研活动形式,自然有它存在的理由和空间。笔者想说的是,我们做任何事情,特别是教育教学,千万不要一窝蜂地去赶潮流,从一个极端走向另一个极端。而是要有头脑,要有思考,要遵循教育教学规律,要根据自己的实际,要以学生的学习发展为根本目标,认真慎重地去对待集体备课的方式。

集体备课本是一种教学研究活动的形式,一般以同年级同学科教师构成的备课组为单位,开展研读课标、研读教材、讨论教学内容、审定教学设计、反思教学效果等的系列活动。这样的教研活动,对于教师,特别是对青年教师准确把握课程标准、领悟文本内涵、借鉴教学思路、完善教学设计、改善教学过程等,是一种指导和帮助,青年教师通过这样的教研活动,可以极大地提高自己的文本解读能力和教学设计能力,从而不断改善自己的教学内容和教学方法,提升自己的教学水平。

因此,要让集体备课真正发挥它的作用,就应该回归它本来的地位。作为教研活动形式之一的集体备课,每学期可以适当地搞几次,选择一些有争议、有分歧的课文去集体研讨、集体备课,从而达到准确把握课标和教材、提升教学能力的目的。教研活动的形式是多种多样的,集体备课、听课评课、反思磨课、专题研讨、读书学习等等,都是教研活动的形式,为什么只死抱住"集体备课"这一种形式不放呢？要懂得再好的美味,天天吃也会腻味的。

　　备课,是教师一种自主研读、自主设计、自主创新的个体行为,还是让教师自己以个体为主精心备好课吧,千万莫让集体备课走了样。

校本教研篇

　　校本教研就是自我反思+同伴互助+专业引领。学校是校本教研的基地,教师是校本教研的主体,促进师生共同发展是校本教研的直接目的。校本教研"五要素":校长领导是关键,自我反思是根本,专业引领是途径,同伴互助是方式,研教同行是目标。校本教研要做到"六化",即校本化、大众化、生活化、专业化、规范化、科研化,通常采取的方法是:发现问题、制订计划、行动实践、修改方案、再次实践、总结反思。校本教研管理要坚持方向性、规范性、校本性、创新性、严肃性、服务性、激励性、变通性、侧重性、绩效性原则。

　　进行校本课题研究要做到:问题即课题,把"问题"当作"课题";教学即研究,把"教学"当作"研究";成长即成果,把"成长"当作"成果"。校本课题研究的特点主要有五:一是"小",二是"活",三是"短",四是"真",五是"快",六是"实"。

　　教研组是学科教师之"家",是学习之家、教学之家、教研之家、专业成长之家。教研组长的"教"是根本,要着力优化学科教学;"研"是关键,要着力深化学科研究;"组"是保障,要着力强化学科团队;"长"是核心,要着力德化长者风范。一个好的教研组长,一要热爱教研,主动作为,积极思考,做教研的"点子王";二要热爱学习,统筹全组,激励引领,做教研的"风向标";三要热爱教师,搭建平台,积极宣传,做教研的"吹鼓手"。

　　学校教研活动,要坚持共享原则、高效原则、聚焦原则和专业原则。在学科教研活动中,要坚持问题真实化、方案规范化、形式多元化、三位一体化、成果理论化、推广全面化。集体备课"四部曲":初备——群组备课,计划早安排;交流——集体讨论,磨课全参与;复备——个人再备,教学巧生成;反思——教后总结,智慧再升华。

163　什么是校本教研

　　学校是校本教研的基地,教师是校本教研的主体,促进师生共同发展是校本教研的直接目的。校本教研具有校本性、教研性、人本性、牵引性、依托性的特点。

【诠释】

　　校本教研,就是为了改进学校的教育教学,提高学校的教育教学质量,从学校的实际出发,依托学校自身的资源优势和特色进行的教育教学研究。校本教研的基本特征是以校为本,强调围绕学校自身遇到的问题开展研究。学校是校本教研的基地,教师是校本教研的主体,促进师生共同发展是校本教研的直接目的。具体地说,校本教研的特点主要有五:

　　(1)校本性。校本教研就是"为了学校,基于学校,在学校中"的教育教学研究,校本教研是以改进学校实践、解决学校自身所面临的问题为目标。学校自身的问题,要由学校中的人来解决,要从学校的实际出发来解决。校本教研的主体是学校领导、教师及行政人员。

　　(2)教研性。校本教研在本质上是一种教研活动,它不是主观性的设想,也不是随意性研究。它要求以教研的态度、教研的方法对学校发展进行科学规划,构建教研总课题和子课题。所以,校本教研的核心工作就是必须找准学校的定位,选好课题和切入点,拟订出近期、中期、远期研究规划,并持之以恒地开展教研活动。

　　(3)人本性。校本教研是以人本、生本为基础,追求的是学生的发展、教师的发展和学校的发展的和谐统一。离开了人本、生本的校本教研,是一种畸形的教研,是一种变质的教研,也严重背离了校本教研的初衷。因此,校本教研必须把学生、教师的发展放在首位,而不能以忽略甚至牺牲师生的发展为代价谋求学校的片面发展或效益。

　　(4)牵引性。教育教学工作是学校的核心工作,学校的一切主客观因素都必须有利于教育教学工作的顺利进行。因此,以教育教学研究为主的校本教研必然涉及教育教学的内外部环境、条件等因素的研究,以带动学校整体的发展。

（5）依托性。校本教研要求以学校为主体，倡导"教师即研究者"。在校本教研中，学校校长或教师是课题的主持人，但并不意味着学校要实行"关门主义"，拒绝外援，并不等于说学校可以完全不需要或排斥专家及上级教研部门的指导。相反，学校必须充分地借助外界的力量，包括省市教研部门的教研员、高校教授学者或著名教育教学专家来指导学校教研工作，以提升学校教研层次和办学效益。

164　校本教研的主要类型

> 教学型教研——教学活动——教育者角色；
> 学习型教研——学习活动——学习者角色；
> 研究型教研——研究活动——研究者角色。

【诠释】

校本教研是一种实践研究。学校是教学研究的中心，课堂是教学研究的实验室，教师是教学研究的主体，学生是教学研究的对象。为此，教师生涯中主要有三种职业活动形式：教学活动（教育者的角色），就是以教学为着眼点的教学型教研；学习活动（学习者的角色），就是以学习为着眼点的学习型教研；研究活动（研究者的角色），就是以研究为着眼点的研究型教研。

（1）教学型教研。这种教研一般以"课例"为载体，围绕如何上好一节课而展开。教研渗透或融入教学过程，贯穿在备课、设计、上课、评课等教学环节之中。活动方式多以教研组、备课组成员的沟通、交流、讨论为主要方式。教研成果的主要呈现形式是文本的教案和案例式的课堂教学。这种教研是教学中一种十分普遍的现象，也是一种十分行之有效的提高教育教学质量的手段。

（2）学习型教研。这种教研的着眼点是教师的专业成长，旨在通过学习型的教研来提高教师的教学水平和专业素质，为提高教学质量提供保证，为教师专业发展奠定基础。教研表现为一种学习——"研究性"学习,这种教研是指不针对具体课例和教研专题而开展的所有教研的总体。读书和思考是教研的主线,观摩和交流是教研的途径。读书笔记、读后感、观后感是教研结果的主要呈现形式。

（3）研究型教研。这种研究一般是以"课题"为载体,围绕一个教学专题而展开。从来源角度讲,教学专题产生于教学实践,是教师在教学活动中遇到的重点、难点等具有普遍性的问题。可以说,教学专题是对教学问题的提炼、升华和概括。通过对教学专题的研究,在化解教学难点、重建教学模式、推进教学改革上有所突破、有所创新、有所前进。活动方式以课题研究小组为主,研究成果的主要呈现方式为课题研究报告。

165　校本教研"五要素"　///

> 校长领导是关键,自我反思是根本,专业引领是途径,同伴互助是方式,研教同行是目标。

【诠释】

校本教研是以学校为基地,以教师为研究主体,以促进师生共同发展为直接目的,以行动研究为主要方法的教、学、研、训相整合的教育教学实践活动。在新时代中小学校开展校本教研,必须具备以下基本要素:

（1）校长领导是关键。校长领导是校本教研的支持体系。由于校本教研在学校中进行,基于学校,为了学校,如果没有校长的支持,校本教研的有效开展就会大打折扣。这就要求校长要树立教研兴校的办学理念,亲自参与校本教研,为教师参与校本教研创造条件,营造良好的教研氛围和教研文化,为校本教研提供有力的智力支持和物质保障。

（2）自我反思是根本。自我反思是教师与自我的对话,也是教师教学经验的积累。教师的自我反思,核心是教学反思。教学反思分为课前反思、课中反思和课后反思。课前反思从教学设计入手,目的是不断修改教学设计,也是我们常说的教师的二次备课;课中反思从学生入手,注重生成性课程资源的开发、利用、整合,以便教师及时调整教学环节,提高课堂教学效率;课后反思从问题入手,目的是吸取经验教训,总结提高专业技能。善于倾听,学会等待,懂得反思,从而在反思的基础上促进问题的思考,是教师专业成长的重要途径。

(3)专业引领是途径。专业引领是实践与理论的对话,也是专业人员与教师的交流与反思。理论学习的关键在于真正能够"以问题为中心"进行有针对性的学习,从而引起教师的"心智模式"的改变。专业引领,并不是完全由所谓的专家引领,要打破专家的"神话",教师要把身边的优秀教师或教研员看作专家,也可把自己看作专家,作出适合自己的专业判断,形成教师自己的"专业再生"能力。

(4)同伴互助是方式。同伴互助是教师与同行的对话,是同伴间的交流与反思。教师通过同伴研讨,透过"小"现象研究"真"问题,切实解决教学中富有个性的"土生土长"的问题。同伴研讨是分享,是对话,是双向的沟通和彼此的给予。教师只有对外吸纳、对内反思,才能不断否定自我、超越自我。

(5)研教同行是目标。问题即课题,教学即研究。在研究的状态下教学,在教学的过程中研究,是教师的职业生命。开展教育科研是教师自身成长与发展的方向,是教学生命的重要组成部分。教师在教育教学实践中选取有价值的且可行的研究问题,并上升为课题,继而提出设想,付诸行动,及时总结经验教训,不断进行反思改进,使校本教研走上一条"教研化"的良性循环轨道。

166 校本教研"六化"

校本教研要做到"六化",即校本化、大众化、生活化、专业化、规范化、科研化。

【诠释】

(1)校本教研"校本化"。就是要实现教研重心的下移,使学校成为研究的基地——校长是研究的第一责任人,教师是研究的主体,教室是研究的实验室。这就要求校长要树立教研兴校的办学理念,为校本教研提供有力支持;教师要成为校本教研的主体,把日常教学工作与教学研究融为一体;教学研究的内容来自教师的教育教学实践,是校园里发生的真实事情,问题的解决要以教室为主要阵地。

(2)校本教研"大众化"。教师要把参与教研当成自己工作的重要组成部分,真正摆脱"教而不研"的思想束缚,树立上好一堂课就是一次教研的意识,在研究中引发思考,促进自我学习、自我反思,并在此基础上学会与同伴合作,在研讨中互相学习,分享经验,彼此支持,共同成长。

(3)校本教研"生活化"。校本教研"生活化",就是要使研究成为教师生活的一部分,随时随地琢磨教学中出现的问题,切磋教学中发生的现象,把教室、办公室变成"研究室",做到校本教研日常化、平常化、真切化、生活化。让教师在欢声笑语中,在兴趣与热情中,在自由民主的氛围中有话说,说真话,有事做,做真事,在交流中碰撞,在碰撞中擦出智慧的火花,使校本教研成为一个开放、民主、高效的教研机制。

(4)校本教研"专业化"。校本教研是教师专业持续发展、能力不断提升的过程。教师在教学中研究,在研究中教学,人人成为学科教学的专业研究者。同时要树立终身学习的理念,不仅要参加各种形式的学习,而且要自我反思、同伴互助,积极开展校本行动研究,构建教师专业发展的平台。

(5)校本教研"规范化"。学校要制订和规范理论学习制度、教学反思制度、对话交流制度、课题研究制度等。如有的学校对教师的"学、记、听、思、研"作出具体的规定:学——每周学习一篇教育教学理论文章;记——每堂课后写好教学后记;听——每周至少听两节课;思——每周写一篇教学反思;研——每学期写一篇典型案例或教研论文。同时要建立激励机制,把教师参与校本教研的情况作为评先评优、晋升晋级、职务评聘的重要参考。

(6)校本教研"科研化"。以校为本的校本教研,是一种实实在在的教育科研。在开展校本教研的过程中,我们要克服形式化、简单化、标签化、空泛化的就事论事的盲目的低水平研究,鼓励教师选取在教学实践中碰到的带有普遍性的具体问题,有针对性地学习相关理论,大胆进行改革试验,不断总结提高,力求取得突破。在此基础上,再引导教师选取有较高价值和可行性的问题,申报为教研课题,进行规范化、系统化的深入研究,取得研究成果,使校本教研走上科研化的轨道。

167　校本教研"六步走"

> 　　校本教研就是自我反思＋同伴互助＋专业引领。通常采取的方法是发现问题、制订计划、行动实践、修改方案、再次实践、总结反思。

【诠释】

　　开展校本教研活动，首先要明确校本教研的基本要素。教师个人、教师集体、专业研究人员是校本教研的三个核心要素，他们构成了校本教研的三位一体关系。教师个人的自我反思、教师集体的同伴互助、专业研究人员的专业引领是开展校本教研和促进教师专业成长的三种基本力量。教师个人的自我反思是开展校本教研的基础和前提；教师之间的互助合作是校本教研的标志和灵魂；专业研究人员的参与引领是校本教研不可缺少的因素。校本教研就是自我反思＋同伴互助＋专业引领。通常采取的方法是：

　　（1）发现问题——教师在自我反思中发现教育教学中存在的困惑和问题，并和教研组的成员们进行交流，选择大家都感兴趣的问题，作为校本教研的主题。

　　（2）制订计划——搜集、学习、整理相关文献，了解所要研究问题的症结和关键，在专业人士的指导和帮助下制订解决问题的计划和方案。

　　（3）行动实践——根据制订的研究计划，教研组成员进行分工，分头开展教育教学实践和探索，并保持探索过程中的同伴互助。

　　（4）修改方案——结合实践过程中遇到的实际问题，教研组反思、修改原来的行动计划，使之更加符合教学的实际情况。

　　（5）再次实践——依据新的实施方案，再次开展教育教学实践，并注意反思实践过程是否和修订之后的方案相吻合。若差距比较大，还需进一步修订方案，并进行第三轮的实践。

　　（6）总结反思——教师个人将参加这次校本教研活动中感触最深的一件事或一个教育教学片段，通过案例的形式撰写出来，并和全组教师一起分享。同时教研组总结本次教研活动开展过程的得与失，写出教研活动的报告。

168　校本教研管理"十原则"

校本教研管理要坚持方向性、规范性、校本性、创新性、严肃性、服务性、激励性、变通性、侧重性、绩效性原则。

【诠释】

校本教研管理是指以学校为本位,以提高教师业务能力为核心,以提升教育教学质量为目的的校内教研管理体系。开展校本教研管理应遵循以下原则:

(1)方向性原则。校本教研管理,应有明确的目标和方向。学校应根据上级有关部署和本校发展的需要,制定和执行校本教研管理方案,做到定位准、方向正、目标明。

(2)规范性原则。校本教研的规划、实施方案、考核条例等管理规程,应科学翔实,便于操作,规范有序。在实施中,要有章可循,有据可依。

(3)校本性原则。校本教研管理要立足本校实际,因地制宜地开展校本教研活动,不能完全照搬他校的经验与现成做法。

(4)创新性原则。开展校本教研工作,要在实践中总结、反思和探索,并不断求真、求美、求新。

(5)严肃性原则。校本教研是一项严谨、严肃的工作,所制定的校本教研制度、条例、规程应体现权威性、严肃性和连续性,不能随心所欲、任意废止或更改。

(6)服务性原则。开展校本教研活动的根本目的是为教学服务,为学生服务,故管理者要有服务意识,要为教师的教研活动保驾护航。

(7)激励性原则。校本教研的主体是教师,其管理者必须树立以师为本的理念,不断激励教师参与校本教研的热情。

(8)变通性原则。校本教研管理是一个动态的过程,管理者在教研活动中要善于审时度势,随机应变,讲求实效,灵活微调具体方案,以确保教研活动的顺利进行。

(9)侧重性原则。校本教研应是全校教职工参与的活动,它既要体现全面性、多样性，又不能胡子眉毛一把抓，做到突出重点，主次分明。

（10）绩效性原则。校本教研不能重形式、走过场，要追求实效。对校本教研成果，不仅要注重评选与表彰，更要注重推广与应用，以便让更多的教师和学生受益。

169　如何进行校本课题研究

> 问题即课题：把"问题"当作"课题"；教学即研究：把"教学"当作"研究"；成长即成果：把"成长"当作"成果"。

【诠释】

任何研究都始于"问题"。当教师在教学中出现某种"问题"或感到某种困惑时，要想方设法加以克服，并结合平时教学不断地去探讨、去解决，从中提高自身的业务能力。这样教师就踏上了一条由"问题即课题—教学即研究—成长即成果"的校本教研之路。

（1）把"问题"当作"课题"。搞教研强调解决教师自己的问题、真实的问题和实际的问题。不过，并非任何教学"问题"都构成研究"课题"，只有当教师持续地关注某个有意义的教学问题，仔细地探究解决问题的思路之后，平时的教学"问题"才可能转化为研究"课题"。教师搞教研的目的和任务就是为了提高教育教学质量，最终要落实到为教学服务这个根本上。为此，教师在教育教学中遇到的问题就应该是要研究的课题。教师在实践中遇到的问题可以分为三种类型：一是直接性问题。就是明显存在，需要教师去面对，又必须想办法加以解决的问题。二是探索性问题。就是将教育理论、教育观念、教育成果转化为具体的教学实践活动时所遇到的问题。三是反思性问题。这是具有"问题意识"的教师，为提高自己的专业水平，通过对自己教学行为的回顾和反思，发现的问题。因此，有效的教研所研究的"课题"的产生过程是：教师在平常教学中经常遇到，需要去探究、去解决的问题，这个问题就可以转化为课题。

（2）把"教学"当作"研究"。绝大多数的教育科研，最终都要在课堂教学中进行,即使是理论研究,其成果也要在教学中得到检验和应用。教学和教研是相互依存,相得益彰,而不是截然分开的"两张皮"。其实,教学活动就是不断地探究、修改与完善的过程,已经具有教研的性质。有效的教学不是日复一日地简单重复,而是教师自觉学习新的教育教学经验和理论,充满激情地进行创造性的研究活动。

（3）把"成长"当作"成果"。教育科研成果既有目标指向性,又有过程性和生成性。教师在教学中教研,在教研中教学,不断促使教师有效进行自评、自查、自省、自改,以达到自主提高的目的。同时,教师在教研中主动学习最新教育教学研究成果,积极进行思考和创新,认真寻找有效解决问题的办法,促进教师的教育教学水平的提高。可见,教育科研的最大成果应该是教师的成长和提高,这也是开展教育科研的意义和目的。

170 校本小课题研究的特点

　　校本小课题研究的特点主要有六:一是"小",二是"活",三是"短",四是"真",五是"快",六是"实"。

【诠释】

　　小课题研究是研究者对细微的教育问题进行观测、分析和了解,从而发现日常生活中常见的教育现象之间本质联系或规律性认识的教研活动。小课题研究产生于中小学,源自于一线教师对自身教育教学工作的反思以及对教育教学实践困惑的追问。小课题研究的起点,首先始于教师对"不明"情况的探究。也就是教师因为一些"疑惑"而进行的研究。其次始于教师对教育现象的追问。也就是教师把对教育现象的追问作为支点提出"问题",在这个过程中,教师以深度介入的态度把自己放到事件当中去。再次是始于教学研究。即教师在教育教学的过程中有意识、有计划地去解决一些问题,在研究的过程中,教师把自己的日常备课、教学过程、教学策略、相关活动的内容,与自己提出的研究问题紧密结合在一起。具体地说,小课题研究其特点主要有六:

一是"小"，即研究的范围和研究的问题小。小课题研究主要聚焦于教学某方面的一两个因素的实质或关系的矛盾和疑难，研究的内容是教师教学过程中各个环节的有价值的细小问题。问题可以具体到一堂课的教案学案设计、授课导入方式、课堂提问、作业设计等等。"小"还表现在研究的规模上小，小课题研究涉及的范围小、人员少、时间短，因而规模小、投资少。

二是"活"，即灵活。小课题研究的灵活性主要表现在研究的过程上。其选题论证、方案设计、立项开题、实施研究等都没有规划课题研究那么复杂。研究什么？什么时候研究？怎么研究？也没有固定的研究模式，没有强制的操作流程。人人都可以研究，时时都可以开展，处处都可以进行，在兴趣中生根，在实践中开花，在过程中结果。

三是"短"，即周期短。小课题研究的时间视研究的内容而定，可长可短，时间短的两至三周就可以解决问题，长的则三至五个月，最长的一般不超过一年。

四是"真"，即真管用。与规划课题研究相比，小课题研究更贴近一线教师的实际。小课题研究最关注的是研究结果所具有的实践意义，以及对研究者本身或同事的教学是否具有应用价值。

五是"快"，即见效快。由于研究的周期短且基于在实际工作中解决具体问题，因而速度快、效率高。一个问题解决了，就可以随时转入到下一个问题的研究中。

六是"实"，即实在、务实、踏实、真实。首先，选题"务实"。小课题研究立足于当前教育教学工作，针对教师教学工作中遇到的盲点、热点、难点、疑点问题，选题贴近学校、贴近教师、贴近课堂教学实际。其次，研究过程"踏实"。小课题研究不是游离于教学实践之外的活动，而是在教中研，研中教。再次，研究结果"真实"。小课题研究成果的表述不同于规划课题，强调在"做得好"的基础上"写得好"。从表达形式上看，它不一定要撰写长篇的结题报告，也不一定需要撰写研究论文。它可以是教学案例设计稿、听评课稿、教育案例、教育故事、课堂教学实录等；也可以是研究小报告、访谈记录、调查问卷及报告、沙龙材料、学生作品等；还可以是音像作品、图表、教具等实物。这些成果对教师来说，既实在也实用，教师用自己的语言叙述自己的实践，从自己的实践中提炼自己的经验，让自己的经验体现自己的特点。这样的表达方式不仅为研究者积累了改进工作和后继研究的经验，也便于同伴之间互通共享。

171 集体备课"四部曲"

初备——群组备课,计划早安排;交流——集体讨论,磨课全参与;
复备——个人再备,教学巧生成;反思——教后总结,智慧再升华。

【诠释】

中小学集体备课是最常见的教研活动,同头课教师要经历初备、交流、复备、反思"四部曲"。

(1)初备——群组备课,计划早安排。教师每次集体备课的内容就是下周的教学内容。主备人将主备的教学内容深入吃透,梳理出教学目标,确定好教学重难点,并就教学目标的达成、教学重难点的突破作出初步设计,拿出预写教案,然后在备课组会上交流。辅备人在集体交流前将教材研读通晓,理清教材的知识体系,梳理出教学的知识点,并初步考虑出相应的教学设计。无论是主备人还是辅备人,都要在初步设计的基础上,列出自己的困惑和疑问,以便在交流时供大家重点讨论。

(2)交流——集体讨论,磨课全参与。在集体交流的过程中,一是由主备人围绕讨论提纲逐一说明自己的理解、观点、设计及有关的理论依据。辅备人随时进行补充、完善。二是由主持人组织大家就备课时的困惑和上周教学实践的反思,选择几个重要话题组织大家讨论交流。集体备课的价值就在于相互交流、信息沟通、资源共享,在交流中实现相互促进、相互提高。

(3)复备——个人再备,教学巧生成。在集体交流后,由主持人综合所有参与教师的意见和智慧,在个人初备的基础上形成全组教案,以电子稿的形式上传到组内微信群。同头课教师不要盲目照抄照搬集体教案,学校提倡每个教师应将集体成果与自身的教学风格、班级学情有机结合起来,重新审视生成教案,融合自己的思想,渗透自己的思考,进行创造性加工、完善和提升,以成为真正属于自己的教案。

(4)反思——教后总结,智慧再升华。如果说课前备课是教学的前奏,那么课后反思则可视为课堂的延续和积淀。学校要求每位教师坚持每课写教后反思,把成功之处、不到之处以及学生的学情等记录在教后的反思栏目内。这是对教案的第三次调整。教学反思没有一定格式,有话则长,无话则短。

172　学校教研活动的四个原则

学校教研活动,要坚持共享原则、高效原则、聚焦原则和专业原则。

【诠释】

"人民教育家"于漪老师说:"一辈子做教师,一辈子学做教师","学做教师",就是研究如何更好地进行教育教学的过程。学校教研活动如何开展,才能收到更大的实效呢? 在笔者看来,必须坚持四个原则:

(1)坚持共享原则。共享是教研活动的出发点和落脚点。教研活动之所以成为教学常规工作,就在于它能够集中全体教师的智慧,对教育教学过程中的问题加以商讨研究,提出本校本学科的具体解决办法,从而提高整体教育教学水平。只有共享才能实现互补共赢。作为教师,首先要解决思想问题,摈弃狭隘的竞争认识,树立学习共同体意识,在共享中共同提高,实现良性竞争。学校要建立相应的激励机制,鼓励教师分享经验和成果;要搭建学校教研的管理平台,保证教研基本成果的积累和共享。

(2)坚持高效原则。学校要最大限度地提高教研活动的效率,减少教师的负担尤其是时间负担;要规定教研活动的基本程序和要求,做到按规教研;要明确不同类型教研活动的方法措施,做到分类教研;要让教师针对教研内容提前做好准备,做到有备教研;要充分利用各种信息化的交流平台和手段,做到信息化教研;等等。

(3)坚持聚焦原则。学校开展教研活动必须树立聚焦意识,体现为"三有"。一是"有课"。就是指所有教研活动必须以课堂为载体,紧紧围绕课堂开展,包括备课、说课、上课、听课、评课、反思课。只有研究课堂才能提升课堂教学效率,这也是许多名校教研活动的共同之处。二是"有点"。就是指开展教研活动不能追求面面俱到,而应聚焦于一点或几点。备课、说课时要聚焦教学目标,听课、评课时要聚焦具体观察点,整体教研活动要有计划地聚焦教学中重难点的突破。三是"有果"。就是指每次教研活动要形成一定的成果,不能研而无果。学校要开展不同形式的教研成果展示、评比活动,让教研成果看得见,让教师成长看得见。

(4)坚持专业原则。专业性是学校教研活动发展的必然要求,它要求学校在教研活动的组织上要体现专业性。通过小组竞争、分工合作等学习方式,让人人有事做、有目标、有收获,使教研活动发挥应有的作用。在教研的主要活动——听评课上,更要体现专业性。通过组织听评优质课、公开课、示范课、汇报课等,提高教师的专业水平。要让教师做到专业性,前提是必须要有专业培训。学校要做好教研组长、备课组长的培训,提高他们对教研活动的领导力;要做好对全体教师的培训,让每个教师不仅会上课,更会说课、听课、评课、反思;学校还要有意识地把教研、科研和校本研修有机整合在一起,形成教师的专业成长机制。

173 学科教研活动"六化"

在学科教研活动中,要坚持问题真实化、方案规范化、形式多元化、三位一体化、成果理论化、推广全面化。

【诠释】

(1)问题真实化。学科教研要基于真实的教育教学问题,真问题是学科教研的出发点。学科教研最主要的是解决学生学习中存在的问题,包括学生的学习习惯、学习基础、学习能力等。教师的专业发展也是学科教研的重点,年轻教师需要专业成长,中年教师需要专业进步,老年教师需要专业提升。教育教学研究既要关注当前存在问题,又要重视基于未来发展需求而产生的问题。也就是既要立足于现实,又要展望未来。

(2)方案规范化。学科教研活动要有活动方案,具体、规范的方案有利于教研活动的顺利开展。活动方案的制定要有明确的时间、地点、参加人员、内容、方式、流程、要求、目标等。

（3）形式多元化。学科教研活动应该坚持多元化原则,既要保留优秀传统教研形式,又要树立创新意识。学科教研传统形式有公开课、示范课、集体备课、专题讲座、课题研究、专题研讨会、沙龙、论坛等,对于这些传统教研形式学校要不断坚持和完善。随着互联网的发展,线上教研、跨年级教研、跨学校联合教研成为现实。学校也要从本校的实际出发,不断探索这些新的教研形式。

（4）三位一体化。一要做到科研、教研、师训一体化。科研是从理论出发,寻求解决问题的策略和方法;教研是将科研成果运用于实践,在实践中修正和完善;师训是将经过实践检验的成果进行推广。坚持科研、教研、师训三者有机统一,使科研成果能够及时推广并转化为教学实效。二要做到课题、课程、课堂一体化。课题研究是手段,课程建设是基础,课堂是最后的战场。坚持课题、课程、课堂有机统一,使研究和实践相互促进、相互完善,从而将教科研成果真正落到实处。

（5）成果理论化。学科教研一旦出现好的教学效果,一定要及时进行理论方面的研究,使基础成果上升到理论成果。成果理论化既有利于教研成果在更高的层面上深化研究,又有利于成果进一步推广指导教育教学实践活动。

（6）推广全面化。一个学科组取得的教研成果,除了在本学科不同年级、不同教师间进行推广外,还可以在其他学科组中或全校教师中全面推广。但其他学科组和其他教师不能简单地照搬照抄,只能或模仿、或借鉴、或参考使用本成果,以实现教研成果的最大化和最优化。

174 把"教学"当作"研究"

精心备课——预设方案;上课试教——组织听课;合理评议——充实完善;及时跟进——拓展再创。

【诠释】

近年来,不少教师采取互动教研方式,即围绕"备课—预设;上课—听课;评课—完善;跟进—再创"四大环节展开,努力提高教师业务能力。

(1)精心备课——预设方案。首先,认真备课。备课组从教研的主题与目标出发,选定易于体现研究主题的教材,并确定研讨课的内容。要了解这节课编者的意图,了解教材编排体系,弄清新的知识的内在联系,明确教学内容的重难点。其次,了解学情。了解学生的学习情况,采取"以学定教",突出学生主体地位。再次,预设方案。预设教学方案后再组织教师进行讨论,通过讨论交流进行取长补短,形成共识;然后由"执教者"集思广益,再综合预设教学方案。

(2)上课试教——组织听课。由备课组推荐一位教师根据预设教学方案进行试教,其他教师要进行听课,做到既听又看,听看结合,注重观察,以便寻找问题与不足,并做好修改、充实、完善等工作。同时,每个教师还要对看到、听到的信息进行整理与分析,为评课做好准备。

(3)合理评议——充实完善。互动研讨课的评课,教师要坚持客观性与指导性的原则。针对不足寻找解决问题的办法,提出合理的修改建议,与执教老师交流切磋。评价课堂教学要抓住两个看点:一看教师的教。应观察教师教的四个维度,即组织能力、调控能力、教学机智、练习设计。二看学生的学。应观察学生学的四个维度,即参与状态、交往状态、思维状态、情绪状态。

(4)及时跟进——拓展再创。"互动研讨课"是在真实的常态中验证预设方案。常见的有两种类型:主流是好的、成效较大的课;主流是好的、问题较多的课。问题的产生,有的是预设方案失误,考虑不周;有的是上课经验不足,出现失误,或随机应变不强等。说主流是好的,是因为通过"互动研讨课",最大的收获是激起教师的思维碰撞,总有一份属于自己的感悟与发现。同时"互动研讨课"的根本目标是把新理念转化为日常的教学行为。因此,在前三个环节之后,还需要"跟进—再创"紧跟其后,朝着目标与方向继续推进。总的要求是:对已取得的经验要进行重新审视、探索,从而获得更深入、更正确的认识,并转化为平时教学行为。最终要逐渐转化为自己的教学行为,以促进教师整体水平的提高。

175 教学主张引领教师专业成长

> 提炼教学主张,应把握四个基本环节:在教学经历中确定主题—寻找教学主张的大概念—理论阐述基础上的模式构建—对教学主张进行反思和验证。

【诠释】

教学主张是教师从教学经验中提炼出来的个人独特的、个性化的教学见解和教学思想,是指导教师教学实践的原则和灵魂。提出教学主张是教师专业发展中自我觉醒的标志,对于教师的专业成长有着极其重要的意义。它既有利于教师在专业发展过程中形成自己的教学特色,又有利于将教学理念转化为丰富多彩的教学实践,还有利于弥合教学理想与现实之间的落差。

如何提炼教学主张?主要应把握好四个基本环节。首先,在教学经历中确定主题。思想来源于实践。教学主张是教师个人对长期的教学经历的理论化和结构化认识、理解和凝练。如果离开教师的教学实践,教学主张就成了无源之水、无本之木。所以教师应该对自身的教学经历进行"回溯和展望",审视自己以往的教学经历,找到自己最喜欢的、最痛苦的教学事件,进行"放大优势、弥补弱势"的自我修炼,进行"由此及彼、由表及里"的抽象分析,再结合教师的教学特色和教学风格,来确定教学主张的主题。其次,寻找教学主张的大概念。教学主张表达往往是通过理性的、凝练的、关键的词句表达出来,其提出的过程就是寻找自身教学的大概念过程。按照教学主张的概念在概念群的位置(是否处于中心)、出现频率的多少(是否高频出现)、与其他概念的关联性(是否高度关联),来寻找和确定教学主张的大概念。再次,理论阐述基础上的模式构建。提炼出教学主张之后,教师应该从理论层面完成对教学主张的阐述和证明,同时还要尝试构建相关模式和操作策略,以保证教学主张的达成。可以教学主张大概念为核心,对子概念进行分类,对教学主张进行理论阐述;基于教学大概念形成的理论内核,勾勒出教学主张的基本轮廓,同时在操作层面进行相关完善。最后,对教学主张进行反思和验证。教学主张的凝练和表达是一个需要反复思考、协商和修改的过程。一要反思教学主张方向上是否把得准,二要反思教学主张理论上是否站得住,三要反思教学主张表达上是否讲得明,四要反思教学主张实践上是否行得通。

教学主张的表达形式是多样的。教学主张与讲座表达、课堂教学、论文写作、课题研究共同构成了教师发展的"五位一体",而教学主张在教师发展中则处于核心的统领地位。因此,我们有了教学主张只是由感性认识上升到理性认识,要真正使自己的教学主张回到教育教学的实践中去,并为教学实践提供服务,还必须做到以下几点:第一,至少有一次"微讲座",将教学主张进行讲座表达。一方面针对教师普遍缺乏提炼教学主张的经验而开设讲座;另一方面,请听讲座教师尝试进行自我教学主张的讲座展示。第二,至少有一节"看家课",将教学主张进行课堂呈现。要将教学主张进行课堂化展示,带着教学主张来进行教学设计,并在教学设计过程中体现相关的教学追求和理论依据。第三,至少有一篇"代表作",将教学主张进行论文发表。将教学主张撰写成论文来发表的过程,有利于倒逼教师对教学主张进行系统化思考,从而发现教学主张的创新之处,梳理理论依据,整合操作框架,提炼教学成果,进而优化教学主张的表达。第四,至少有一个"根据地",将教学主张进行课题研究。以课题研究的形式来进行教学主张的研究,有利于使自己教学主张的提炼和表达更加系统、更加深入。

176 专家引领的校本教研

听——专家与教师交流;说——专家对教师指导;研——专家与教师共研;用——专家促教师应用。

【诠释】

如果说校本教研是学校、教师发展的必由之路,那么专家引领就是一面旗帜,指引着校本教研前进的方向。那么,专家如何引领才能让校本教研更有效呢?笔者把主要流程归纳为听—说—研—用"四位一体"的教研模式。

（1）听——专家与教师交流。专家要深入教学第一线，与教师面对面交流，充分了解教师的实际教育教学水平。教师要带着教学中感到棘手或疑惑的问题，真诚地与专家沟通。这样，专家才能做到有的放矢，其指导也更具有针对性。

（2）说——专家对教师指导。专家通过举行报告会、座谈会等形式，引领校本教研的方向及给予教师教育理念和教学方法指导。一要帮助教师找到教育教学理论与现实的链接点，二要阐述教师在校本教研中的方式方法及注意事项，三要用具体的案例深入浅出地剖析课堂教学环节的设计，引领教师对自己的教法作出正确的判断。

（3）研——专家与教师共研。专家与教师共同确定研究主题，共同参与备课、说课、上课、观课、议课的全过程。教师首先反思自己的教学，提出教学过程中的困惑，然后由专家根据教师的教学实际进行反馈，并提出科学性的建议，有针对性地帮助教师解决教学中的困惑问题。专家与教师的对话互动过程，应营造一种磋商、对话、分享、和谐的研究氛围，以提高共研的有效性。

（4）用——专家促教师应用。通过专家对校本教研系列活动的引领，一方面使教师们明确校本教研的方向，掌握校本教研的方法，开阔学术研究的眼界；另一方面促使教师们把教育的新理念和教学的新方法有机结合与有效运用，使校本教研在专家的引领下更上一层楼。

177　教研组是学科教师之家

教研组是学科教师之"家"，是学习之家、教学之家、教研之家、专业成长之家。

【诠释】

教研组是中小学学科教学的一个专业性基层群众性组织，是学科教师提高专业知识水平、分享教学经验和交流教学教研成果的基本单位。

（1）教研组是教师的"学习之家"。教研组应当成为教师的学习型组织，即能充分发挥每个组员的创造力,具有积极、合作、自由的学习气氛,能大幅度提高教研绩效的教研共同体。在学习型组织里,知识是个人和教研组的联结点,学习和工作融为一体。教研组成员无论地位高低、年龄大小,彼此尊重和信任,相互间可以自由地质疑,每个成员都有发展、成长和提升的空间。

(2)教研组是教师的"教学之家"。教研组通过制度规范教师的教学意识和行为,引导教师把精力主要集中到教育教学上来。教研组应重视三个方面的教学活动:一是以教材研读为核心的集体备课;二是以课堂教学为中心的集体说课;三是以课后辅导为补充的集体训练。

(3)教研组是教师的"教研之家"。一方面,教研组是本学科的教研组织,直接针对教师教育教学工作中遇到的重要问题,有计划、分阶段地安排专题教研内容,用科学研究的方法解决本学科教育教学和课改中面临的实际问题。另一方面,教研组要以课题研究的形式开展校本教研,在教学中研究,在研究中教学,形成"教""研"相长的良性循环。

(4)教研组是教师的"专业成长之家"。教研组在教师专业成长与发展中起着不可替代的重要作用,通过集体备课制度、上公开课制度、听评课制度等为教师的自我发展搭建平台,促进教师的业务提高和专业发展。

178 怎样做一名好"教研组长"

一个好的教研组长,一要热爱教研,主动作为、积极思考,做教研的"点子王";二要热爱学习,统筹全组,激励引领,做教研的"风向标";三要热爱教师,搭建平台,积极宣传,做教研的"吹鼓手"。

【诠释】

教研组长是学校教研工作的核心执行人,其工作动机与工作能力直接决定一个学校教研工作的质量和水平。一位好的教研组长就是一个品牌教研组,一个品牌教研组可以带出一批品牌教师。因此,教研组长要主动有为,在平凡教坛夯实底气、展现锐气、营造风气、成就大气,以自身的气质和品位,引领本组教师从普通走向优秀,从优秀走向卓越,真正成为受人尊敬的"点子王"、"风向标"和"吹鼓手"。

(1)好教研组长应该是教研的"点子王"。教研工作要常中有新,常中出彩,离不开教研组长一个个充满智慧和创新的点子。当足够多的点子连成"线"、串成"网",其教研的价值就会凸显出来。因此,好教研组长应该是教研的"点子王",用思想者的慧心时时思考教研,不断修炼点石成金的本领。如何成为"点子王"?需要教研组长变被动接受工作为主动思考工作,用教学实绩和创新精神锻造学术魅力,用人格魅力融洽组内关系,浓郁教研氛围,用舍我其谁的锐气锤炼自己的思考力、学习力、创新力和行动力,带领组内成员个个创先争优,在合作竞争中人人出彩。

(2)好教研组长应该是教研的"风向标"。教研组长是教育系统最小的"官",没有"实权"。基于这样的角色认知,教研组长不妨换个视角看问题,对组内成员不给批评给激励,不给资金给机会,让每一位教师都练就压箱底的绝活,成为引领教研前沿的"风向标"。教研组长要成为教研的"风向标",自己必须"研"在前面,针对热门领域开展深度教研,关注已有研究成果和研究短板。同时,带领组内教师明晰研究方向,全身心投入研究过程,尽享研究带来的获得感和幸福感。

(3)好教研组长应该是教研的"吹鼓手"。好教研组长要苦练"吹功",当好宣传员,成为优秀的"吹鼓手"。每一位教师都是一座潜能无限的富矿,好教研组长要善于发现教师的潜能和特长,搭建多层次的展示平台,让每个成员"走出去"上公开课、作报告,甚至著书立说,成为教坛明星。同时,巧妙利用各种媒体宣传组员的教研风采,让每个成员都能成为最美最好的自己。

179 做个专业的教研组长

"教"是根本,要着力优化学科教学;"研"是关键,要着力深化学科研究;"组"是保障,要着力强化学科团队;"长"是核心,要着力德化长者风范。

【诠释】

教研组长：教是根本，要着力优化学科教学；研是关键，要着力深化学科研究；组是保障，要着力强化学科团队；长是核心，要着力德化长者风范、强化"长工"心态。

（1）教研组长的角色认同。与班主任相比，教研组长角色更具学术性；与备课组长相比，教研组长的角色更具全面性；与部门处室相比，教研组长的角色更具专业性；与教研员相比，教研组长的角色更具草根性。

（2）教研组长的岗位职责。教研组长的岗位职责主要有四：一是着眼于学科质量提升，二是着眼于学科教师成长，三是着眼于学科团队发展，四是着眼于学科品牌建设。

（3）教研组长的专业能力。教研组长要努力具备五种专业能力，即：团队愿景规划力、教师发展导引力、教研活动策划力、日常工作执行力和实践经验总结力。

180　当好教研组长应该注意的几个问题

要制订计划，要善于研究，要注意观察，要严肃纪律，要引领沟通，要严谨反思，要善于总结，要形成成果。

【诠释】

（1）要制订计划。要搞好教研工作，必须要有长计划、短安排。作为一个学科教研组长，头脑里要有提高本组教师整体水平和专业发展的长远打算，不能事到临头才去应付了事。

（2）要善于研究。作为教研组长必须实践在先，首先让自己的课堂精彩，让自己的日常教学扎实；其次要率先养成"工作研究化，研究工作化"的习惯；再次要善于分析，找出研究点，探索出研究的方法。在长远规划的指导下，设计好每一个学期教研计划以及每一个阶段的活动安排。

（3）要注意观察。要注意观察，做个有心人。在平时的教育教学工作中注意观察、收集、总结、思考教师教和学生学习中的普遍性问题，根据这些问题提出大家研究和努力的方向。设计的活动内容要有针对性,且具有现实意义和研究价值。

(4)要严肃纪律。要严肃教研活动纪律,引导大家认真对待每一次教研活动,规范本组成员研究秩序,形成严谨的教研气氛。

(5)要引领沟通。组织管理是一个教研组教研的质量保障,作为教研组长既是研究的领导者,又是同组人员的研究伙伴。教研组长尽管不是中层领导,但还要进行必要的组织管理。首先,要做好引领工作,做在前、想在先,让同组教师心服口服。其次,要随时主动接受领导的指导,善于运用全校管理中的优势与平台,以便在研究的方向、重点、疑问等重大转折点中及时得到领导的帮助和支持。

(6)要严谨反思。研究难免会走些弯路,也会有不良观点的负面影响。作为教研组长必须有一双慧眼,有一个善于反思的头脑,有及时把握正确研究思路的能力。教研组长的主见很关键,它决定了研究的正确性、研究的效率等。

(7)要善于总结。作为教研组长在研究过程中的轨迹一定要及时记录保存好,并做到勤提升。教学研究每走一步,每次有一点点的收获,都要及时进行总结提升,这样才能聚小溪而成江河。每一次有效的教研活动都应该体现一个过程:关注—引领—分享。其中关注是前提,引领是关键,分享是目的。

(8)要形成成果。教研组长要在日常的教学和教研活动中,收集、归纳、总结教育教学经验,形成教研教改成果。在收集和积累资料中不断完善,在总结和反思中不断提高。

181 好教研组长都是"逼"出来的

在专业阅读中"逼"教研组长修炼"阅读力";在专业研究中"逼"教研组长修炼"研究力";在专业写作中"逼"教研组长修炼"写作力"。

【诠释】

（1）在专业阅读中"逼"教研组长修炼"阅读力"。所谓"阅读力"，是指阅读者在认知过程中的专注力、观察力、理解力、创造力、记忆力等主要能力，是衡量一个人能力的关键要素，也是评价一个人学习能力好坏的主要依据。学校"逼"教研组长走上专业阅读之路，一是每期"逼"教研组长带领同组教师至少同读一本书。通过阅读文化修养类、教育理论类、教学实践类书籍，浸润教师师德，提升教师文化素养和专业素养。二是"逼"教研组长带领同组教师读思结合、读议结合、读研结合、读写结合，要求教研组长及教师养成制订个人读书计划的习惯、做读书笔记的习惯、读书反思的习惯、写读书随笔的习惯，丰厚专业底蕴。三是"逼"教研组长每学年带领同组教师分享自己阅读中的所思、所想、所获。

（2）在专业研究中"逼"教研组长修炼"研究力"。所谓"研究力"，是指研究者运用研究式思维，在解决问题过程中所体现出来的识别问题、分析问题、搜集和整理信息、信息分析、提出解决方案并验证，最终决策并在行动中持续改善的素质、水平及其效率。在修炼"研究力"方面，一是"逼"教研组长"研究课程"，做到国家课程"童趣化"，地方课程"校本化"，校本课程"特色化"。二是"逼"教研组长"研究教学"，做到每天"课间微教研"，每周"主题大教研"。三是"逼"教研组长"研究学生"，在研究学生个性特质、能力特质和理想启蒙方面成为发挥核心作用的研究者和引领者。

（3）在专业写作中"逼"教研组长修炼"写作力"。所谓"写作力"，是指通过文字表达"知识储备"的能力。简单来讲，就是记录知识的能力。这种能力，不仅限于文学创作，也包括应用文、学术论文、职业写作等一切与文字表达相关的能力。一是"逼"教研组长"教研论道"，要求在定期举办的"教研论道"活动中，教研组长不光自己率先发言，起好带头作用，还要用刚性制度和柔性管理"逼"每位教师主动发言。二是"逼"教研组长公开发表学术文章，要求教研组长在校刊、县刊、省刊和国家级刊物上发表一定的学术文章。三是"逼"教研组长构建"大写作"生态，要求其随时接受学校的教研考核，在学校精心提供的好平台和引领专业成长的"好教研机制"中一步步走向优秀和卓越。

182　教研组长的"好为人师"与"毁人不倦"

> 教研组长"好为人师"也好,"毁人不倦"也罢,最后的结果应该是:教研组长与全组教师共同成长、共同进步。

【诠释】

关于"教研组长"这个工作,有人用两个成语来形容,一个是"好为人师",一个是"毁人不倦"。

"好为人师"的说法很形象。无论走到哪里,无论听了什么,无论见了什么,总得说点什么,好像不说点什么就没有教研组长存在似的。说什么?一般要说点与众不同的东西,否则,就显示不出自己的水平来。当然,这说也有说的艺术,有的人经常把人说"跳",也有的人则会把人说"笑"。说"跳"也好,说"笑"也罢,这跟"说得对与不对"没有关系,主要是要处理好跟全组教师的关系,不要自以为是,不要盛气凌人,不要得理不饶人。好的引导应该如大禹治水,让人乐于接受,乐于追随。

再说"毁人不倦"。这种说法当初是源于不少人读不准"诲人不倦"的读音。但就教师的成长来说,教研组长要做到"毁人不倦"还是有一定道理的。例如,有不少教师在准备优质课赛讲时,其教学设计总是喜欢"讲讲讲讲讲讲讲"。教研组长就要用最严厉的打击去"毁"他们一下:"总是讲呀讲呀讲呀讲,你还能讲出个花儿来? 就算你能讲出花儿来,学生们的学习效率高吗? 学生们天天听这个老师嘚吧嘚吧讲一通,再听那个老师嘚吧嘚吧讲一通,他们喜欢老师满堂灌吗?"就这样,逼着教师们去实现从"教师讲课"到"领着学生自主学习"的转变。慢慢地,他们再设计出方案来,就有了很多学生自己学习、合作学习的环节,有了很多学生独立展示、合作展示的环节。

再如,一位教师在教学设计中写了这么一句话:"请几位同学给老师说一说"。教研组长可抓住这个"小辫子",给这位教师"挑刺儿":为什么非得给你这位老师说一说? 不是应该向大家说一说吗? 这个"大家"既包括老师,更包括其他同学呀! 也可不客气地指出:从这句好像不经意的话中,就可以看出你骨子里头还是以教师为中心的呀。当教研组长这样"毫不留情"

地去"挑刺儿"的时候,往往能够起到"响鼓重槌""振聋发聩""醍醐灌顶"的作用。教师受到了刺激,心灵深处受到了触动,真正意识到问题所在,才能自觉地从行为上去彻底改变。这样,他就获得了"新生",就成了更高一个层次的教师。那些陈旧的东西不彻底毁掉,就没有教师的新生。所以该毁的就必须毁掉!

　　总之,教研组长"好为人师"也好,"毁人不倦"也罢,最后的结果应该是:教研组长与全组教师共同成长、共同进步。

教研杂谈篇

　　高效教研必须重视问题导向,要以真实问题作为研究的基础。问题主要来自:"挖"出来的问题,"读"出来的问题,"挑"出来的问题,"聊"出来的问题。中小学教师教研的研究目的是创新生活,研究问题是源于生活,研究方法是融入生活,故我们的教研一定要走向生活。

　　做教研的有心人,要善于观察,善于发现教育教学问题;要注重积累,随时记录教育教学资料;要学会交流,善于探讨教育教学问题;要注重在实践中研究、在研究中实践教育教学问题。教师要做好五个方面研究:研究自己,做到"知已";研究学生,做到"知彼";研究教材,做到"知书";研究教学,做到"知法";研究考试,做到"知考"。

　　教研的根本是研教,教师必须把教学放在首位,走进教学、立足教学、聚焦教学、深入教学,才能保证研有方向,教有准绳。无论是教学还是教研,都要讲究一个"真"字,教真知识、讲真道理、做真学问,做真教研,这是教育工作者的应然使命。

　　中小学校园开展课例研究,教师才会常学常新,教学才会常教常新,教研才会常研常新。伴随年轻教师成长的路上有"四个学习":向书本学习,向他人学习,向自己学习,向学生学习。每个教师的成长最关键的是从四个"不停"开始:不停地实践,不停地阅读,不停地写作,不停地思考。促进教师专业成长之路:引导学习交流,提升教师;搭建活动平台,展示教师;强化保障措施,激励教师。

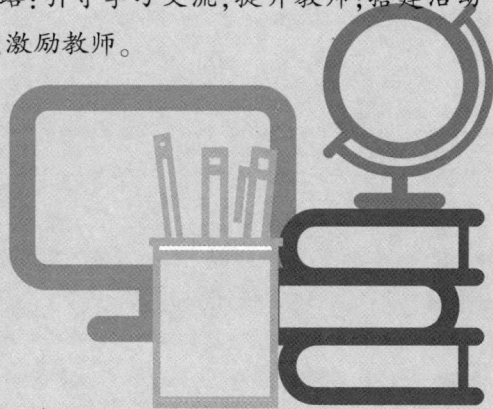

183 课例研究使教研常研常新

中小学校园经常开展课例研究,教师才会常学常新,教学才会常教常新,教研才会常研常新。

【诠释】

课例是关于一堂课的教与学的案例,课例研究是以教师的教学实践为基础,通过对一节课的全程描述或对其中若干个教学片段的描述,使之形成个人反思的对象、理论研究的素材或他人学习的范例。

课例研究为教师集体观课、课后相互评论、共同改进教学提供了平台,为深化教育教学研究提供了有效途径。因此,教师经常开展课例研究,对于学习教育新理论、实践教学新方法、研究教学新成果,都具有重要意义。

课例研究反映的是课堂教学活动从"设计"到"实施"的过程,把研究融入备课、说课、上课、观课、评课全过程。说课时,一人主说,大家补充;上课时,一人执教,全组聆听;评课时,一人主评,集体参评。

课例研究具有以问题解决为中心、以教学反思为前提、以观察为手段、以教学问题为对象、以互动对话为特征、以教学行为改变为目的等特点。研究成果主要包括教学设计、教学实录和教学反思等。中小学校园经常开展课例研究,教师才会常学常新,教学才会常教常新,教研才会常研常新。

184 谈有效教研

有效教研需要具备条件,扎实教研要重视策略,特色教研要主题多样。

【诠释】

苏霍姆林斯基说过："如果你想使教育工作给教师带来欢乐,使每天的上课不致变成单调乏味的义务,那就请你把每个教师引上进行研究的幸福之路吧。"可见,教研活动一方面可以促进教师专业发展,另一方面有利于提高学校课堂教育教学质量。学校大大小小的教研活动时有开展,但是否都有效?什么样的教研活动是有效的?怎样才能使教研活动有效?这是我们需要不断探讨的问题。

(1)有效教研需备条件。教研包含两个层面:其一,"教",指教育教学;"研"指研究。其二,根据杜威的"做中学"理论,教研就是发现教育教学中存在的问题,通过研究找到解决对策,以此促进教育教学、反思教育教学,从而达到提高课堂教学效果的目的,二者的完美结合才是真正的教研。所以,教研活动要从问题出发,解决参与者在教育教学中遇到的实际困难和疑惑。为此,有效教研应该具备以下条件:第一,有效教研应该是有场景的。有效教研活动应该为不同层次的教师提供真实的教研场景,激发教师交流热情,在思维碰撞中深化对问题的理解,提升教师的教育教学能力,从而达到教研活动的有效性。第二,有效教研应该是有拓展的。现在,许多教研活动浅尝辄止,缺少深入性、系统性、拓展性。因此,教研活动中对某一问题的研究要有"宜将剩勇追穷寇,不可沽名学霸王"的精神。让教研活动成为参与者深入解剖问题的场所,让教研主题具有深入性、系统性、拓展性,呈现螺旋式上升的态势,让教研真正成为解决实际问题的抓手。第三,有效教研应该是有创新的。现在的教研活动形式普遍都是组织者讲或者是请专家讲,尤其是某些所谓的"大专家",缺乏操作性,不接地气。再加上活动现场缺少双边和多边交流互动,一方面导致现场参与者"人在曹营心在汉",或在下面小声讨论自己的问题,或埋头看手机,效果不佳;另一方面教师们也反映专家讲座理论性太强,与自己的教育教学实际相距甚远。所以,有效教研应该是以教师对教育教学的理解为基础开展的研修活动。

(2)扎实教研重视策略。实现教研活动的有效性可以从以下几个方面进行探讨:第一,教研活动与校本培训相结合,形成合力。学校要从提高教师的参与积极性和改进教师参与方式上下功夫,切勿将校本培训变为强制性学习。第二,教研活动层次要立体化。学校工作涉及不同部门、不同工作岗位,是一个复杂的系统工程。因而,学校的研究活动应该分为"1+N"个层次:"1"是指全校性教研,"N"是指诸如学科教研、跨学科教研、部门教研、教学类教研、课题类教研、论文类教研等层次。第三，全校性教研是学校层面针对全体教职员工开展的通识性教研活动；学科教研是学科层面开展的教研活动；跨学科教研是指不同学科之间的教研活动；部门教研是指诸如教务、政教、信息、后勤等职能部门开展的非教学类研究活动；教学类教研、课题类教研、论文类教研是分类别开展的专题性模块化教研活动。每个层次的教研应根据各自的实际情况制订计划，确保教研的针对性、可操作性，让参与者在活动中成为自主学习者、合作者、研究者和操作者。第四，教研活动主题要问题化。问题是新思想、新知识和新方法产生的根源。教师处于教育教学实践的第一线，掌握了最主要、最宝贵的问题资源。这些资源可能来自教学常规、管理常规、教学技能、教学反思、课题研究、论文撰写、师生关系的处理等方面。所以，问题的多样化就意味着教研活动的主题也要多样化，如教学类教研，可以以教学过程改进、教学课例研究、教学案例研究、教学行动研究等为主题，有针对性地解决教师在教学中遇到的实际困难。

（3）特色教研主题多样。学校教研活动是由不同学科、不同类型的教研活动共同构成的。不同学科和类型的教研活动内容和形式各具特色。教研活动的主题要来自于参与者实践中迫切需要解决的问题，问题的多样性意味着教研活动的主题丰富多彩。比如，既有专家学者、名师、骨干教师的专题讲座，丰富理论素养，又有一线教师的读书交流会、外出跟岗研修心得交流报告会，交流思想，智慧碰撞；既有现场观摩名师教学案例，又有同课异构，充分发挥参与者的主观能动性，以真正实现"教、研、学"三位一体化。

185 教研——以问题为导向

高效教研必须重视问题导向，要以真实问题作为研究的基础。问题主要来自"挖"出来的问题，"读"出来的问题，"挑"出来的问题，"聊"出来的问题。

【诠释】

找不出问题，就无所谓研究。高效教研必须重视问题导向，要以真实问题作为研究的基础。要坚持问题即课题、行动即研究、文字即成果的问题解决型课程实施策略。在某种程度上,提出一个问题,远比解决一个问题更重要、更有意义。发现问题是研究、探讨的前提,如果没有发现问题的眼光,就难有解决问题的思维智慧和实施策略。对一线教师来说,培养问题意识和发现能力,善于在教育教学实践中发现问题,显得弥足珍贵。问题的来源主要有四:

(1)"挖"出来的问题。教书育人是系统工程,开放性、关联性、衔接性很强,表面看似独立的人物和事件,其实与系统内各要素之间,与整体中各部分之间,一定存在着某种必然的联系。善于发现规律性的东西,善于找到问题的症结,是身处其中的每一名教师都应该具备的意识和能力,也是教师实现自我提升的必要途径。写完一份教案,上完一节课,改完一摞作业,一个阶段的工作结束了,但思想不应该停下来,要静下心来想一想、找一找、挖一挖,很多问题就能浮出水面。

(2)"读"出来的问题。读书不仅增长知识、开阔视野,还能打开思维、触发灵感,且有助于对工作有客观公正的评价,对问题有深入实质的剖析。读书要有选择性,突出针对性。有针对性地阅读,就是在跟某一方面的专家、行家、先行者进行心灵对话,能够以更冷静的心态反思教育理念,以更敏锐的思维审视教育措施,以更专业的眼光找到差距和切口,发现并提出真实问题。

(3)"挑"出来的问题。当事者迷,旁观者清。工作干得怎么样,不能单凭自我感觉,应该多听听同行的评议,多吸收同事的意见。同事之间,在为人处世上可以讲究和睦、和谐,但在工作上却不应该含糊,尤其是在原则性问题上,更不应该过于迁就。教师要学会请人挑毛病,特别是在不顺利的时候,更应该如此。要善于相互"挑刺",通过别人的视角,看看自己的不足是由于措施失当,是方法失误,是观念失常,还是过程失策……挑出一个问题,客观对待,冷静分析,研究就有了宽阔的思路。

(4)"聊"出来的问题。闲聊的时候,没有思想负担,思维最放松,看似无意,但在不经意间,却很容易"灵光一闪",发现某些平时不容易觉察的问题线索,稍加整理,可能就是一个很好的研究课题。有心人闲聊并不是真"闲",而是带有一定的心理期待,敏锐聚焦话题中闪现的思维火花与教育智慧,从中抽出需要研究的问题。

186 让教育科研走向生活

中小学教师教研的研究目的是创新生活,研究问题是源于生活,研究方法是融入生活,故我们的教研一定要走向生活。

【诠释】

"教育科研"是一种简说,完整的说法是"教育科学研究"。"教育科学研究"是什么? 可以有两种理解:一种是"教育科学的研究",一种是"教育的科学研究"。在很大程度上,就中小学教师参与的教育科研理解成"教育科学的研究"更加具有合理性和实践意义。

(1)研究目的:创新生活。教师做研究的主要目的在于改造生活,创新生活。这种创新又主要体现在新知、新事、新人三个方面。第一,教师作为教育实践中的行动研究者,研究首先是要发现行动和行动结果(效果)之间的关系和联系。比如教的行动和教的效果,学的行动和学的效果,并由此反省自己的行动依据和假设。研究的结果,是获得其间关系和联系的认识,得到关于自己、关于学生、关于教、关于学、关于教科书等方方面面的新的认识。这是一个修正和更新、完善和丰富研究者原有认识的过程,在这个过程中,研究者原有的知识背景、知识内容、知识结构都将随之而改变,并得以重新建构。这是一个新知产生的过程。第二,对教育各种事实和现象之间联系和关系的深刻洞悉和把握,有利于认识、理解和预测教育事实和现象的发展方向和趋势,从而对其进行更有效地促进或调控。这样,有了新知的基础,研究者新的实践也就有了可能,也就是产生了新事。新事首先是做事的手段和方式有了新的突破,其次是由此产生了新的实践效果。它是推陈出新的新,超越既往的新。再次,新知和新行动的出现意味着新人的诞生。从终极意义上讲,研究意味着人的新生,或者说新人的创生。研究的一个重要任务是认识和研究自己。研究自己是为了更新自己、超越自己,追求理想的人的生活。人的生活,其最根本特征就在于,总是生活在"理想"的世界,总是向着"可能性"行进。为了超越现实的规定性,我们不仅需要改造世界,更需要改造和更新自身。当今中小学教师由于缺乏对自身的研究,缺乏新人的创生和超越,教育科研始终外在于教师的生活,教师也就很难从教研中体会快乐,很难对教育科研产生认同感。

(2)研究问题:源于生活。一个善于研究的教师一定是对自己的教育生活质量十分在意的教师,一定是十分善于观察自己现有生活状态的教师,一定是十分渴望理想生活的教师。对现有生活状态进行考察,我们发现生活中总会存在这样那样的问题;在追求理想生活的过程中,我们又总会遇到这样那样的困难。这些问题和困难影响了生活的质量,为了改善生活,我们需要对这些问题进行研究,这些问题就是我们的研究课题。以课堂教学为例,教师的教学研究就是让自己上课的感觉更好,让学生学得更有兴趣、更有收获。学生学得更有兴趣、更有收获,成长进步则更快,这本身就能带给教师舒适快乐的教学感受。选题需要考虑问题的价值、新意和可行性。只要是教师自己在实践中遇到的真实问题,对教师而言都具有研究价值,这就是所谓的"问题即课题"。从创新性的角度,我的问题对你来说可能不是创新,但就我自身的情况来说,就可能是一种创新,它能给我带来新知、新事、新人的效果。基于这样的理解,中小学教师做教育科研不要怕课题能否得到认同或是否在某一级立项,而是应该"担心"所研究的问题和自己的实际生活距离会不会太远,会不会对自己的教学有实际帮助。

(3)研究方法:融入生活。深度融入生活的研究方式包括行动研究、叙事研究、类比研究。首先,行动研究。这是教师参与教育科研的主要方式。行动研究本质上是对自身生命活动的研究和改造。为行动研究(目的),对行动研究(对象),在行动中研究(方式),主要依靠行动者自身的力量研究(研究者),和实践中的教育教学生活紧密结合是行动研究的主要特征。其次,叙事研究。叙事的意义在于通过叙事让过去的故事和历史照亮前程,引领未来,用故事再造人生。这样,一方面是人创造故事,另一方面是用故事再造人生,使人能更合理地创造新故事。要实现用故事再造人生,叙事研究就不能仅仅停留在"叙事"的水平上,而是要对故事进行研究。研究意味着思考,在叙事研究中,不仅需要有"获得经验之思",而且需要"改造提升经验之思"。再次,类比研究。类比研究作为一种从"特殊到特殊"的研究方法,尽管得出的结论不一定可靠,但它却能独辟蹊径,激发人的灵感。比如我们对揠苗助长这个寓言进行研究:揠苗助长本身是农业生产中的事,但类比研究使我们体会到"苗"有"苗"的生长发育和变化规律,"助长"如果采用了"揠"的方式,就违背了"苗"的生长规律,其结果往往适得其反、贻笑大方。

通过对这个寓言的研究,我们更加生动形象的感悟和体会到,在教育教学实践中必须遵循儿童身心发展规律。就我们看来,更为重要的是,类比研究提供了教师"工作学习生活一体化"的成长道路:只要你想学习,愿意学习,处处留心,那生活处处有教育,时时有学习,同时生活也能时时给你以研究的启发。

187 做教研的有心人

　　做教研的有心人,要善于观察,善于发现教育教学问题;要注重积累,随时记录教育教学资料;要学会交流,善于探讨教育教学问题;要注重在实践中研究、在研究中实践教育教学问题。

【诠释】

　　在教育迈向现代化的今天,教育科研的重要性日益凸显。作为一名教师,每天都在和学生打交道,我们在教育教学过程中会遇到许许多多的问题,如果能有意识地去面对问题、研究问题,通过解决问题,最后得出经验总结或研究报告,其实这就是教育科研。可见,教育科研,就在我们身边。那么,作为一名中小学教师,应该如何做教育科研呢?

　　首先,做教研的有心人,要善于观察,善于发现教育教学问题。在课堂教学的过程中,我们经常会遇到一些困惑,例如如何在保证完成教学任务的前提下,设置既吸引学生兴趣又简单有效的活动;在和学生的相处中,可能会产生一些矛盾等等。这些问题都是在教育教学过程中实际存在的,关键是我们能否发现这些问题。发现问题是教育科研的关键环节之一,如果发现不了问题,就不可能去解决问题,也就没有了教育科研这一说。所以作为一线教师,我们要善于发现,善于观察,善于思考,然后在这些问题中找到适合自己研究的问题做好记录,以便以后开展研究。

　　其次,做教研的有心人,要注重积累,随时记录教育教学资料。在确定好研究问题后,我们应该有目的地进行资料的查找,并做好文献综述。我们可以运用网络的力量查找相关文献,看看在这个问题上,已经有哪些研究成果,是否有适合自己的做法。我们还可以查找书刊等,学习有关的教育理念,提升自己的理论水平,作为自己教育教学的指导。在平时工作中,我们可以随身准备一个本子,对看到的资料、其他教师的经验作一个简单记录,也可以将课堂上观察到的现象写下来。要学会运用资料去思考问题,并寻找解决问题的有效途径。

再次,做教研的有心人,要学会交流,善于探讨教育教学问题。作为一线教师,平时我们要多与其他教师进行交流探讨,在与他人的交谈中,寻找解决问题的好方法。我们的常规工作是备课、上课、批改作业和辅导等。说到教育科研,好像感觉没方向,而且也缺乏素材。通过学习,其实我们获取资料的途径还是比较多的,比如一些图书、期刊、报纸和专题文献等。由于一线教师开展研究的实践性取向,在积累资料时也要充分重视对学校规划、工作日志、工作计划与总结、会议记录、教师教案、学生作业、各类评价、各种数据等第一手文献的搜集。因为这些资料最接近原来的事实,能具体、真切地反映事件发生的时代背景和环境状态,对研究过程和结果阐述有很强的说服力。我们要多多学习,以他人之长补自己之短。在教育科研中,我们要多向他人学习。平时我们的教研活动等,都是非常好的学习机会,要学着带着问题去听课,带着问题去研修。思维的碰撞,能够产生巨大的火花,会让我们受益匪浅。

最后,做教研的有心人,要注重在实践中研究、在研究中实践教育教学问题。所谓"真理愈辩愈明",所有的方法都要进行实践,进行验证。离开了教育教学实践的教研,都是无源之水,无本之木。因此,我们要在行动中研究,在研究中行动。在平时的教育教学过程中,我们要学会把自己学到的理论、他人的经验,运用到自己的教育教学中。一方面可以避免走弯路,另一方面可以对学会的理论加深理解。之后,通过自己的研究,结合他人的做法,在找出解决问题的有效方法后,我们要将这些方法运用到教育教学中去,进行实际验证,检验是否有效。如果无效或者效果不大,则需要我们再进行进一步的改进;如果对教育教学的效果非常好,我们就需要进行整理总结,形成文字性资料。所以,从某种意义上来说,我们的文章,我们的研究,不是写出来的,而是在实践的过程中做出来的。

188 教师要做好五个研究

> 研究自己,做到"知己";研究学生,做到"知彼";研究教材,做到"知书";研究教学,做到"知法";研究考试,做到"知考"。

【诠释】

（1）研究自己,做到"知己"。研究自己主要是研究自己在教学中的优势、劣势有哪些。我们不妨做以下思考:第一,要研究自身的知识结构如何?除本学科专业知识之外,还有哪些知识领域是自己所了解、熟悉、爱好的和能对学生施加影响的。第二,要研究自身的专业知识结构如何?哪些专业知识是自己所长、研究较深的,哪些是指导学生得心应手的并已获得成功的。第三,要研究自身特长如何?这些特长如何在教学中得到发挥?如何使自己的特长在教学中起到潜移默化的作用?这些特长可以是专业的、外显的,例如语文教师的书法、朗诵、表演,数学教师讲几何,不用圆规就能随手画出标准的圆;也可以是专业的、内显的,如语文教师长于哪些文体、哪种文学样式的教学;还可以是非专业的、外显的,诸如体育、艺术、电脑;也可以是非专业的、内显的,如擅长音乐、组织管理、作思想工作等。第四,要研究自己不足的方面有哪些?怎样去及时"充电"?什么时间去"充电"?用什么方式去"充电"?这些研究,既有利于充分挖掘自身的资源,施展个人的魅力,激发学生学习的积极性,又能使自己在教研活动中扬长避短、扬长补短。

（2）研究学生,做到"知彼"。研究学生重点研究学生在学习本学科的认知规律。我们提倡研究学生,不但提倡运用"教育学""心理学"理论研究学生各阶段的生理和身心的特征,研究学生的个性差异、兴趣爱好和知识状况,更要研究他们学习的认知规律。从认识论角度讲,学习的认知规律是一种认识活动的过程。可把它概括为"通读、质疑、理解、积累、运用"五大环节。即认真读书、提出问题、分析研究、归纳总结、掌握知识、运用实践,如此反复进行,便能获取丰富的知识,品味到本学科所蕴涵的审美情趣和浓厚的人文韵致。由此看来,研究学生,是从知彼的角度,在因材施教中发现有价值的教育问题,以解决迫切需要解决的教育问题。

（3）研究教材,做到"知书"。研究教材,首先要研究编写教材的依据——课程标准;其次要比较不同版本教材以及新旧教材在知识体系、编排体例和学习方式等方面有哪些异同;第三要研究各课之间、各单元之间以及各册之间的知识点、能力点有哪些? 它们之间有什么联系? 第四要善于发现教材有哪些不足,并对此进行弥补。

（4）研究教学,做到"知法"。第一,要把握一堂好课的标准。一堂好课不仅要看教师在课堂上讲得如何如何精彩,更要看教师能否引导学生积极主动地参与到学习的各个环节中去,通过学生自己动口、动手、动脑去获取知识。这就要求教师必须花大力气研究其教法。第二,要处理好教师的"教"与学生的"学"的关系。教师要明确两讲原则:一讲知识的难点。因为难,不讲学生便难于理解,所以教师必须讲。二讲知识的重点。不讲学生便难以把握,所以教师必须讲。这"两讲"教师不仅要讲,而且必须讲深、讲透。同时教师要坚持三不讲原则:课本中的知识学生已经具备的不讲;课本中的知识学生还没掌握但通过自学能把握的不讲,教师重在引导学生自学把握;课本中的知识教师讲后学生也不能把握的不讲。要敢于"舍得",有"舍"才有"得"。

（5）研究考试,做到"知考"。考试,不仅是学生的生命线,也是教师的生命线。一要研究《考纲》与"考题"的关系。规定的知识点、能力点有哪些?难点、重点有哪些? 考试的题型有哪几类? 分布的比例怎样? 又有了哪些新的变化? 等等。以上几个问题,作为教师必须认真分析、细细体味。在研究考试、考点、考题上,教师只有多付出,学生才能少丢分;教师只有多流汗,学生才能少流泪。

189 对教育科研的几点建议

教育科研要确立一个主题,保持两种身份,增强三种力量,关注四种趋势,树立五个意识,避免六种倾向,培养七种素质,坚持八个标准。

【诠释】

教育科研,是立教之本,是兴教之源。如何更有效地开展教育科研,是广大教育工作者一直在探索的问题。下面笔者摘引了高宝立先生对教育科研的几点建议,可能会对读者有所启发。

(1)确立一个主题。即教育科研要从实际出发,坚持以人为本。

(2)保持两种身份。教育科研者既是内在的参与者身份,又是外在的观察者身份。

(3)增强三种力量。教育科研者要增强文化的力量、科学的力量和逻辑的力量。

(4)关注四种趋势。一是从经验型、资料型研究向思想型、科学型研究转变;二是从宏观型、确定型研究向微观型、动态型研究转变;三是从理想状态的诉求向现实问题的破解转变;四是从单一学习向多元方法转变。

(5)树立五个意识。要树立主体意识、课题意识、问题意识、创新意识和生态意识。

(6)避免六种倾向。教育科研的成果表达要避免研究结论理想化、研究方法目的化、研究资源虚拟化、表达方式官腔化、研究态度情绪化、语言表达西方化六种取向。

(7)培养七种素质。要培养研究者自觉素质、良知素质、想象力素质、独立意识素质、注重体验素质、积累教育智慧素质、社会情感素质。

(8)坚持八个标准。研究者在撰写论文或撰写研究报告时要坚持:论点要新颖,概念要准确,论证要严密,思想要深刻,论据要全面,结论要可靠,方法要科学,行文要流畅。

190　戏说教研

教书者当本本分分立足学情,根据教学实际组织安排教学;评课者除了指出授课教师可圈可点之处外,更应该把其存在的不足如实地指出来;专家讲座要与时俱进,坚持理论创新与实践创新的统一。

【诠释】

　　教研活动,最基本的形式是深入一线观摩教师的课堂教学。对大多数一线教师而言,都是普普通通的教学者,真正成为名师大咖者为数不多。既然如此,教书者就当本本分分地立足学情,根据教学实际组织安排教学,这才是正本清源的事情。可是,回归到教育教学现场,很多教师为了"取悦于人",亦或为了追求一鸣惊人的效果,短暂的一堂课是十八般兵器齐上场,坐念唱打应有尽有。乍看形式,着实让人眼前一亮。但是,拂去外在的光鲜亮丽,回到课堂教学的本身,外行看热闹,内行看门道。执教者由于一味地模仿,而自己的道行不够,导致整个教学过程"险象环生"。一堂课下来,不是惊艳了四方,而是闹出画虎不成反类犬的尴尬。自己有几斤几两,首先心里要清楚,合适的才是得体的。如果罔顾实际,而一味地"崇洋媚外",丢了自己的本色,东施效颦自然是贻笑大方。很显然,以学生的角色坐在教室,虽然也学到积极的正面的东西,但更多的还是反面的教训。听这样的课,心里肯定添堵。

　　"一节课"观摩结束,自然进入"评头论足"阶段。从促进人的专业成长的角度出发,评课除了指出可圈可点之处,更应该把课堂教学中存在的不足如实地指出来,也许个人的看法有失偏颇,但是对执教者来说,有则改之,无则加勉。可是,现实的境况是怎样的情形呢? 大家坐在一起,煞有介事地围绕课堂教学进行热烈地点评讨论,场面甚是热闹,气氛很是融洽。不过,仔细梳理探讨的内容,除了对教学者的课堂教学艺术进行大肆吹捧,就是无中生有地生硬涂抹光环。你好,我好,大家好。显而易见,这种一团和气的相互鼓吹,除了增进了同事间的友情,拉近了心里的距离,对执教者的专业成长是百害而无一利的。客观而言,对一堂课的评价,是就是是,非就是非,可圈可点的给予认可和鼓励,瑕疵不足的就应该不加夸饰地指出来。教学相长,不仅仅单一指向师生,也应该关涉到其他对象,教学者的成长除了自主性的内驱力驱动,也少不了外因的助力。只有为其营造健康和谐的专业成长的氛围,才有可能"茁壮成长"。

　　在专家名师满天飞的时代,那些小有名气者一旦获得端坐在聚光灯下的机会,他会似布道者般不遗余力地传经布道。如果是第一次聆听其高大上的"学术报告",会深深地为其渊博的学识和高深的见解折服。可是,如果有机会再次光顾"学术报告"现场,稍加留心就会发现,报告的内容好似新坛装老酒。除了时间不同,报告的核心内容前后两次是毫无二致的。文字是静止的，但是由文字按照编码组接起来的学术理论是在大量具体的实践中形成的。如果出现任你风吹雨打，我自岿然不动的情形，"专家""学者""教授"就真的辱没了它们原有的神圣的意涵了。不论出于什么样的初衷考量，最基本的底线如果突破了，当时的鲜花掌声兴许能够满足自己膨胀的虚荣心，可是随着大幕落下、聚光灯关闭，灵魂深处难免会产生内疚惭愧之感。

孔子曰："古之学者为己，今之学者为人。"世事变迁，我们的教育价值观也随之发生变异。但是，身为教书育人者，在向学习者传道授业解惑的闲暇，也不应该忽视对自我进行传道授业解惑。只有时时检省、事事反思总结，踽踽独行于教研之路时，才不至于偏离正轨。

191　在微教研中做真研究

> 微教研即微型教研，其研究内容指向"微话题"，研究团队指向"小团队"，研究成果更易"真应用"。

【诠释】

微教研即微型教研，是指对日常教育教学过程中所遇到的问题即时梳理、筛选和提炼，使之成为一个需要破解的有效问题，并开展随时随地的研究。微教研的主要特点主要有四：一是教研活动的即时性。教师可对某一突发灵感即刻开展教研活动，活动由教师自己发起，无需提请有关组织批准。二是教研内容的灵活性。教师对某一教学方法、某一教学模式、某一疑难问题等问题均可开展教研活动。三是教研地点的随意性。微教研的教研地点可以是教室、实验室，也可以是教师办公室，还可以是家庭、社区等。四是参与人员的广泛性。参与微教研的人员无需提前组织，只要教师本人乐意研究即可参与。

"微教研"也需要围绕一定的话题展开，研究的话题一般比较微小，研究指向学科教学需要解决的具体的问题，指向课堂教学中的一些细小的枝节。这些"微话题"的确定，可以是教学管理者在学校开学初向全体教师征集，也可以是教师在教学过程中随机生成的话题。

微教研通常为小团队研究,多者三五人,少者一两人。在研究中,每一名教师既是研究者,又是主持人。既可以一人独自研究,也可以大家集体研究,还可以先个人独立研究,遇到疑难问题再集体讨论解决。

微教研特别注重成果的推广运用。由于微教研成果中都含有每一个参与者的智慧因子,是"自己"研究的成果,所以其在推广运用上易于被教师吸纳。且微教研因为关注的是"自己"的真实课堂、"自己"的真实想法、"自己"的教学建议,其研究成果的推广更具有一种内生性的特点,更多的还会在运用的过程中不断优化。

192 教学与教研都要讲究一个"真"字

> 无论是教学还是教研,都要讲究一个"真"字,教真知识、讲真道理、做真学问,做真教研,这是教育工作者的应然使命。

【诠释】

教育是促进生命成长的事业,教育需要引发、启迪,教育更需要求真、务实。无论是教学还是教研,都要讲究一个"真"字,教真知识、讲真道理、做真学问,做真教研,这是教育工作者的应然使命。

教学与教研需要讲究一个"真"字。"真"字的繁写为"眞","匕"表示变化,"目"代表眼睛,"∟"是隐藏的意思,下面的"八"指乘载的工具。本意指用敏锐的目光、借助一切工具,洞察、捕捉隐藏的、变化无常的东西。"真"即事物"本来的面貌""与事实相符"。

陶行知先生早就以"千教万教,教人求真;千学万学,学做真人"与教育人共勉。一个"真"字道明了教育最本质的属性,那就是遵循教育教学规律,以学生为中心,以学生发展为宗旨,要打造真实的课堂。所谓真实的课堂,应该是学生在教师的引导下,经历操作、观察、阅读、思考、交流等学习活动过程。这个过程中有成功,也有疑惑;有喜悦,也有烦恼。学生可以发表自己的真知灼见,也可以表达自己的真情实感。这个过程或许是曲折的、漫长的、不经意的,但一定是真实的、实在的。只有打造真实的课堂,我们的学生才能心理健康、情智发展、遵守规则、特长显明、个性张扬。

教研的目的是以理论为支撑,透过教育教学现象,追寻真相、探求真理,验证假设、发现规律,以指导我们的教育教学实践。教研的基本研究方法是实证研究,讲究真凭实据,让事实说话;需要调查统计,让数据说话。否则,其教育教学研究就不是真研究,脱离了真研究的教研对教育教学是毫无指导价值的。

我们强调"真"教学与"真"教研,不是墨守成规,反对改革;不是怀念"一张嘴和一支粉笔"的旧式课堂;不是固执己见,反对教育教学科研。相反,我们的教育教学恰恰需要百家争鸣、百花齐放,需要研究新现象、解决新问题;需要进行课堂变革与创新。但所有的教育教学改革创新、所有的教育教学研究都要在"真"字上下功夫,在"实"字上做文章。

193　教研必须研教

教研的根本是研教,教师必须把教学放在首位,走进教学、立足教学、聚焦教学、深入教学,才能保证研有方向,教有准绳。

【诠释】

长期以来,一些中小学教师出现教学与教研脱节的现象。究其原因,是由于他们没有把握好教研的本质,不懂得什么是教研、教研什么、怎样教研的问题。

何为教研?教研顾名思义就是教学研究,包括"教"与"研"两个方面,是"教"与"研"的结合。教学与教研是共生互补的关系,教而不研则浅,研而不教则空。有效教研活动的内容应当来自日常教学,并从理论层面上指导日常教学。可见,教学是果,教研是根,教学与教研从根本上是统一的,那种"重教学,轻教研"或"重教研,轻教学"的观点都是形而上学的教研观。

教研什么？教研的根本是研教，教师必须把教学放在首位，教研是为教学服务的。作为一名研究型教师，首先要扎扎实实备课，兢兢业业上课，认认真真辅导，不断提高自己的教育教学水平。而要做到这一点，教师就要走进教学，立足教学，深入教学。只有聚焦课堂、教学为先，才能抓住教研的根本，才能保证研有方向，教有准绳。为此，我们要以问题为研究的起点，以课堂为研究的阵地，以促进学生健康成长为研究的焦点，在教研中教学，在教学中教研，有效促进教师专业水平的不断提升。

怎样教研？我们所说的教研，并不是要求教师在教学之外所做的单一教研，而是提倡在教学中教研，在教研中教学，形成教育、教学、研究、学习一体化的工作状态。教学是教研的对象，又是教研的归宿，我们只有把教学和教研结合起来，才能最终取得教学和教研的双丰收。

194 坚持"四个学习"

伴随年轻教师成长的路上有"四个学习"：向书本学习，向他人学习，向自己学习，向学生学习。

【诠释】

（1）向书本学习。向书本学习当然不是生搬硬套，而是把别人的思想实践化作自己的灵魂，最后落实于行动。年轻教师可以向四类书学习：第一，教育经典。用大师的思想武装头脑，站在巨人的肩上俯瞰教育。第二，学科著作。要追踪所教学科顶尖级的特级教师们的最新动态，从他们的经验中寻找自己需要的养料。第三，人文书籍。通过这类学习，让自己具备知识分子的胸襟与气度。第四，学生读物。和学生保持共同的语言和心态，更有效地走进其心灵。

（2）向他人学习。这里的"他人"，指的是周围的同事和远方的名师。年轻教师刚参加工作，要多听有经验教师的课，坚持至少一年。要多吸收、多反思，不要计较老教师的哪一点"还不如我呢"。对于远方的名师，主要还是通过阅读学习其经验，也可以当面聆听其讲座。要以"研究"的方式向名师学习,也就是说,要通过研究学习名师的成长道路、教学经验、教育智慧、教育思想来学习名师的精髓。另外,要多看名师的课堂实录,不是看他具体的课堂操作,而是看他在课程上面对生成性的问题所表现出的教育机智。

(3)向自己学习。自己是自己最好的老师,自己每一天的教育行为,都是自己向自己学习的素材。和向名师学习一样,所谓"向自己学习"其实也就是研究自己,而这里的"研究",就是研究自己的课堂教学,研究自己的班级教育,研究自己的成功举措,研究自己的失败教训……把自己当作研究者,就是对自己的教育实践包括细节不停地追问:这堂课有什么可取之处?为什么我会上得出乎预料的好?有什么值得总结的?这次和学生谈心有什么不妥的言语?为什么我这么耐心却始终没进入学生的心灵?有什么值得汲取的教训?为什么两个学生犯同样的错误,我用同样的方法却轻而易举地说服了其中一个,而另外一个却油盐不进?我今天对学生的发火是不是必须的?我今天的失误是不是可以避免的?我的教育还应有哪些改进?……每天都这样追问,每次都这样追问,就是不断研究自己,就是不断向自己学习。

(4)向学生学习。我们的教育对象有着教师成长不可缺少的养料。向学生学习,一方面是学习学生身上的优点;另一方面,更重要的是让学生监督老师克服缺点。在师生共同制定并遵守的《班规》里面,应该有针对教师弱点的制约条款,让学生通过《班规》帮助教师改正缺点。陶行知把"向学生学习"作为民主教师的资格,今天依然有着现实意义。

195 教师须重视积累意识

　　教师的积累,就是在书写自己的教育史。作为教师,若不能从自己的经历中汲取营养,不能在自己的实践中清晰目标,就难免在教育工作中迷失方向,也难免在专业发展上停滞不前。

【诠释】

在一定意义上说,教师自我积累的过程就是其专业发展的过程。没有积累意识,不注重平常的点滴积累,我们的一切辛苦、忙碌和努力,将随着时间的流逝而了无踪影。李政涛先生曾言:"一个教师积累的厚度和深度,决定了他职业生涯的长度。"(《重建教师的精神宇宙》)其实,一个教师积累的厚度和深度,不仅仅决定其职业生涯的长度,更是决定着其职业生涯的高度和职业的幸福度。因为一位幸福的教师,一定是有底气的教师,而教师的底气来自专业的积淀,专业的积淀又离不开日常的积累。

教师的积累,就其本质而言,就是在书写自己的教育史。没有积累,便没有历史;不重视积累,就不重视历史。作为一名教师,若不能从自己的经历中汲取营养,不能在自己的实践中清晰目标,就难免在教育工作中迷失方向,也难免在专业发展上停滞不前。然而遗憾的是,在现实生活中,总有一些教师不注重积累,任由自己职业生涯中的一个个精彩片段、一个个感人故事在时间的长河中沉没。这无异于抹杀了自己的"过去",活生生地割断了未来和历史的联系。

教师的积累,首先是一种习惯。教师能否实现积累,不仅取决于时间、精力的投入,更取决于习惯,尤其是有无阅读习惯和写作习惯。何为积累?不就是我们告诫学生时常说的"多做""多思""多读""多写"吗?阅读和写作两大习惯,正是我们很多教师所忽视和欠缺的两个方面。阅读能使教师的视界更宽广一点,写作则能使教师的思想更深刻一些,阅读和写作正是拓展教师积累的宽度和深度所不可缺少的两个方面。

同时,教师的积累,也是一种能力。有些教师会认为积累就是记录。其实,教师的积累可以分成四个层次。一是记录。即把自己所做、所听、所读、所思中一些有意思的事情记录下来,可以记在笔记本上,也可以记在电脑上,形式不限,长短不论,关键是及时。二是提炼。即通过记录,来发现或提炼出平时所不曾注意的内容,从而丰富和完善自己的知识系统。三是拓展。即以自己所记录的点滴内容为基点,进行必要的扩展,把看似无关实则具有内在联系的相关内容整合起来。拓展的过程,也是赋予所记录的细节或者片段以生命的过程,使之在教育实践的沃土之上生根、发芽、生长并开出美丽的花儿。四是实践。积累本身并不是目的,通过积累丰富自己的专业经验,提升自己实践的智慧和专业能力,更好地服务于教育教学实践,这才是积累的根本目的所在。当然,记录、提炼、拓展、实践是层层递进的四种能力。其中,记录是生根,提炼是发芽,拓展是开花,实践是结果。所以,教师的积累,就如农夫的辛勤耕耘一样,静待花开,届时去品尝丰收的喜悦。

196 教师须重视规划意识

> 辩证盘点现状——看自己已做了什么？清醒剖析自我——看自己能做什么？正确定位目标——看自己想要什么？科学制定方案——看自己该怎样做？自觉反思总结——看自己做得怎样？

【诠释】

教师的职业幸福，离不开自己的合理规划。教师能否给自己"量身定做"一份职业规划，直接关系到教师自身的专业发展和职业幸福。教师的职业规划，应包括以下要素：

(1)辩证盘点现状——看自己已做了什么？盘点现状，既要看到自己已经取得的主要成绩，包括教育教学实绩、教研成果、各类获奖、所获荣誉等；也要看到自己工作中存在的问题与不足，如对照晋升高一级职称的条件，看看自己还应该向哪个方面努力。辩证地盘点现状，既有助于增强自己的信心，也能进一步明确自己的努力方向。

(2)清醒剖析自我——看自己能做什么？剖析自我，一要看到自己的优势和强项，全面梳理目前已经显现和具备的优势有哪些；二要分析自己还有哪些优势、强项或者特长还没有得到充分发挥(即潜力)；三要看到自身发展中的劣势或者弱项。清醒地剖析自我，有利于自己在制定和实施规划中，扬长避短，全面提升自我。

(3)正确定位目标——看自己想要什么？教师个人的职业发展定位，应该坚持刚性和弹性的统一。这就要求在定位个人发展目标时，宜把目标分成长期发展目标和短期发展目标两类。长期发展目标可以是五年目标或更长一些时期，短期发展目标可以是年度目标。我们既以长期发展目标统领短期发展目标，保证规划的刚性(主要指持续性和连贯性)；又以短期发展目标来适应根据职业发展的实际情况及时作出相应的调整，增强个人发展目标的弹性(主要指适应性和灵活性)。其中，个人发展的长期目标可以是简洁的，但短期所要实现的目标必须是具体的，需要充分考虑到教育、教学、教研等各个方面。当然，无论长期还是短期目标，都有一个要求，那就是清晰。

（4）科学制定方案——看自己该怎样做？目标明确以后，就是制定并落实切实可行的行动方案了。这里，需要合理计划实现目标的各个阶段和步骤，明确每一个阶段工作的重点，安排好每一个阶段所要采取的措施或者对策，以确保方案的可操作性和行动实施的有效性。

（5）自觉反思总结——看自己做得怎样？计划和总结是一对孪生兄弟，自觉地对自己制定的规划进行反思和总结，是增强教师规划意识的题中之义。教师制定了个人的发展规划以后，就需要对这个规划以及规划的实施情况进行自我检查、自我评估和自我总结，以保证规划从纸面上落实到行动上，并在实施过程中进行必要的修正和完善，以保证规划的实效性。

197　教学生活：一半在教，一半在学

> 教学生活一半在教，一半在学，是教和学的统一体。"教"是教师的基本工作，也是教师生活的常态内容；同时教师也应该是一位学习者，教师的"学"是和教连在一起的。

【诠释】

教学是教师的基本工作，也是教师生活的常态内容。在现实中，我们往往把教师的教学生活，窄化为"教"的生活。"春蚕""蜡炬"等的隐喻，在一定程度上就是把教师的教学生活定义成了"教"上的投入和付出。其实，这只是揭示了教学生活的共性，因为做好任何工作都需要时间和精力上的投入和付出。教学生活的本质，恰恰体现在易为人所忽视的"学"的方面。

教人者，先教己。教师，首先应该是学习者。教师面临的很多挑战，归根结底是学习力的挑战。在教学的过程中，教师只有不断地学习，不断地增长教学智慧，不断地提升专业素养，才能更好地开展教学工作。教学相长、师生共进，这是教学生活的美好模样。

教学生活一半在教，一半在学，是教和学的统一体。教师的学是和教连在一起的。从内容看，教师学习的重点是与教相关的内容，包括学科知识、

教育教学理论、党和国家的教育方针和政策、教育实践技能和方法等的学习。从过程看,教师的学习也是与教学过程紧密相连的,教师要善于向自己学习,在回顾和反思自己的工作中成长;要善于向学生学习,在解决学生困惑、帮助学生成长中汲取经验教训;要善于向同行学习,在观察、学习同行的工作实践中增长智慧;要善于向专家学习,在倾听专家报告、阅读名家著述中拓展视野、提高站位,等等。从路径看,教师的学习主要是通过听说读写等最基本的途径实现的,教师要善于在"听"——听课、听报告讲座的过程中学习;要善于在"说"——上课、评课、分享交流的过程中学习;要善于在"读"——读网络、报纸、杂志、专著的过程中学习;要善于在"写"——写札记感悟、反思案例、论文著述中学习。听说读写皆学习,区别在于听和读是一种输入性学习,而说和写则是一种输出性学习。完整的学习过程,就是一个输入、加工再到输出的过程。

教因学而更显生动和生机;学因教而更具活力和价值。教学生活,因教和学的相互支撑而变得更加丰富、更显滋润、更有魅力。

198 教学幸福:一半在教,一半在品

教学幸福一半在教,一半在品,是教和品的结晶体。教学幸福,既离不开教师在教上着心、教出精彩,也离不开教师在品上使力、品出幸福。

【诠释】

教育是创造幸福的事业,教师的教学生活应是充满幸福的。教学研究,就是教师通向教学幸福的康庄大道。苏霍姆林斯基说:"如果你想让教师的劳动能够给教师带来乐趣,使天天上课不至于变成一种单调乏味的义务,那你就应当引导每一位教师走上从事教育科研这条幸福的道路上来。"

教师的教学幸福,不在教学之外,乃在教学之中。离开教学谈幸福,可以说是教师的最大不幸;而以为教学工作自带幸福,则是教师的最大遗憾。教学如咖啡,你若不愿慢品、不善细品,得到的或许永远只是苦涩;你若愿意

付之时间和情感,慢慢品味、细细咀摸,终能享受那种苦中带甘、涩中有香的美妙感受。幸福是一种感觉,需要自己品味。

教学幸福一半在教,一半在品,是教和品的结晶体。作为教师,当要清楚,教是基础,是教师的立身之本,基础不牢,教师的教学幸福便只是水中月亮、空中楼阁。但作为教师,也不可忽视,品才是王道,有品才有得,善品才能体会教学的幸福。

日复一日地上课,任务驱动的听课,看似枯燥乏味,但我们如果能把上课、听课变成"品课",试着去揣摩施教者的教学设计及其意图,去琢磨学习者的学习表现及其蕴藏其中的思想变化,去捕捉课堂中的或大或小的惊喜或意外,去感受教学过程中的生命对话,或许我们就会发现课堂真的是一个开满幸福之花的好地方。教师本是读书人,但一些教师却把读书当成了苦差事。但如果我们把读书变成"品书",善于在与文字的对话中,心驰于大千世界,神往于百变人生,与自然万物对话,与各色人物交流,读懂作者,读懂世界,最后也在品书中读懂自己、找到自我,这又是何等幸福的美事。教师往往免不了与题目打交道,题海无边,解题批改讲评,很多教师感到苦不堪言。但如果我们把做题变成"品题",去分析题目的特点、亮点甚至缺点,去揣摩命题人的出题意图,去探寻学生答案背后的思维过程,去提炼题目背后的思想方法、学习启示,等等,那么题目就变成了一个个有思想的生命体而不再是死的题目了。教学生活看似波澜不惊,实质静水流深,关键就在于一个"品"字。

教学是需要用心用力、勤教善品的工作。重教轻品,教学无疑就成了做苦力;重品轻教,教学就会成为搞形式主义。教学幸福,既离不开教师在教上着心、教出精彩,也离不开教师在品上使力、品出幸福。

199　教师专业成长的关键是什么 ///

　　每个教师的成长最关键的是从四个"不停"开始:不停地实践,不停地阅读,不停地写作,不停地思考。

【诠释】

著名教育家李镇西老师说:"老师的成长,始终伴随着四个'不停':不停地实践,不停地阅读,不停地写作,不停地思考。"这四个"不停"中,最核心的是"不停地思考":以思考统帅并贯穿实践、阅读和写作;最关键的是"不停地实践":以实践带动和促进思考、阅读和写作;追求"有思考的实践"和"有实践的思考",是作为教师成功的原因。

(1)不停地实践。这里的"实践"就是全身心地投入课堂之中,投入学生之中,投入"完美教室"之中,踏踏实实地做好每一项日常工作。和一般纯粹的老黄牛式的"干活儿"不同,作为"有思考的实践",成功的教师的实践有两个特点:第一是"教研性",就是不盲目地干,而是把每一个学生当作研究对象,把每一个难题都当作课题,以研究的心态对待实践;第二是"创造性",就是在实践的过程中,既不重复别人也不重复自己,每一个阶段都要有所创新,都要有所超越。

(2)不停地阅读。阅读是教师专业化的根本路径,专业阅读造就幸福教师。所有名师都有一个特点,即把阅读当作必需的生活内容。伴随一名教师从事教育实践的,可以是教育名著、教学专著、教育教学报刊,还可以是哲学的、经济的、历史的等与教育教学"无关"的书……在打开学生广阔视野的同时,教师也可以开阔自己博大的胸襟。

(3)不停地写作。教师的写作是建立在实践基础上的记录、总结、梳理、升华。唯有这种写作,才有对教育教学的"新的思考"。所以,只有精彩地"做",才能精彩地"写";而精彩地"写"又能够促使教师更加精彩地去"做"。

(4)不停地思考。带着一颗思考的大脑从事每一天平凡的工作,就是教育科研;而把难题当课题,则是最好的教育科研。这里的"思考"首先指对自己的思考,即把自己当作研究对象,揣摩、琢磨、体验、品味自己教育实践的得失。没有这种反思,教师可能就永远停留在"管住学生"的层次,而不会有更高层次的自我超越。

200　促进教师专业成长之路

> 学：引导学习交流，提升教师；练：搭建活动平台，展示教师；促：强化保障措施，激励教师。

【诠释】

学校的发展靠教师，教师的培养靠学校。学校如何通过有效的管理策略和方法，增强教师专业素养，提高教师教育教学能力呢？

（1）学：引导学习交流，提升教师。第一，向书本学习——开展"书香校园"活动。每学期为教师每人至少征订一种与教学相关的专业刊物，为教师发放一本必读专业书籍。编印《中小学教师成长记录册》，收录教师在教育教学中急需的专业理论知识与途径，展示教师成长的荣誉和风采等。或举行"书香校园"读书经验交流活动，评选优秀读书笔记等。第二，向专家学习——组织"专题论坛"活动。针对教育教学中的疑难问题，根据教师问卷，拟定学习专题，定期邀请在全省具有影响力的校本研修专家、名师，采取"请进来、走出去"的方式，组织专题论坛。通过专业发展咨询、专题学术报告、答疑解惑、案例分析指导、教学现场对话、经验总结传授、课题研究指导等各种方式，使教师获得专业理论和思想素质的提升。第三，向同伴学习——加强"师徒结对"活动。实行一师多徒或多师一徒制，因人而异，确定目标。在传、帮、带的过程中，多角度、立体式相互切磋，融洽关系，共同提高。要充分利用网络平台，开辟"教学教研""教师风采"专栏，鼓励教师积极撰写、上传教育故事、教学论文、教学随笔、教学反思，加强教学研讨。通过新媒体等网络平台，实现远程互动、专题研讨，在交流中碰撞出思维的火花，收获研究的乐趣。第四，外出学习与培训——开展"成果汇报"活动。外出学习与培训的教师，返岗后进行二次培训，发挥学习与培训的辐射作用。

（2）练：搭建活动平台，展示教师。教育实践是教师专业发展的基础和生命。要以课堂为依托，为教师发展提供实践的机会，使教师在自身实践中经过不断地反思和建构，从而提高实施新课程能力。第一，举办"集体备课"交流活动。积极推行"共案+个案""日记+反思"的备课新模式。备课组先通过集中研讨,确定单元备课重点和思路,再分工合作共同完成"共案";教师个人结合学生实际与个人的教学风格对"共案"作个性修改,形成"个案",再引进课堂实施;倡导教师一课一反思。每学期征集优秀教学日记和教学反思,结集推广,并进行表彰奖励。第二,举办"同课异构"研讨活动。以备课组为单位,按照"集体研讨—修改备课—分别执教—集中评课"的程序开展活动,让多位教师呈现出他们各自对同一教学内容理解和处理的差异,帮助教师发现不同理解和处理之间的优劣,及时发现问题,并在研究、解决问题中提高自我。第三,举办"一课两上"反思活动。由同一位教师对同一教学内容先后进行两次备课、两次上课。可按照个人备课—第一次上课—集体研讨—第二次备课—第二次上课—集体评析—个人反思(两次执教对比谈)流程操作。第四,举办"名师示范"观摩活动。每学年组织当地或外地的名师作示范课和专题讲座,为名师提供示范引领的舞台,也为青年教师提供学习借鉴的平台,通过"传帮带"促进青年教师向骨干型教师转变。举办教师基本功及教学技能展示活动,将教师基本功分为"板书规范书写""口语朗诵""简笔画""才艺展示"等;课堂教学技能项目分为:课堂教学情境创设、新课引入、活动组织、课件制作、教学评价等,集中安排时间进行分类展示,从而有效促进教师个人教学特色的形成。第五,举办"课题研究"教研活动。围绕《中小学课题研究实施方案》,做到人人有课题、人人会教研。课题组每位教师都在课题会上作交流学习。同时组织教师参加省、市各级的课题专题培训会,使教师以最快、最便捷的方式吸收先进的教育理念和教学方法,促其快速成长。

(3)促:强化保障措施,激励教师。教师专业发展只有得到自己的心理支持,教师才可能自觉接受学校关于教师专业发展的要求和规范,才会将其内化为自身的观念与需求,转化为自觉行为。第一,传统激励。积极倡导"发扬传统、发展自我、再创辉煌"的号召,把教师个人的专业成长与集体的发展紧密结合起来,增强教师专业发展的责任感和使命感。第二,目标激励。首先,学校制定教师专业发展的总体目标。着力建成一支有强烈的敬业精神、良好的职业道德、精湛的业务水平、健康的心理素质、广泛的求知能力、积极的创新意识、和谐的人际关系、持久的合作理念,能适应需求、面向未来的"专家型""学者型"的教师群体。其次,教师要制订个人专业发展目标。教师根据自身专业发展基础、兴趣及特长,制订个人专业发展三年目标,并建立教师专业成长档案,对教师每个学期的成长情况(包括教师个人学习、参加各类教学教研活动情况及取得的业绩)进行详细记载,便于学校督查和教师本人自查。最后,树立榜样目标。在教师当中评选"教学能手""最美教师""师德标兵""模范班主任"等各个层面的先进人物,用身边人身边事来激发正能量,比学赶超,争先创优。第三,制度激励。针对青年教师的培养,制定教师专业发展积分制度,从课堂艺术、教研实践、书阁飘香、学习视野以及特色发展各个方面呈现专业发展情况,通过积分申请、分值确认,最终将积分结果作为每期"教师专业成长"评选和年度考核的主要依据,极大地调动教师提升自我专业素养的热情。

参考文献

[1]高宏群,曹渊.校长智慧200则[M].郑州:郑州大学出版社,2023.

[2]王海军.磨课究竟磨什么?该怎么磨?[N].中国教师报,2022-10-11(4).

[3]侯日欣.为文三要义:准确、简练、美观[N].学习时报,2022-10-07(A12).

[4]王延东.教学主张引领教师专业成长[J].思想政治课教学,2022(10):83-8.

[5]王国芳.教师写作的四个层次[J].教师博览,2022(20):49-51.

[6]刘大伟.中小幼教师如何做好教科研[M].南京:南京出版社,2022.

[7]王国芳.教研论文:教学生活的个性化表达[J].中学政治教学参考,2022(21):73-74.

[8]李镇西.教师专业成长的关键是什么?[N].中国教育报,2021-09-29.

[9]杨学杰.高效教研,主题提炼是关键[N].中国教育报,2020-06-11(12).

[10]冯卫东.今天怎样做教科研:写给中小学教师[M].北京:中国人民大学出版社,2019.

[11]李海林.语文教师如何做科研[M].上海:上海教育出版社,2019.

[12]韩波.有效教研策略谈[N].中国教师报,2017-10-25(11).

[13]王建波.学校教研活动的四个原则[N].中国教师报,2017-06-21(5).

[14]苏杰,雪保安.中小学教师如何做研究[M].北京:科学出版社,2017.

[15]吴志健.课题:紧盯"五要",做真研究[J].西藏教育,2017(2):38-40.

[16]杨向谊.如何当好教研组长:中小学教研组长专业素养与行动[M].北京:中国轻工业出版社,2016.

[17]朱福荣.一线教师说教研[M].重庆:西南师范大学出版社,2015.

[18]张超.教研写作,帮助教师走向成功[J].语文月刊,2015(7):25-28.

[19]陆云峰.在微教研中做真研究[J].湖北教育(教育教学),2015(4):22-23.

[20]胡金波.教研必须研教[J].江苏教育,2015(3):8-12.

[21]高宏群,张文娟.转型时期中小学教师教科研之路[M].郑州:郑州大学

出版社,2014.

[22]黄希亮,陈泉堂.走进教研的三重心境[J].江西教育,2013(35):14.

[23]高宏群.教育智慧200则[M].郑州:郑州大学出版社,2013.

[24]李冲锋.教师如何做课题[M].上海:华东师范大学出版社,2013.

[25]王奇.写作指导[M].上海:上海教育出版社,2013.

[26]陶西文.教学案例撰写"六要"[J].教学与管理,2012(34):33-34.

[27]崔岚,黄丽萍.如何当好教研组长[M].上海:华东师范大学出版,2011.

[28]董林,郭莉莉.新课改评析:"教而不研"与"研而不教"[N].中国教育报,2011-8-19.

[29]徐世贵,刘恒贺.教师怎样做小课题研究[M].重庆:西南师范大学出版社,2011.

[30]劳伦斯·马奇,布伦达·麦克伊沃.怎样做文献综述:六步走向成功[M].陈静,肖思汉,译.上海:上海教育出版社,2011.

[31]刘素梅.教师反思与写作指导手册[M].上海:东北师范大学出版社,2010.

[32]杨忠.与初任教师谈教育科研[J].中国教师,2010(4):23-25.

[33]邹尚智.校本教研指导[M].北京:首都师范大学出版社,2010.

[34]王国芳.教研论文写作中的常见问题及其对策[J].中学政治教学参考,2009(7):56-58.

[35]陈大伟.让教育科研走向生活[J].天津教育,2009(6):23-24.

[36]顾志跃.如何评课[M].上海:华东师范大学出版社,2009.

[37]赵才欣,韩艳梅.如何备课[M].上海:华东师范大学出版社,2009.

[38]常学勤.教师课堂教学技能指导[M].北京:新华出版社,2009.

[39]姜平.校本教研指导[M].北京:首都师范大学出版社,2009.

[40]方贤忠.如何说课[M].上海:华东师范大学出版社,2008.

[41]钱爱萍,吴恒祥,赵晨音.教师怎样做课题研究[M].北京:中国轻工业出版社,2007.

[42]徐融.毕业论文写作(文科类)[M].北京:中国商业出版社,2002.

[43]宋加秀,俞洋.教育科研,一个并不神秘的领域[J].山西教育,2002(4):3.

后 记

继《教育智慧 200 则》《班主任智慧 200 则》《学习智慧 200 则》《教学智慧 200 则》《孩子教育智慧 200 则》《校长智慧 200 则》面世之后，《教研智慧 200 则》很高兴又与广大读者见面了。该书在撰写过程中，借鉴了李镇西、胡金波、王国芳、王海军、侯日欣、王延东、刘大伟、杨学杰、冯卫东、李海林、韩波、王建波、苏杰、雪保安、吴志健、杨向谊、朱福荣、张超、陆云峰、黄希亮、陈泉堂、李冲锋、陶西文、崔岚、黄丽萍、董林、郭莉莉、徐世贵、刘素梅、杨忠、邹尚智、陈大伟、顾志跃、赵才欣、韩艳梅、常学勤、姜平、钱爱萍、吴恒祥、赵晨音、徐融、宋加秀、俞洋、高宝立等全国著名教授、专家学者的学校教育教学管理的最新理论，援引了《中国教育报》《中国教师报》《思想政治课教学》《中学政治教学参考》《教师博览》《教学与管理》《中国教师》等全国教育类权威报刊的重要观点，查阅了新华网、人民网、优酷网、雅虎中国、腾讯、搜狐、网易等国内知名网站的相关文献资料，在付梓之际，对提供研究成果的上述专家、学者、教授和报刊、网站资源的作者表示衷心的感谢！

"全国五一劳动奖章"获得者，全国优质课赛讲特等奖获得者，特级教师，曾任三门峡市外国语中学教育集团党委书记、校长，现任三门峡市教育局副县级干部张文娟应邀为本书作序；特级教师、正高级教师、三门峡市第一高级中学党委书记、校长严万云为本书提出了非常有价值的建议；郑州大学出版社的编辑为本书的出版做了大量的工作。在此谨表示真挚的谢忱！

《教研智慧 200 则》中偶有前后出现重复的内容，这是为了更好地阐述某则"小智慧"不得已而为之。一方面，由于书中的每则"小智慧"都是独立成篇的，为了尽可能保持每则内容的完整性，其所述内容难免有交叉之处；另一方面，由于书中的一些"小智慧"是从不同角度阐释同一个问题，为了尽可能把每个"问题"分析透彻，其所述文字难免有重复之处。敬请各位读者谅解。

教育教学研究智慧是一个理论性高、实践性强、综合性大、涉及面广的话题,由于笔者的学识肤浅,经验不足,水平有限,加之时间仓促,书中错漏之处在所难免,恳请各位教师同仁和广大读者不吝赐教。

编 者

2023 年 8 月